Exit

Das Buch

Das Wachstum der Wirtschaft ist zur Ersatzreligion unserer Gesellschaft geworden. Vielen gilt es als Voraussetzung für Wohlstand, persönliches Glück und ein funktionierendes Gemeinwesen. Doch was ist, wenn es kein Wachstum mehr gibt? Was kann, was sollte an seine Stelle treten, um uns ein erfülltes Leben zu ermöglichen? Auf diese drängenden Fragen gibt Meinhard Miegel, einer der renommiertesten Sozialwissenschaftler Deutschlands, profunde Antworten.

Dass die beispiellose Wachstumsepoche, die die westliche Welt seit dem Zweiten Weltkrieg erlebt hat, zu Ende geht, sieht Miegel als Herausforderung und Chance zugleich. Denn längst mehrt dieses Wachstum nicht mehr unseren Wohlstand, sondern verzehrt ihn. Es überlastet die natürlichen Ressourcen, die Umwelt und nicht zuletzt die Menschen. Dringend geboten ist ein intelligenterer Umgang mit den Gütern der Erde, die Achtung von Umwelt und Natur, vor allem aber ein grundlegend verändertes Verständnis unserer Möglichkeiten und Bedürfnisse. Es geht um nichts Geringeres als ein zukunftsfähiges Lebenskonzept. Miegel bietet eine bestechende Zeitdiagnose und einen überzeugenden Entwurf dessen, was zu tun ist. Ein wegweisendes Buch.

Der Autor

Meinhard Miegel, geboren 1939 in Wien. 1977 bis 2008 Leiter des Instituts für Wirtschaft und Gesellschaft Bonn (IWG). Seit 2007 Vorstandsvorsitzender des »Denkwerk Zukunft. Stiftung kulturelle Erneuerung« in Bonn. Beiratsmitglied zahlreicher wissenschaftlicher Einrichtungen, ständiger Berater von Politik und Wirtschaft.

Von Meinhard Miegel sind in unserem Hause bereits erschienen:

Die deformierte Gesellschaft
Epochenwende

Meinhard Miegel

EXIT

Wohlstand ohne Wachstum

List Taschenbuch ·

Besuchen Sie uns im Internet:
www.list-taschenbuch.de

Ungekürzte Ausgabe im List Taschenbuch
List ist ein Verlag der Ullstein Buchverlage GmbH, Berlin.
1. Auflage Juli 2011
© Ullstein Buchverlage GmbH Berlin 2010 / Propyläen Verlag
Konzeption: semper smile Werbeagentur GmbH, München
Umschlaggestaltung: bürosüd° GmbH, München
(nach einer Vorlage von Morian & Bayer-Eynck, Coesfeld)
Lektorat: Rainer Wieland
Satz: LVD GmbH, Berlin
Gesetzt aus der Janson
Papier: Munkenprint von Arctic Paper Munkedals AB, Schweden
Druck und Bindearbeiten: CPI – Clausen & Bosse, Leck
Printed in Germany
ISBN 978-3-548-61031-3

Denen, die über Tag
und Tellerrand hinausschauen

Inhalt

PROLOG

Wachstum, Wachstum über alles

Sollte es noch eines Beweises bedurft haben, hätte ihn die globale Wirtschafts- und Finanzkrise dieser Jahre schlagend erbracht: Große Teile der Welt – an ihrer Spitze die frühindustrialisierten Länder Europas, Nordamerika, Japan, Australien und einige andere – hängen am Wirtschaftswachstum wie Alkoholiker an der Flasche oder Drogensüchtige an der Nadel. Stockt der Nachschub auch nur kurzzeitig, werden sie von Panikattacken befallen und von existentiellen Ängsten geplagt. Bloß keine Unterbrechung des Gewohnten! Immer weiter und möglichst immer mehr – das muss einfach sein.

Die Wirtschaft muss wachsen, fortwährend wachsen. Wächst sie einmal nicht, ist das ein Drama, eine »Rezession«; schrumpft sie gar, ist das eine Tragödie, eine »Depression«. Dann schrillen die Alarmglocken, werden mit breitem Pinsel düstere Zukunftsszenarien gemalt und ist kein historischer Vergleich bedrückend genug, um den Ernst der Lage angemessen zu beschreiben. Die Weltwirtschaftskrise der frühen dreißiger Jahre des 20. Jahrhunderts, weltweite Hungerepidemien, das Elend von vielen hundert Millionen – das alles war und ist schlimm, relativiert sich jedoch in Anbetracht der Nöte von Völkern, die für ein Weilchen den Schinkenspeck aufs Butterbrot ein wenig dünner schneiden müssen.

Um derartige Entbehrungen erträglicher zu machen, ist fast jedes Mittel recht. Umwelt- und Klimaschutz? Ausgeglichene öffentliche Haushalte? Keine Überforderung der nachwachsenden Generation? Offene Märkte? Internationale Solidarität? Ordnungspolitik? Das sind zwar weiterhin hehre Ziele, die nach dem Willen von Politik und Gesellschaft auch hehr bleiben sollen. Nur leider ist dies nicht die Zeit, sie zu verfolgen. Jetzt gilt es, die Kräfte zu bündeln, um das zu erreichen, was wirklich zählt: Wirtschaftswachstum.

»Wir müssen alles tun für mehr Wachstum.« – »Wir müssen in diesem Land bereit sein, möglichst hohe Wachstumsraten zu erzielen.« – »Deshalb ist der Schlüssel dessen, was wir schaffen müssen, Wachstum …«[1] So ließ sich die deutsche Bundeskanzlerin im Frühjahr 2009 beschwörend vernehmen und konnte sich dabei der Zustimmung aller Parteien gewiss sein. Auch aus der Sicht der Sozialdemokraten braucht Deutschland mehr Wachstum, um erfolgreich zu sein.[2] Nicht anders die Freien Demokraten: Sie fordern eine Wirtschaftspolitik, die Wachstum schafft.[3] Und selbst die Grünen meinen das Wachstum ankurbeln zu müssen.[4] Die Partei Die Linke sieht das genauso.[5]

In kaum einem anderen Bereich ist der Konsens von Politikern und Parteien so vollkommen und bedingungslos wie in dieser Frage. Hier sprechen Rechte und Linke, Extremisten und Gemäßigte und die vielen dazwischen ausnahmsweise mit einer Stimme: Die Wirtschaft muss wachsen. Und diese Einigkeit endet auch nicht an den deutschen Grenzen. Ganz Europa, die USA, Japan, Russland, China und viele andere stimmen mit ein: Die Wirtschaft muss wachsen.[6] »Ohne Wachstum ist alles nichts.«[7]

Mittel, die Wachstum erwarten lassen, sind damit selbstredend geheiligt. Sie in Frage zu stellen ist verantwortungslos und dumm: Riesige Rettungsschirme für Banken, Konjunkturprogramme nie dagewesener Größenordnung für die übrige, die sogenannte Realwirtschaft. Darüber hinaus – länderspezifisch – Steuernachlässe, Abwrackprämien, Konsumgutscheine, Hilfen für zahlungsunfähige Hypothekenschuldner, Automobilisten oder Bauern.[8] Die Sorge geht um: »Ist das nicht ein bisschen viel?« – »Wer rettet uns vor den Rettern?«[9] Aber wenn es um Wachstum oder drohende Wachstumsverluste geht, lassen die frühindustrialisierten Länder – und nicht nur sie – nicht mit sich spaßen. Da hilft nur klotzen. Je mehr, desto besser. Auch darin ist sich das gesamte politische Spektrum, sind sich Liberale und Sozialisten, Unternehmer und Gewerkschaften einig.

Wer wollte, wer könnte da widerstehen? Allein für Banken stellten die elf wichtigsten Industrieländer rund fünf Billionen Euro staatliche Hilfen bereit, die Hälfte davon die USA.[10] Hinzu kommen die Mittel für Konjunkturprogramme. Für sie machten 2009 die USA 615, China 460, Japan 210 und Russland knapp 200 Milliarden Euro locker. Aber auch die Europäer ließen sich nicht lumpen: Die Deutschen brachten es auf 61, die Spanier auf 49, die Franzosen auf 26, die Briten auf 24 und die Italiener auf 19 Milliarden Euro – um nur die größten zu nennen.[11] Das alles addiert sich auf schätzungsweise – so genau zählt niemand mehr – 1,8 Billionen Euro. Abgesehen von Hyperinflationen ist Menschen bei solchen Zahlen gemeinhin schwindelig geworden. Sie sprengen die Vorstellungskraft der meisten. Heute erachten jedoch viele den Einsatz solcher Summen als das mindeste, was gegen »die Krise« getan werden müsse.

Die Krise. Schnell übersprang sie den Bankkreis gebotener Nüchternheit und nützlicher Distanz. Bei ihrer Erwähnung schwingen bis heute entnervende Obertöne mit. Medien und Wissenschaft tragen das ihre dazu bei, und noch immer eilen Politiker und alle möglichen Experten von Krisensitzung zu Krisensitzung, schmieden Katastrophenpläne und mühen sich um Frühwarnsysteme. Rettungspakete für ganz Europa, ja die ganze Welt stehen auf der Agenda. Was in diesen Jahren geschieht, soll sich niemals wiederholen! Ist das die Zeit von Schwarzsehern, Hypochondern und Hysterikern, oder hat sich wirklich Schwerwiegendes ereignet?

Des Fischers Frau

Was hat sich eigentlich ereignet? Nichts, was sich in der jüngeren Menschheitsgeschichte nicht bereits zahllose Male ereignet hat und was sich nicht noch zahllose Male wiederholen wird. Es ist das immer aufs Neue gespielte Stück von menschlicher Torheit, Verblendung und Vermessenheit. Es ist das Stück vom Menschen, der nur allzu geneigt ist, irgendwelchen Trugbildern hinterherzulaufen, vor allem solchen, die ihm Reichtum und Macht vorgaukeln, um am Ende festzustellen, dass sie sich umso weiter entfernen, je näher er sich ihnen wähnt. Es ist das Stück vom Menschen, der unverdrossen daran glaubt, Stroh in Gold verwandeln zu können, und dabei fest auf die Hilfe eines Rumpelstilzchens baut.[12] Es ist das Stück vom Fischer und seiner Frau, die immer höher hinaus will, bis sie dort ankommt, wo sie hergekommen ist: in ihrer alten, windschiefen Kate.[13] Wieder in der alten Kate zu sitzen, wieder zurückgeworfen zu sein auf der unaufhörlichen Jagd nach mehr und immer noch mehr – das ist die Krise dieser Jahre, die »Zeit, die den Höhe- und Wendepunkt einer gefährlichen Situation darstellt«.[14]

Die gefährliche Situation war und ist die allgegenwärtige und hemmungslose Schuldenmacherei auf allen Ebenen der Gesellschaft. Der deutschen Bundeskanzlerin ist zuzustimmen, wenn sie feststellt: »Die Krise ist mit daraus entstanden, dass zu viele Schulden gemacht wurden.«[15] Dies ist die Krise von biederen Bürgern, die einen Lebensstil pflegten, der weit über ihre finanziellen Möglichkeiten hinausging, die sich in Häusern und Wohnungen einquartierten, die sie weder zu kaufen noch zu mieten vermochten, und die meinten, aus Schulden Vermögen machen zu können. Dies ist die Krise von Unternehmern, die nur am Tropf von Banken und sonstigen Geldgebern überleben konnten, die naiv an ewiges Wachstum glaubten und die unter Missachtung elementarer Grundsätze kaufmännischer Vorsicht alles auf die Karte steiler Umsatzsteigerungen und hoher Gewinne setzten. Dies ist die Krise von Bankern, die sich in ihrem ungezügelten Expansionsdrang hoffnungslos übernahmen, ihre Kontroll- und Prüfungspflichten sträflich vernachlässigten und überaus leichtfertig mit dem Geld ihrer Kunden umgingen.

Dies ist aber auch die Krise von Wissenschaftlern, die ihre Mutmaßungen und Glaubenssätze als belastbare Erkenntnisse verkündeten, die Sparsamkeit als Laster und Verschwendung als Tugend ausgaben und die ein neues Zeitalter der Allmachbarkeit ausriefen. Dies ist die Krise von Gewerkschaften und Sozialverbänden, die selbst dann forderten, wenn es nichts zu fordern gab, die nicht selten die Leistungsfähigkeit von Wirtschaft und Gesellschaft aus dem Blick verloren und die immer wieder kräftezehrende Konflikte ausfochten, ohne dabei wirtschaftlich vertretbare Ziele zu verfolgen. Und dies ist schließlich die Krise von Politikern, die seit Jahrzehnten so agieren, als werde es wirtschaftlich immer nur aufwärtsgehen, die stets nur auf den Tag schauten und nicht daran dachten, für Zeiten des wirtschaftlichen Stillstands oder gar Rückgangs vorzusorgen.

Vor allem aber ist dies die Krise von Finanzjongleuren, die mit teils abenteuerlichen Produkten, Konstruktionen und Aktionen versuchten, sich und andere auf Kosten Dritter reich zu machen. Sie sitzen heute zu Recht auf der – zumindest moralischen – Anklagebank, ein Schicksal, das den zahlreichen Mitverursachern dieses Debakels zumeist erspart geblieben ist. Allerdings birgt diese Aussonderung auch die Gefahr, dass diese Krise nicht als das begriffen wird, was sie ist: der vorläufige Höhepunkt einer umfassenden gesellschaftlichen Fehlentwicklung. Es ist bequem, auf Einzelne zu zeigen – der Sache gerecht wird es nicht.

Die jetzt Gebrandmarkten sind keine Außerirdischen. Sie gingen in unsere Kindergärten, Schulen und Universitäten, arbeiten oft hart und erfüllen ihre Familienpflichten. Sie wohnen unter uns und teilen viele unserer Sorgen und Vergnügungen. Noch wichtiger ist jedoch, dass ihr Handeln einer Sicht- und Verhaltensweise entsprang, die von vielen – bewusst oder unbewusst, eingestanden oder uneingestanden – geteilt wird: der Wunsch nach dem schnellen Geld, hohem materiellen Wohlstand, gesellschaftlichem Prestige. Bis gestern wurden sie deshalb weithin bewundert, wollten viele unserer tüchtigsten jungen Männer und Frauen sein wie sie. Das alles kann ihre Taten nicht entschuldigen, geschweige denn rechtfertigen. Aber es zeigt, dass selbst schlimme Auswüchse Ausdruck unserer Zeit und Gesellschaft sind. Der Sturz der jetzt Gebrandmarkten muss uns alle nachdenklich machen.

Dann werden wir erkennen, dass diese Krise nicht nur unvermeidlich, sondern auch überfällig war. Hätte sie weiter auf sich warten lassen, wären ihre Folgen noch schmerzhafter gewesen. So sind die meisten recht glimpflich davongekommen. Die Weltwirtschaft schrumpfte 2009 nur um rund ein Prozent, nachdem sie in den beiden vorangegangenen Jahren um 5,2 beziehungsweise drei Prozent gewachsen war. Alles in allem war also der Abschwung gering. Härter traf es einige frühindustrialisierte Länder. In Deutschland beispielsweise verringerte sich die volkswirtschaftliche Leistung um etwa fünf Prozent, im Euroraum um reichlich vier Prozent und in den USA um annähernd drei Prozent. Allerdings war die erwirtschaftete Menge an Gütern und Diensten auch auf dem Höhepunkt der Krise nicht geringer als während der Boomphase der Jahre 2005 und 2006. Lediglich Japan erlebte herbere Verluste.[16]

Wie aber steht es um die vernichteten Vermögen, die Entwertung von Immobilien, die Kursstürze an den Börsen und besonders die verlorengegangenen Arbeitsplätze? Selbst auf die Gefahr hin, zynisch zu klingen, soll es gesagt sein: Die meisten haben nichts verloren, was sie jemals wirklich besessen haben. Das gilt ganz sicher für die Vermögenderen. Was heißt es schon, wenn russische Oligarchen ein Drittel ihrer Milliarden einbüßen, sich die Aktienwerte halbieren oder die Preise für Immobilien um ein Fünftel sinken. Damit sind diese Vermögen heute noch immer sehr viel mehr wert als vor sieben oder acht Jahren. Und die verlorengegangenen Arbeitsplätze? Selbst auf die Gefahr hin, abermals zynisch zu klingen: Die Krise hat im Wesentlichen nur Arbeitsplätze vernichtet, die auf Sand gebaut waren. Das ist für die Betroffenen kein Trost, und sie haben Anspruch auf die Solidarität der Gemeinschaft. Aber halbwegs sicher waren ihre Arbeitsplätze eben nicht. Sie waren errichtet auf einem großen Schuldenberg. Mit dem Ende der schuldenfinanzierten Wohlstandsillusionen tritt wieder die Wirklichkeit zutage – die keineswegs trostlos ist, nur weniger gleißend.

Im Rausch

Gewiss kann niemand ehrlicherweise für sich in Anspruch nehmen, die große Wirtschafts- und Finanzkrise dieser Jahre in allen ihren Einzelheiten vorausgesehen zu haben. Dazu enthält sie zu viel Neues, Originelles. Insbesondere die Dominoeffekte, die kaum eine Region, einen Akteur und ein Finanzprodukt aussparten, hat es in dieser Form zuvor nicht gegeben.

Umgekehrt kann sich aber auch niemand, der die Welt mit halbwegs offenen Augen sieht, hinter der Behauptung verschanzen, er habe nichts vom Heranbranden dieser Krise bemerkt. Wenige Ereignisse der zurückliegenden Jahrzehnte wurden frühzeitiger erkannt und zutreffender beschrieben. Schon vor Jahren wurde auf die Überforderung der Kapitalmärkte hingewiesen und vor den Gefahren eines »Kasino-Kapitalismus«[17] gewarnt, der nur noch um sich selbst kreist und keinen Bezug mehr zur wirklichen Welt hat, wurde das Vabanquespiel von Finanzjongleuren gegeißelt, die tagtäglich unvorstellbare Geldmengen auf dem Globus hin und her schoben und dabei absurde Summen gewannen oder verloren. Dass vieles von dem, was sich hier abspielte, verrottet und siech war, wurde nicht erst am 15. September 2008 offenbar, als mit Lehman Brothers eine der weltweit größten Investmentbanken in Konkurs ging. Hellsichtigere wurden davon allenfalls mäßig überrascht.

Lange vor Ausbruch der Krise entstand eine regelrechte Crash-Literatur, deren Prognosen im Blick zurück als bemerkenswert akkurat bezeichnet werden können.[18] Nachdrücklich wurde auf das Ausufern der globalen Geldmenge, die lawinenartige Zunahme uneinbringlicher Kredite oder die Ausbreitung fragwürdiger, weil völlig intransparenter Finanzprodukte hingewiesen. Doch diese Stimmen drangen nicht durch. Sie wurden abgetan als das Genörgele ewiger Miesmacher. Lief nicht alles bestens, hatten nicht alle ihren Spaß? In einem solchen geistigen Umfeld wirkten Warner wie fromme Betschwestern auf einer Drogenparty.

Wenn nach Ausbruch der Krise selbst prominente Vertreter des Finanzsektors erklärten, sie hätten diese Warnungen in den Wind geschlagen, weil sie stets nur von Minderheiten und mitunter sogar nur von Einzelnen gekommen seien, die Mehrheit hingegen keine bedrohlichen Anzeichen gesehen habe, dann ist das durchaus glaubwürdig. Die Mehrheit sah in der Tat nichts, weil sie im Rausch hemmungsloser Schuldenmacherei nicht sehen wollte und wohl auch nicht sehen durfte. Nur, klug handelte sie damit nicht. Denn es sind stets nur Minderheiten und mitunter sogar nur Einzelne, die Trendbrüche vorhersehen oder zumindest erahnen. Die Mehrheit trottet so lange weiter, bis sie am Abgrund steht. Schon der Prophet Jeremia im Alten Testament weiß davon zu berichten.[19]

Herdenverhalten hat sicher eine wichtige Rolle bei Entstehung und Verlauf dieser Krise gespielt. Aber es erklärt nur teilweise, warum erfahrene Politiker, umsichtige Banker und Vermögensverwalter und selbst ängstliche Anleger jenen Hasardeuren und Finanzjongleuren folgten, um mit ihnen einen immer irrsinnigeren Tanz aufs Parkett zu legen. Sie hätten dies getan – so heißt es heute verständnisheischend –, weil sie schamlos belogen und betrogen worden seien. Das mag wohl sein. Aber wahrscheinlich hätte dieser Lug und Trug nie solche Früchte tragen können, wenn er nicht auf so fruchtbaren Boden gefallen wäre.

Es war leicht, Menschen aller Schichten und Professionen zu belügen und betrügen, weil viele von ihnen gar kein Empfinden und keine Maßstäbe mehr für das Solide, Machbare und Normale hatten. Der Wachstumsrausch hatte ihre Sinne benebelt. Deshalb wurden sie nicht misstrauisch, wenn Banken und Versicherungen ihnen Renditen von sieben, acht und mehr Prozent in Aussicht stellten, wenn Unternehmen Erträge anpeilten, die unmöglich nachhaltig zu erzielen waren, wenn Rating-Agenturen mit Bestnoten nur so um sich warfen, wenn sich auch bei schwächelnder Wirtschaft die Lohnspirale munter nach oben drehte und Politiker gebetsmühlenartig von niemals endendem Wachstum schwadronierten. Sie fragten sich nicht, ob das alles mit rechten Dingen zugehen könne, weshalb sie auch nicht bemerkten, wie eine zunehmend von realen Werten abgekoppelte Geldmenge immer weiter aufgeschäumt wurde.

Und diejenigen, die es bemerkten, empfanden diesen Geldschaum häufig als angenehm. Er fühlte sich weich und warm an. Das gilt vor allem für Amerikaner, die geradezu wohlig in ihm badeten. Für sie war Schuldenmachen Routine. Keine Schulden zu haben und Rechnungen pünktlich zu bezahlen war für sie spießig und dumm. Der moderne Mensch machte Schulden. Damit stellte er seinen strahlenden Wachstums- und Zukunftsoptimismus unter Beweis. Im Grunde waren die Jahre vor der Krise für sie ein rauschendes Fest, bei dem es hieß: Freibier für alle. Esst und trinkt nach Herzenslust und lasst es euch wohl sein. Ein neues Zeitalter ist angebrochen, ein Zeitalter, in dem es keine Schulden mehr gibt. Schulden – das war einmal. Arm ist nur, wer keine Schulden hat.

Die Logik war verquer. Doch Europäer und Asiaten fanden sich schnell darein, auch wenn sie sich mit den Regeln des neuen Zeitalters zunächst ein wenig schwertaten. Sie bauten weiter ihre Autos und Maschinen, nähten ihre Kleider und brauten ihr Bier und waren voller kindlicher Freude, wenn ihre Güter und Dienste von anderen eifrig nachgefragt wurden. Stolz betrachteten Chinesen, Japaner oder Deutsche ihre hohen Leistungsbilanzüberschüsse und meinten, diese spiegelten zunehmende Wohlhabenheit wider. Die Wirtschaft brummte, Konten füllten sich und mehr Menschen als je zuvor hatten Arbeit. Dass sie ihre gute Arbeit oft nur gegen schlechtes Geld tauschten, für ihre Autos und Maschinen nur buntbedrucktes Papier bekamen, merkten sie erst später. Vorerst träumten sie einen schönen Traum, den Traum eines konjunkturellen Booms, aus dem sie nicht geweckt werden wollten. Sie waren froh und glücklich, an jenem rauschenden Fest ein wenig teilhaben zu dürfen.

Dessen unwiderstehlicher Charme bestand darin, dass sich niemand um seine Bezahlung kümmerte, bis, ja bis, in den Worten eines britischen Satirikers[20], ein unsäglicher Einfaltspinsel wissen wollte, wer denn eigentlich die Kosten für diese Riesenfete trage. Da stoben alle aus dem Saal. Niemand wollte auf der Rechnung sitzenbleiben. Zwar ist das satirisch überspitzt. Zweifellos bedurfte es einer beträchtlichen Zahl von Einfaltspinseln, aber auch Schurken und Biedermännern sowie Inspizienten, Beleuchtern und Kulissenschiebern, um diese Tragikomödie aufzuführen. Aber der Vorlauf zur Wirtschafts- und Finanzkrise ist trefflich erfasst: das langsame Anschwellen des Schuldenrauschs, der damit einhergehende Kontrollverlust, das allmähliche Schwinden der Sinne und dann die schlagartige Ernüchterung. Bloß raus hier! Rette sich, wer kann!

Im Nachhinein berichteten Teilnehmer der Party, was da geschehen sei, könnten sie selbst nicht fassen. Auch sie hätten beinahe wahllos Wildfremden hohe Beträge in die Hände gedrückt, die diese nie und nimmer zurückzahlen konnten. Aber so sei die Stimmung gewesen. Jetzt sind Billionensummen weg, verjubelt, verbrannt. Ihnen nachzuweinen ist zwecklos. Haben sich nicht Europäer und Asiaten gefreut, wie wacker die Amerikaner konsumierten? Waren diese nicht die allseits gepriesene Konjunkturlokomotive? Sollten nicht Europäer und Asiaten ihnen nacheifern? Erklärten uns nicht Politiker und Professoren, wenn zügellose Schuldenexzesse ein wenig eingedämmt werden sollten, man könne sich auch zu Tode sparen? Lehrten nicht veritable Hochschullehrer ihre Studenten, dass der Staat Investitionen grundsätzlich nur durch Schulden finanzieren dürfe? Wollten nicht viele den Konsum steigern, ohne zu fragen, woher das Geld – richtiges Geld! – kommt? Schwamm drüber. Das Fest ist gefeiert. Jetzt heißt es aufräumen, den Kater bekämpfen und vor allem die Rechnung begleichen. Und das wird dauern.

Ritt auf dem Tiger

Das Fest, das da gefeiert wurde, war aus der Sicht von Ökonomen das gigantischste kreditfinanzierte Konjunkturprogramm, das es je gegeben hat. Dessen sollte sich jeder bewusst sein, der sich auch nur mit dem Gedanken an ein neues derartiges Programm trägt – und seine Folgen bedenken.

Angefangen hatte alles ganz harmlos und manierlich. Alle wollten für alle nur das Beste. Eine unablässig um Wachstum und Arbeitsplätze besorgte amerikanische Zentralbank wollte Produzenten und Konsumenten mit so viel Liquidität versorgen, dass die Wirtschaft gar nicht anders konnte, als auf hohen Touren zu laufen. Eine besonders sozial gesinnte amerikanische Regierung wollte die Massenkaufkraft stärken und namentlich wirtschaftlich schwachen Haushalten helfen, Wohneigentum zu erwerben. Preisgekrönte Finanzexperten wollten durch gänzlich neue Produkte eine noch nie dagewesene wirtschaftliche Dynamik entfalten. Und alle zusammen wollten fortschritts-, wachstums- und zukunftsgläubig die Weichen für das 21. Jahrhundert stellen. Eines kam zum anderen und schließlich war die Mixtur entstanden, die wenig später mit lautem Knall explodieren sollte.

Aber noch war es nicht so weit. Zunächst musste Geld, sehr viel Geld, unter die Leute gebracht werden. Das war gar nicht so einfach. Denn die Kreditwürdigen waren schnell versorgt. Wer von ihnen den Finger gehoben hatte, war unverzüglich bedient worden. Deshalb kamen jetzt auch weniger Kreditwürdige zum Zuge. Die einzige Bedingung, auch sie mit Geld zu überfluten, war der Erwerb einer Immobilie. Die dadurch anziehende Nachfrage ließ die Bauwirtschaft boomen, die Immobilienpreise steigen und die Risiken der Hypothekenvergabe sinken. Nunmehr schien es sogar vertretbar, auch praktisch Mittellosen, die sich kaum eine warme Mahlzeit leisten konnten, Hypothekendarlehen, genannt NINA-Kredite[21], zu gewähren. Was konnte schon schiefgehen? Kaum war ein Haus gekauft, stieg es aufgrund der weiter anschwellenden Nachfrage im Wert. Beide, Darlehensnehmer wie -geber hatten Anlass, sich auf der sicheren Seite zu wähnen.

Der Markt trieb die Preise, und nicht selten trieb er sie innerhalb kürzester Zeit in solche Höhen, dass nicht nur die Hypothek gesichert schien, sondern die Bank darüber hinaus bereit war, auch noch großzügige Konsumentenkredite einzuräumen. Damit hatten zuvor Mittellose nicht nur ein Haus. Sie hatten auch noch genug Geld, um sich viele ihrer Herzenswünsche erfüllen zu können. Das waren herrliche Zeiten! Das Perpetuum mobile fortwährenden Wachstums und fortwährender materieller Wohlstandsmehrung schien erfunden. Eingefleischte Markt- und nicht minder eingefleischte Umverteilungsfetischisten lagen sich in den Armen. Alle, die die Wirtschaft schon immer richtig brummen lassen wollten, sahen sich am Ziel. Das war der ersehnte Boom! Endlich ein warmer Geldregen auch für wirtschaftlich Schwache, endlich ein schmuckes Einfamilienhäuschen auch für den »arbeitslosen Schwarzen, der irgendwo in Alabama im Netzhemd auf seiner heruntergekommenen Veranda sitzt«.[22]

Wer sich in dieser Welt richtig positioniert hatte, konnte in kürzester Zeit Unsummen scheffeln. Der zum Hypothekenmakler gewandelte Barkeeper hatte gute Chancen, 18 Monate später Millionär zu sein – vorausgesetzt, er war schnell und skrupellos genug. Und was er da makelte, wurde zusammen mit Millionen und Abermillionen Hypotheken, Konsumentenkrediten und Ähnlichem geschreddert, zermahlen und pulverisiert, um dann – wie Corned Beef oder Fischstäbchen – verkocht, verbacken und verpresst zu werden. Was dabei herauskam, wurde mit einem hochtrabenden Namen, der zumeist Zusätze wie *new*, *high*, *enhanced*, *qualified* oder *secured* enthielt, versehen und von einer angesehenen Rating-Agentur mit der Bestnote AAA dekoriert. Dabei vermochte niemand zu sagen, was in diesen Produkten steckte und welchen Wert sie hatten. Das Einzige, was im Laufe der Zeit immer deutlicher wurde, war: Sie enthielten immer weniger Hoch- und immer mehr Minderwertiges.

In dieser Phase verwischten sich die Grenzen zwischen Geschäft, Geschäftemacherei und Machenschaften. Finanzschrott wurde trickreich aufgehübscht, dekorativ verpackt und schnellstens an einen Dummen verscherbelt, der davon ausging, ihn mit Profit an einen noch Dümmeren weiterverscherbeln zu können. Da war es nur eine Frage der Zeit, bis jeder Winkel der Erde mit derartigen Produkten verseucht war. Der Handel mit Zertifikaten, Derivaten, Hedgefonds und anderem mehr blühte, und die Banken sollten später sagen, sie hätten oft gar nicht gewusst, was sie da erwarben und an ihre Kunden weiterreichten. Eine Schutzbehauptung? Bei einigen sicher, bei vielen vielleicht. Unbestreitbar ist jedoch, dass nicht nur die Kunden der Banken, sondern auch diese selbst erheblichen Schaden genommen haben. Bis heute sind sie sich nicht sicher, wie viele »Toxic Assets« – giftige, oder richtiger: wertlose Papiere – in ihren Portefeuilles schlummern. Sehenden Auges hätten sie es wohl kaum darauf ankommen lassen.

Der Stoff, aus dem die Wirtschafts- und Finanzkrise dieser Jahre gemacht war, ist nicht neu. Aber er wurde so spektakulär aufbereitet, dass die »Krise« eingehen dürfte in das Menschheitsbuch von Größenwahn und Gier, atemberaubendem Pfusch und grenzenloser Naivität. Nicht wenige der vormaligen Geldgötter sind aus den Wolken gestürzt und haben sich als fehlbare, kleine Menschenwesen entpuppt, Menschenwesen, die noch nicht einmal das Format haben, ihre Mitmenschen um Entschuldigung für den angerichteten Schaden zu bitten.

Aber möglicherweise war ja alles einfach zu groß dimensioniert, ritten viele nur deshalb den Tiger, weil sie gar nicht wussten, was ein Tiger ist. Vieles überstieg wohl auch menschliches Fassungsvermögen. Das jedenfalls erklären vor allem jene, die zur Kontrolle der Finanzmärkte und deren Institutionen berufen waren. Sie hätten nie für möglich gehalten, was da geschah.[23] Auch das dürfte wiederum in vielen Fällen eine Schutzbehauptung sein. Dennoch muss auch ihnen fairerweise zugebilligt werden, dass sie, wie viele andere, fest eingebunden waren in Wachstums- und Wohlstandsillusionen, in ein System des permanenten Überschwangs und überbordenden Optimismus. Es wird schon gutgehen! Wer konnte denn ahnen, dass es diesmal nicht gutgehen werde? Das hätten nur Realisten vermocht. Die aber sind selten.

Spieler und Schaumschläger

Wenn sich der Staub, den diese Krise aufgewirbelt hat, gelegt haben wird, wird sich zeigen, dass auch sie – wie die meisten ihrer Vorgängerinnen – das zwar traurige, aber vorhersehbare Ergebnis einer Entwicklung war, die fatale Übereinstimmung mit einem Kettenbrief aufwies. Wie bei diesem ging alles gut, solange sich immer neue Mitspieler fanden – Menschen und Institutionen, die bereit waren, jene hochspekulativen, undurchschaubaren Finanzprodukte und völlig überteuerten Immobilien zu erwerben. Doch als der Nachschub an Willigen stockte, stürzte, wie bei Kettenbriefen unvermeidlich, das ganze System zusammen.

Solche Zusammenbrüche sind Teil der kapitalistischen Wirtschafts- und Gesellschaftsordnung, in der Spiel und Wette eine wichtige Rolle zukommen. Allein seit den achtziger Jahren des 20. Jahrhunderts gab es mindestens fünf solcher spiel- und wettgetriebenen Wirtschafts- und Finanzkrisen, vom Schwarzen Montag 1987 über die Asien- und diversen Südamerikakrisen bis hin zur Krise der New Economy zu Beginn dieses Jahrzehnts. Der Mensch ist offenbar ein Spieler. Bekommt er Gelegenheit hierzu, gibt es kein Halten mehr. Dann spielen Staaten, Banken und Versicherungen, Pensionsfonds, Kleinaktionäre und Sparer, dann spielen Amerikaner und Europäer, Russen und Chinesen, die Völker entwickelter und weniger entwickelter Länder, dann spielen einfach alle. Die Globalisierung hat das Feld dafür bereitet.

Das ist eine ihrer großen Stärken und Schwächen zugleich. Um im Riesentanker des Weltwirtschafts- und -finanzmarktes Platz zu schaffen und die Bewegungsfreiheit möglichst wenig einzuschränken, wurden Schotten und sonstige Sicherungseinrichtungen weitgehend beseitigt. Nun können Geld und Güter recht ungehindert zirkulieren, aber eben auch Wassermassen überall hereinstürzen, wenn der Tanker leckschlägt, sprich: der menschliche Spieltrieb Amok läuft. Wenn das geschieht, kann sich niemand gegen die Folgen abschotten. Wird irgendwo ein größerer Fehler begangen, sind alle davon betroffen, Verantwortliche und Nicht-Verantwortliche. Täter und Opfer sind kaum noch voneinander zu unterscheiden. Den Schuldigen fällt es nicht selten leicht, sich ihrer Verantwortung zu entziehen. Sühnen müssen andere dafür, mitunter gänzlich Unbeteiligte.

Doch wer sind in diesem großen Spiel die Gewinner, wer die Verlierer? Diese Frage ist in der laufenden Runde besonders schwer zu beantworten. Gewiss gibt es auch diesmal Individuen und Institutionen, die durch Geschick und sehr viel Glück alle Fährnisse umschifft haben und jetzt besser dastehen als vor der Krise. Aber das sind wenige. Der »arbeitslose Schwarze« sitzt – wenn er Glück gehabt hat – wieder auf seiner »heruntergekommenen Veranda irgendwo in Alabama«. Viele Millionen US-Bürger haben empfindliche Einbußen bei ihrer Altersvorsorge erlitten. Die beachtlichen Umsatz- und Gewinnsteigerungen, die viele Banken und Versicherungen, viele große und kleine Unternehmen in den zurückliegenden Jahren erzielt haben, sind mittlerweile durch entsprechende Verluste wieder aufgezehrt. Die Aufschwünge auf dem Arbeitsmarkt, die bis zum Ausbruch der Krise in zahlreichen Ländern zu beobachten waren, sind Geschichte. Das gilt auch für die Fortschritte, die bei der Konsolidierung der öffentlichen Haushalte erreicht wurden. Am Ende der großen Sause wird die weltweit höchste Verschuldung seit dem Zweiten Weltkrieg stehen. Und ungezählte Sparer bangen überall auf der Welt um ihre Einlagen.

Geht es uns nach dem rauschenden Fest möglicherweise schlechter als zuvor? Auch auf diese Frage gibt es keine einfache Antwort. Einerseits stellte die asiatische Entwicklungsbank schon im Frühjahr 2009 fest, dass in dieser Krise Vermögen im Werte von unvorstellbaren 50 Billionen US-Dollar, das ist fast so viel wie die globale Wertschöpfung eines ganzen Jahres, vernichtet worden seien. Andererseits ist der Gegenwert dieser Vermögen höchst zweifelhaft. Was ist da vernichtet worden? In erster Linie wohl helle Pünktchen auf dunklen Bildschirmen, Zahlenkolonnen, und dann vor allem Träume, Illusionen und Phantastereien – Schaum, der sich setzte, als die Kräfte der vielen Schaumschläger erlahmten. Echte Werte wie gesunde, gebildete Menschen, gesellschaftliche Solidarität, zukunftsweisende Ideen und Infrastrukturen dürften kaum darunter gewesen sein.

Das macht es denen, die zur Bewältigung der Krise angetreten sind, nicht leichter. Was sollen sie tun? Zunächst war der Notarzt gefragt. Denn Atmung und Herzschlag zahlreicher Partygäste drohten auszusetzen. Da musste gehandelt werden. Und es wurde gehandelt, im Großen und Ganzen schnell, besonnen und kompetent. Wie aber soll es weitergehen? Soll der Schaum, der sich soeben gesetzt hat, erneut geschlagen werden?

Betrachtet man die Vielzahl von Rettungsmaßnahmen, die überall auf der Welt ergriffen worden sind, drängt sich dieser Eindruck auf. Im Kern geht es bei den meisten dieser Maßnahmen darum, von Staats wegen riesige Geldmengen aus Völkern und Ländern zu saugen und wieder nach Gutdünken über sie auszugießen: ein bisschen für die Automobilindustrie, ein bisschen für den Straßenbau, ein bisschen für die Bildung, ein bisschen für die Gesundheit, ein bisschen für die Kinder … – keineswegs nur in Deutschland. Briten, Franzosen oder Amerikaner verhalten sich genauso. Ein schlüssiges Konzept, eine Ordnung der Gedanken, geschweige denn ein wirklicher Neuanfang ist nirgendwo zu erkennen. Vielmehr sind alle Energien darauf gerichtet, unter Vermeidung einiger – zumeist bewusst aufgebauschter – Fehler Zustände wiederherzustellen, wie sie vor der Krise bestanden.

Das lässt einen neuen, kostspieligen Schaumberg und eine nächste Krise erwarten. Diese kommende Krise dürfte größer werden als die vorausgegangenen. Die erste Krise zu Beginn des Jahrzehnts erschütterte Unternehmen, streifte Banken, ließ jedoch die Staaten unberührt. Die Krise dieser Jahre erschütterte Unternehmen und Banken und streifte die Staaten. Die kommende Krise wird voraussichtlich alle treffen: Unternehmen, Banken und Staaten. Das hätte eine neue Qualität. Rettungsschirme für große, wirtschaftsstarke Staaten müssen nämlich erst noch erfunden werden. Bisher weiß niemand, wie sie aussehen könnten. Pessimistische Unkenrufe? Eher nüchterner Realismus.

WACHSTUMSWAHN

Warum Wachstum?

Die oft schrillen und unüberlegten Reaktionen auf die Wirtschafts- und Finanzkrise dieser Jahre zeigen, dass die Bevölkerungen vieler Länder weitgehend krisenentwöhnt sind. Sie sind eingestimmt auf ewigen Frühling, ewiges Knospen und Blühen. Ziehen Wolken auf oder sinkt die Temperatur, reagieren sie beinahe hysterisch. Die Ankündigung eines Jahres schlechter Nachrichten droht sie aus der Bahn zu werfen. Solche Grausamkeiten sind ihnen nicht zumutbar. Physisch und psychisch darf es für sie immer nur aufwärtsgehen.

Bereits die bloße Vorstellung, dass es auch abwärtsgehen kann und auf hohe Hochs nicht selten tiefe Tiefs folgen, ist für sie unerträglich. Das Auf und Ab von Wirtschaft und Gesellschaft als das zu nehmen, was es ist: als normal, bereitet ihnen größte Schwierigkeiten. Stockt die Wirtschaft oder sinkt ihre Leistungskraft auch nur ein wenig, geraten ihre Gemeinwesen in Turbulenzen. Dass die Jahreszeiten wechseln, wollen sie nicht wahrhaben. Vielmehr bestehen sie darauf, auch mitten im Winter sommerlich gekleidet spazieren gehen zu können. Alles andere ist für sie eine Katastrophe.

Warum eigentlich muss für sie die Wirtschaft immer weiter wachsen, der materielle Wohlstand unaufhörlich steigen? Warum beschädigen sie bedenkenlos ihre Lebensgrundlagen um kurzzeitiger materieller Vorteile willen? Warum gehen sie die halsbrecherischsten Risiken ein, um die ohnehin hohe Schlagzahl der Wirtschaft noch zu erhöhen? Warum opfern sie für höhere Wachstumsraten unter Umständen Wohlstand und Lebensglück? Und warum sind sie so entnervt, wenn sie hin und wieder aus ihren Träumen erwachen und sich im wirklichen Leben wiederfinden?

Vor allem aber, was hat sie auf den tollkühnen Gedanken gebracht, ihr Wohl und Wehe – Lebenszufriedenheit, wirtschaftliche und gesellschaftliche Funktionsfähigkeit und politische Stabilität – am seidenen Faden wirtschaftlichen Wachstums und materiellen Wohlstands aufzuhängen? Sie müssen doch wissen, dass die Geschichte in gewaltigen Pendelbewegungen verläuft, dass auf goldene Zeitalter regelmäßig eiserne folgen. Die Erwartung, eine Entwicklung, namentlich eine wirtschaftliche, nehme immer nur eine Richtung, ist wirklichkeitsfremd. Was nährt also das Vertrauen, dass diesmal alles ganz anders verlaufen könne und werde?

Fragen wie diese werden selten gestellt und noch seltener beantwortet. Die einzigartige Wohlstandsexplosion der neueren Geschichte hat die Menschen vor allem in den frühindustrialisierten Ländern so nachhaltig geprägt, dass sie mit einer gewissen Automatik in den Kategorien von Wirtschaftswachstum und materieller Wohlstandsmehrung fühlen, denken und handeln. Dass materieller Wohlstand genauso schnell vergehen kann wie er entstanden ist und an den irdischen Schätzen fortwährend »Motte« und »Rost« zehren[1], ist nicht mehr Teil ihres wachen Bewusstseins. Ihre Welt ist eine Welt des fortwährenden Höher, Schneller, Weiter. Deshalb, so bekunden sie, »brauchen wir weiterhin wirtschaftliches Wachstum«.[2]

Das meinten 2007 – also noch vor Ausbruch der Krise – 81 Prozent der deutschen Bevölkerung. 73 Prozent gingen sogar noch einen Schritt weiter und erklärten: »Ohne wirtschaftliches Wachstum kann Deutschland nicht überleben.« Für sie ist Wachstum also nicht nur wünschens- und erstrebenswert, sondern existentiell: Wenn nicht alles immer mehr wird, sind wir verloren. Und noch krasser sehen das 61 Prozent, für die es in unüberbietbarer Eindeutigkeit heißt: »Wachstum ist nicht alles, aber ohne Wachstum ist alles nichts.«[3] Menschenwürde, Menschenrechte, bürgerliche Freiheiten, der Rechts- und Sozialstaat, die Demokratie – das ist alles nichts, wenn nicht wirtschaftliches Wachstum hinzukommt. In unserer Zeit und unserer Kultur, so

hat es den Anschein, sind Wachstum und materielle Wohlstandsmehrung der Maßstab, an dem alles gemessen wird. Darum ist
aus der Sicht so vieler ohne Wachstum alles nichts. Was sind die
Gründe für diese Sichtweise?

Materielle Bedürfnisse

Menschen haben wie alle Lebewesen materielle Bedürfnisse. Der
Verdurstende wird alles für einen Schluck Wasser, der Verhun-
gernde alles für einen Bissen Brot geben. Menschen nehmen viel
auf sich, um sich zu kleiden und ein Dach über dem Kopf zu haben, obgleich hier die Bedürfnisse bereits recht unterschiedlich
sind. Was der eine als auskömmlich ansieht, findet ein anderer
ärmlich.

Doch die überwältigende Mehrheit will mehr, viel mehr als
nur Wasser und Brot, einen härenen Rock und Schutz vor den
Unbilden der Natur. Sie will ausreichendes, schmackhaftes Essen, schöne, bequeme Kleidung und komfortable Wohnungen.
Aber auch das ist noch nicht alles. Die meisten wollen auch noch
verreisen, mit anderen ihre Freizeit verbringen, gelegentlich ausgehen und sich ab und zu mit ein wenig Luxus verwöhnen, kurz,
sie wollen, wenn irgend möglich, nicht ihr Dasein fristen, sondern das Leben genießen.

Milliarden von Erdenbürgern sind dazu nicht in der Lage. Sie
dursten und hungern, haben kein Dach über dem Kopf und keinen Zugang zu Bildungs- und medizinischen Einrichtungen.
Dass diese Menschen um Wirtschaftswachstum und die Mehrung ihres materiellen Wohlstands ringen, ist unmittelbar einsichtig und bedarf keiner weiteren Erklärung. Ihnen steht jedoch
weit mehr als eine Milliarde Menschen gegenüber, die an materiellen Gütern haben, was sie zum Leben brauchen und vieles
darüber hinaus. Sie könnten ihr Leben genießen. Dennoch verfolgen sie weiter die alten Ziele. Sie verhalten sich kaum anders
als die materiell Notleidenden. Warum? Sind ihre materiellen
Bedürfnisse unersättlich?

Es gibt Aussagen, die dies vermuten lassen.[4] Weit größer ist allerdings die Zahl derer, die das Gegenteil zeigen.[5] Danach kennen die allermeisten Maß und Ziel. Sie wissen, wann sie genug gegessen und getrunken haben, ihre Kleiderschränke voll und ihre Wohnwünsche befriedigt sind. Ist das der Fall, steigern zusätzliche materielle Güter ihre Lebenszufriedenheit nicht mehr. Keiner möchte hungern und frieren. Aber nur wenige fühlen sich glücklicher, wenn sie einen Zobelpelz tragen oder einen Maybach fahren.

In Deutschland beispielsweise stieg nach 1945 die Lebenszufriedenheit der Menschen parallel zur Mehrung ihres materiellen Wohlstands, solange sie relativ arm waren – in der unmittelbaren Nachkriegszeit sowie in den fünfziger und sechziger Jahren. Damals war die insgesamt erwirtschaftete Güter- und Dienstemenge, das Bruttoinlandsprodukt (BIP)[6], ein verlässlicher Indikator für das Wohlbefinden der Bevölkerung. Mit der Gütermenge stieg die Zufriedenheit. Mit jedem Jahr wurde der Anteil Zufriedener größer.

Diese Entwicklung endete um 1970. Zu diesem Zeitpunkt erklärten rund sechzig Prozent der westdeutschen Bevölkerung, sie seien mit ihrem Leben zufrieden oder sogar sehr zufrieden. Das pro Kopf erwirtschaftete BIP lag damals (in Preisen von 2009) bei rund 16 000 Euro im Jahr und das monatlich verfügbare Einkommen bei reichlich 900 Euro.

In der Folgezeit stiegen BIP und verfügbare Einkommen kontinuierlich an. Doch der Anteil Zufriedener und sehr Zufriedener verharrte wie festgenagelt bei sechzig Prozent. Heute wird pro Kopf der Bevölkerung – wiederum in Preisen von 2009 – annähernd doppelt so viel erwirtschaftet wie vor vierzig Jahren und die verfügbaren Einkommen sind 75 Prozent höher. Doch der Anteil Zufriedener und sehr Zufriedener rückt und rührt sich nicht. Wie damals liegt er bei ungefähr sechzig Prozent.[7]

Dies ist umso bemerkenswerter, als während des längsten Abschnitts dieser Periode die wirtschaftlich schwächeren Bevölkerungsteile keineswegs von der allgemeinen wirtschaftlichen Entwicklung abgehängt waren. Im Großen und Ganzen bewegten sich deren Einkommen wie die aller anderen nach oben. Doch zufriedener machte sie das nicht, oder genauer: Abgesehen von

den zumindest relativ wirklich Bedürftigen sind sie in etwa so zufrieden beziehungsweise unzufrieden wie die große Bevölkerungsmehrheit.

Ist erst einmal ein gewisses materielles Niveau erreicht, rücken für die meisten Menschen andere Dinge in den Vordergrund. Das zeigt nicht nur der Augenschein, sondern auch eine
Reihe einschlägiger Untersuchungen. So erklärten im Jahre 2007
in Deutschland nur 27 Prozent der Befragten, sie erstrebten eine
Mehrung ihres materiellen Besitzes. 59 Prozent bekundeten hingegen, sie seien mit dem, was sie haben, zufrieden, und weitere
zehn Prozent – recht gleichmäßig verteilt über alle Einkommens-
schichten –, waren sogar bereit, mit weniger vorliebzunehmen.[8]

Daraus kann nun nicht gefolgert werden, die Menschen hätten keine Freude mehr an materiellen Gütern. Doch mit zunehmendem Wohlstand werden diese für die meisten weniger wichtig. Und mit zunehmendem Alter. Der genannten Studie zufolge
strebten nur die unter Dreißigjährigen mehrheitlich nach größerem materiellen Besitz. Bei den 30- bis 44-Jährigen waren es
nur noch 33, bei den 45- bis 59-Jährigen nur noch 21 und bei den
über 59-Jährigen sogar nur noch vier Prozent.

In die gleiche Richtung deuten die Antworten auf die Frage,
was im Leben wichtig und erstrebenswert sei. Zwar war das für
immerhin 42 Prozent der Befragten ein höheres Einkommen.
Dennoch landete diese Nennung von 15 möglichen auf dem
letzten Platz. Deutlich wichtiger war den Befragten, nicht so viel
Stress (48 Prozent) zu haben oder viel Spaß (49 Prozent). Ganz
an der Spitze dessen, was als wichtig und erstrebenswert angesehen wurde, standen die Pflege von Freundschaften (87 Prozent),
intakte Familienbande (81 Prozent) oder ein erfüllender Beruf
(75 Prozent).

Werden Menschen schließlich weitgehend auf Materielles wie
Einkommen, Vermögen oder Altersvorsorge verwiesen und gefragt, von welchen dieser Güter sie gerne mehr beziehungsweise
höherwertigere hätten, findet sich nur beim Einkommen eine
Mehrheit von 55 Prozent, die sagt: davon will ich mehr. Bei
allem anderen sind es Minderheiten, zum Teil sogar nur kleine
Minderheiten, die sich mehr oder höherwertigere Güter wün-

schen. Bei Wohnungen und Autos beispielsweise sind es nur jeweils 21, bei Kleidung und Schuhen nur 14 Prozent. Und noch weitaus geringer ist der Wunsch nach Computern, Unterhaltungselektronik oder Mobiltelefonen. Da reicht fast allen das, was sie haben.

Ganz ähnliche Ergebnisse erbringen entsprechende Untersuchungen in anderen Ländern.[9] Wieder und wieder zeigt sich, dass unterhalb eines bestimmten wirtschaftlichen Versorgungsniveaus das Interesse an materiellen Gütern hoch ist und diese ganz erheblich zum Wohlbefinden der Menschen beitragen. Wird jedoch dieses Niveau, das in Ländern wie Deutschland oder den USA pro Kopf der Bevölkerung bei einem jährlichen Einkommen von 20 000 US-Dollar liegt[10], überschritten, leisten weitere materielle Güter bei den meisten Menschen nur noch einen geringen und bei vielen überhaupt keinen Beitrag mehr zur Steigerung von Lebenszufriedenheit und Lebensglück.

Die eifrigen Messungen der in einem Land erwirtschafteten Güter- und Dienstemenge erlauben deshalb nur in recht armen Ländern Rückschlüsse auf Wohlbefinden und Lebenszufriedenheit der Bevölkerung. Es macht einen erheblichen Unterschied, ob einem Menschen jährlich Güter und Dienste im Werte von 10 000, 5000 oder lediglich 1000 Euro zur Verfügung stehen. Ziemlich gleichgültig für Wohlbefinden und Lebenszufriedenheit ist hingegen, ob der Wert dieser Güter und Dienste nun bei 20 000, 25 000 oder 30 000 Euro liegt. Zwar kann sich derjenige, der ein Jahreseinkommen von 30 000 Euro erzielt, mehr leisten als ein anderer, dem nur 25 000 Euro zur Verfügung stehen. Doch wer von beiden zufriedener ist, ist anhand dieser Messgrößen unmöglich zu sagen. Auf diesem materiellen Wohlstandsniveau wird Lebenszufriedenheit zunehmend aus nichtmateriellen Quellen gespeist. Nicht zuletzt deshalb steht der Aufwand, mit dem das BIP beispielsweise der US-Amerikaner mit dem der Westeuropäer oder dasjenige der Deutschen mit dem der Briten verglichen wird, in keinem Verhältnis zu den gewonnenen Erkenntnissen. Über die Lebenszufriedenheit dieser Völker geben sie keinerlei Aufschluss.

Umso paradoxer ist das Verhalten vieler Menschen vor allem

in den wohlhabenden frühindustrialisierten Ländern. Obwohl sie aus langer Erfahrung wissen, dass sie ein Wohlstandsniveau erreicht haben, auf dem eine Erhöhung ihrer Löhne oder Sparzinsen allenfalls kurzzeitig Zufriedenheitsgewinne verschafft, kämpfen sie weiter verbissen darum. Der Grund hierfür sind häufig gerade nicht ungestillte materielle Bedürfnisse. Diese sind kein Fass ohne Boden, das sich niemals füllen ließe. Es lässt sich füllen und sogar zum Überlaufen bringen. Unternehmen, deren Vertrieb kostspieliger ist als die Produktion, wissen ein Lied davon zu singen. Nein, wenn nicht nur materiell Notleidende, sondern auch Saturierte weiter nach Wachstum streben, dann hat dies andere, komplexere Ursachen.

Arbeitsplätze

Deutschland, Europa und die Welt – so heißt es – brauchen auch deshalb Wachstum, damit alle, die dies wünschen, einer ertragreichen Beschäftigung nachgehen können. Dass dies so ist, ist für viele eine unbedingte Gewissheit, so dass sich jede Frage dazu erübrigt. Wenn schon aus keinem anderen Grund, dann aus diesem: Die Wirtschaft muss wachsen, damit die Menschen arbeiten können.

Diese Sichtweise hat sich im Laufe von Generationen bei vielen so tief ins Hirn eingegraben, dass sie kaum noch zu sagen vermögen, ob sie arbeiten, um ihren Wohlstand zu mehren, oder ob sie ihren Wohlstand mehren, um arbeiten zu können. Wachstum und Beschäftigung, Beschäftigung und Wachstum bilden für sie eine Einheit. Und in der Tat: Auch wenn der Zusammenhang zwischen Wachstum und Beschäftigung weniger zwingend ist, als gemeinhin angenommen wird[11] – eine Verbindung besteht. Boomt die Wirtschaft, ist die Beschäftigungslage zumeist gut, lahmt sie, herrscht oft ein Mangel an Arbeitsplätzen.

Das ist von besonderer Bedeutung in einer Zeit und einem Kulturkreis, in denen Erwerbsarbeit für die meisten Menschen während der längsten Zeit ihres Lebens sowohl Haupteinkommensquelle als auch Voraussetzung für eine auskömmliche Versorgung im Alter sowie im Krankheits- und Pflegefall ist. Erwerbsarbeit ist damit janusköpfig. Durch sie trägt der Einzelne zur kollektiven Wertschöpfung bei, und zugleich hat er durch sie auch an ebendieser Wertschöpfung teil. Sie ist Wertschöpfungs- und Verteilungsinstrument in einem.

Mindestens ebenso wichtig ist jedoch, dass der Einzelne durch seine Erwerbsarbeit in ein soziales Umfeld eingebunden und Teil einer Gemeinschaft wird. Und nicht zuletzt definiert sich durch sie auch sein gesellschaftlicher Status. Was ist der Mensch? Eine gute Mutter, ein guter Vater, ein engagierter Bürger, eine hilfsbereite Nachbarin? Das alles ist gut und recht, aber in unserer Zeit und unserem Kulturkreis zählt das wenig im Vergleich zur beruflichen Stellung einschließlich des mit ihr einhergehenden Einkommens.

Nur, was folgt daraus? Kann, darf und soll Erwerbsarbeit wirklich vom Mittel zum Zweck werden, der um seiner selbst willen verfolgt wird? Soll gearbeitet werden um des Arbeitens willen? Sollen gegebenenfalls selbst negative Neben- und Folgewirkungen von Wachstum und Beschäftigung hintangestellt werden, solange nur Arbeitsplätze entstehen oder erhalten bleiben?

Dass dies keineswegs nur rhetorisch-hypothetische Fragen sind, zeigt die Lebenswirklichkeit in Deutschland und vielen anderen Ländern. Mit einem beachtlichen Teil der hier erbrachten Erwerbsarbeit wird nur Wachstum, nicht aber Wohlstand erzeugt. Wachstum und Wohlstand sind entkoppelt. Ein künstliches, wohlstandsentleertes Wachstum dient nur der Sicherung der Beschäftigung.

Ein besonders krasses Beispiel hierfür ist der deutsche Steinkohlebergbau. Obwohl er aufgrund geologischer Gegebenheiten seit einem halben Jahrhundert keine verkäufliche Kohle mehr fördert – deutsche Kohle ist rund dreimal so teuer wie gleichwertige Kohle auf dem Weltmarkt –, wurde der Betrieb nur langsam zurückgefahren und bis heute nicht beendet.[12] Die wichtigste Begründung: Arbeitsplätze. Um diese Arbeitsplätze zu erhalten, haben die Steuerzahler zwischen 1958 und 2008 – im Geldwert von heute – rund 200 Milliarden Euro aufgebracht, zeitweise bis zu 60 000 Euro jährlich pro Erwerbstätigen.[13]

Mit jeder Schicht, die die Kumpel ihrer schweren Arbeit nach-gingen, wurde Deutschland ein wenig ärmer. Nicht nur musste jede von ihnen geförderte Tonne Kohle hoch subventioniert wer-den, um überhaupt einen Abnehmer zu finden. Zugleich verur-sachten sie mit ihrer Arbeit Schäden, die den Menschen in den Bergbauregionen und darüber hinaus noch in hundert und mehr Jahren zu schaffen machen werden. Wären sie stattdessen angeln gegangen, wäre es für alle – sie selbst, die Menschen in der Region und die Bevölkerung insgesamt – besser gewesen. Das aber durfte nicht sein. Die Erwerbstätigen mussten so lange wie möglich auf ihren angestammten Arbeitsplätzen verharren, weil eine erstarrte wirtschaftliche, gesellschaftliche und politische Ordnung ihnen nur auf diese Weise ein Einkommen, Transferansprüche, soziale Einbindung und gesellschaftlichen Status verschaffen konnte.

Ein weiteres Beispiel für diese Erstarrung ist die Abwrackprä-mie, die die Bundesregierung als Beitrag zur Krisenbewältigung 2009 gewährte. Um Arbeitsplätze – diesmal im Automobilbau – zu erhalten, belohnte sie die Zerstörung von Hunderttausenden zumeist fahrtüchtigen Kraftfahrzeugen, indem sie beim Neukauf eines Wagens faktisch auf die ihr zustehende Mehrwertsteuer verzichtete oder noch Geld drauflegte. Die Mittel, die dies erfor-derte, entzog sie – wie sollte es anders sein – den steuerzahlenden Bürgern, deren Entfaltungs- und Gestaltungsmöglichkeiten sie damit weiter einengte. Oder genauer: Sie verteilte um – von der Masse der Steuerzahler hin zu einem recht willkürlich ausge-wählten Kreis von Konsumenten. Dass sie mit dieser Aktion auch noch der Umwelt beträchtlichen Schaden zufügte, nahm sie in Kauf.[14] Schließlich ging es um Arbeitsplätze. Ein wenig war es wie im Krieg. Auf eine Phase sinnloser Vermögensvernichtung folgte eine Wiederaufbauphase, in der es zwar reichlich Arbeit gab, aber zunächst nur der ursprüngliche Zustand wiederher-gestellt wurde. Wohlstand wird durch solche Aktionen nicht ge-schaffen.

Wachstum um des Wachstums, Arbeit um der Arbeit willen, Wachstum und Arbeit, die mitunter sogar Wohlstand vernichten und Lebensgrundlagen beschädigen! Offenkundig haben sich die Menschen in den von ihnen gesponnenen Netzen verfangen.

Am Anfang stand ihr verständlicher Wunsch, die Wirkungen des alttestamentarischen Fluches, sich nur mühsam von ihrem Acker ernähren zu können[15], zu bannen oder zumindest zu mildern. Bei diesem Vorhaben machten sie zunächst kleine, dann aber immer größere Fortschritte. Mit der Industrialisierung beschleunigten sich diese weiter. Seit einigen Jahrzehnten überschlagen sie sich geradezu.

Dabei war und ist die Vorgehensweise immer die Gleiche. Bildlich gesprochen ertüfteln die Menschen Verfahren, dank deren der Acker bei weniger Arbeit die gleiche Menge an Früchten trägt oder bei gleichem Arbeitseinsatz eine größere Menge oder am besten beides: weniger Arbeit und dennoch ein höherer Ertrag. Das ist Produktivitätsfortschritt. Er wird im Wesentlichen bewirkt durch menschliche Findigkeit und den Einsatz nicht-muskulärer Energie. In neuerer Zeit kommt als Schmiermittel Kapital hinzu.

Heute denken unzählige Männer und Frauen ständig darüber nach, wie sie den Arbeitseinsatz weiter vermindern und zugleich die produzierte Güter- und Dienstemenge erhöhen können. Die Ergebnisse ihres Nachdenkens sind atemberaubend. So haben sie es geschafft, dass sich in den zurückliegenden hundert Jahren in einem Land wie Deutschland die pro Kopf erbrachte Arbeitsmenge – gemessen in effektiv geleisteten Arbeitsstunden – halbiert und die Gütermenge reichlich verfünffacht hat. Das heißt, dass pro Stunde heute rund zehnmal so viel erwirtschaftet wird wie zu Beginn des 20. Jahrhunderts.

Und das geht vorerst so weiter. In entwickelten Volkswirtschaften erhöht sich die Produktivität jährlich um durchschnittlich zwei Prozent[16], was schematisch betrachtet bedeutet, dass mit einem um zwei Prozent verminderten Zeitaufwand die gleiche Menge an Gütern erstellt werden kann oder bei unverändertem Zeitaufwand zwei Prozent mehr Güter erstellt werden, die Wirtschaft also wächst.

Wie die Geschichte zeigt, haben Gesellschaften in der Regel die Wirkungen dieses Produktivitätsfortschritts in beide Richtungen gelenkt. Sie haben die Arbeitsmenge verringert und gleichzeitig die Wirtschaftsleistung erhöht. Doch inzwischen funktioniert diese Vorgehensweise in den wohlhabenden Ländern immer schlechter. Es fehlt an Nachfrage. Wie diese erzeugt werden kann, ist strittig. Die einen sehen die Lösung in mehr Umverteilung zugunsten wirtschaftlich Schwächerer, die anderen in mehr Deregulierung von Produktion und Konsum, und wieder andere in einem laxeren Umgang mit privaten und öffentlichen Schulden.

Gemeinsam ist allen diesen Konzepten, dass sie nirgendwo auf der Welt mit einiger Verlässlichkeit funktionieren. Das Modell Umverteilung kollidiert nur allzu leicht mit der Natur des Menschen, insbesondere, wenn diese einhergeht mit Freizügigkeit. Das Modell Deregulierung, das haben nicht zuletzt die zurückliegenden Jahre gezeigt, stößt schnell an Grenzen. Und das Modell Schulden hat sich gerade wieder einmal ad absurdum geführt. Doch solange das so ist, werden die frühindustrialisierten Länder vor den Arbeitsmarkteffekten des Produktivitätsfortschritts herhecheln wie Skifahrer vor einer niedergehenden Lawine. Sie werden nicht aufhören können, um der Entstehung von Arbeitsplätzen willen das Wachstum der Wirtschaft voranzutreiben, gleichgültig, ob es Bedarf für die zusätzlichen Güter gibt oder nicht.

Oder welchen Sinn hat es, Automobile in übervolle Straßen und Plätze zu pressen, weil nur so die Überproduktion eines Wirtschaftszweiges abfließen kann? Und was für den Automobilbereich gilt, gilt auch für andere Bereiche. Die Mägen und Truhen der meisten sind voll. Von Staats wegen Anreize zu geben, sie noch voller zu stopfen und immer noch mehr zu konsumieren, ist eine Missachtung und Entmündigung der Bürger, die auch mit dem zweifelhaften Argument des Erhalts von Arbeitsplätzen nicht zu rechtfertigen ist. Was die Konsumenten in einem gutversorgten Land nicht aus eigenem Antrieb kaufen, braucht auch nicht produziert zu werden.

Für Politik, Wirtschaft und Gesellschaft ist die Zeit gekommen, sich von den Wertschöpfungs- und Verteilungsstrukturen, die unter historischen Bedingungen entstanden sind, zu lösen und zeitgemäße Formen für die Erlangung von Einkommen, Transferansprüchen, sozialer Einbindung und gesellschaftlichem

Status zu entwickeln. Wachstum vorrangig zum Zwecke der Schaffung und Sicherung von Arbeitsplätzen – das ist nicht nur ein Anachronismus. Das ist unter den Bedingungen des 21. Jahrhunderts schlechterdings nicht mehr hinnehmbar.[17]

Soziale Sicherungssysteme und öffentliche Haushalte

Das gilt auch für die sozialen Sicherungssysteme und die öffentlichen Haushalte, die nach verbreiteter Auffassung nur bei einem auskömmlichen Wachstum der Wirtschaft stabil und ausgeglichen sein können. Besonders im Blick auf die sozialen Sicherungssysteme wird argumentiert, dass auf diese allein schon aufgrund der demographischen Veränderungen – konkret: des starken Anstiegs des Altenanteils in allen frühindustrialisierten und vielen anderen Ländern – in den kommenden Jahren und Jahrzehnten hohe Zusatzbelastungen zukämen, deren Bewältigung erhebliche Wachstumsraten erfordere.

Richtig hieran ist, dass durch die Zunahme der Altenzahlen nicht nur der Versorgungsaufwand steigt. Noch wesentlich stärker steigt der Aufwand für Gesundheit und Pflege. Achtzigjährige bekommen keine höheren Renten als Siebzigjährige. Aber sie sind häufiger krank und sehr viel häufiger pflegebedürftig.[18] Hinzu kommt, dass auch aufgrund des medizinischen Fortschritts der Mittelbedarf des Gesundheitssektors steigt.[19] Doch abermals: Was folgt daraus? Muss das BIP ständig zunehmen, weil nur so die sozialen Sicherungssysteme und öffentlichen Haushalte nicht überfordert werden?

Das wäre freilich der bequemste Weg, um die demographischen Herausforderungen – und nicht nur diese – zu bewältigen. Aber ist dieser Weg auch gangbar? Zweifellos sollten große Anstrengungen unternommen werden, um die Produktivität einer zahlenmäßig schrumpfenden Erwerbsbevölkerung insoweit zu erhöhen, dass die unvermeidlich steigenden Ansprüche einer alternden Gesellschaft an die sozialen Sicherungssysteme und öffentlichen Haushalte ohne unzumutbare Wohlstandsverluste

der Jüngeren befriedigt werden können. Doch Produktivitätsge-
winne sind nicht gleichzusetzen mit Wirtschaftswachstum.

Schon bedingt durch die Alterung der Bevölkerung wird dieses auf Dauer sehr schwer zu erreichen sein. Verlass ist jedenfalls
nicht darauf. Die Völker der frühindustrialisierten Länder sollten sich deshalb darauf einstellen, auch ohne Pro-Kopf-Wachstum ihre sozialen Sicherungssysteme und öffentlichen Haushalte
stabil und ausgeglichen zu halten. Möglich ist dies durchaus. Nur
sind dafür ein gründlicher Umbau dieser Systeme und eine deutlich veränderte Prioritätensetzung erforderlich. Erste Schritte in
diese Richtung sind getan, beispielsweise mit der Einführung der
Rente mit 67. Namentlich Deutschland beginnt hier aufzuwachen. Aber auch hier stehen wir am Anfang eines langen Wegs.

Arm und Reich

Von den zahlreichen Argumenten, mit denen selbst in materiell
wohlhabenden Ländern die Wachstumsfeuer angefacht werden,
hat die Bekämpfung der Armut die größte emotionale Wucht.
Wer könnte, wer wollte sich schon den Obdachlosen verschließen,
die in kalter Winternacht Zuflucht in Wärmestuben suchen, oder
den Kindern, die ungenügend genährt und gekleidet zur Schule
gehen – oder auch nicht! Und dann die große Zahl derer, denen
die Armut nicht auf den ersten Blick anzusehen ist! Sind sie nicht
alle bedürftig, und muss ihnen nicht geholfen werden? Benötigen
nicht wenigstens sie weiteres wirtschaftliches Wachstum?

So zu fragen erscheint einsichtig, ist es aber nicht. Denn Armut kann in wohlhabenden Ländern nur durch eine gleichmäßi-
gere Verteilung der erwirtschafteten Güter- und Dienstemenge
beseitigt werden, nicht aber durch deren Vergrößerung. Ob ein
Land insgesamt reich ist oder arm, hat auf den Armenanteil nur
geringen Einfluss. So war vor der deutschen Wiedervereinigung
der Anteil Armer in der DDR deutlich geringer als in der Bundesrepublik Deutschland. Doch der Lebensstandard der Armen
Westdeutschlands war höher als derjenige ostdeutscher Durch-
schnittsbürger.

Ganz Ähnliches ergibt ein Vergleich von wirtschaftlich so unterschiedlich leistungsfähigen Ländern wie den Vereinigten Staaten und der Türkei oder den Niederlanden und Ungarn oder Schweden und Tschechien. Obwohl die Amerikaner pro Kopf der Bevölkerung viermal so viel erwirtschaften wie die Türken, gilt in beiden Ländern rund jeder sechste als arm. In den Niederlanden und Ungarn werden reichlich sieben Prozent der Bevölkerung als arm angesehen, obwohl das niederländische Pro-Kopf-BIP doppelt so hoch ist wie das ungarische. Das Gleiche gilt für Schweden und Tschechien – gleiche Armenanteile trotz wirtschaftlich unterschiedlicher Leistungsfähigkeit.[20]

Der einfache Grund: In den gutversorgten Ländern ist Armut eine Frage der Definition. Hier gilt als arm, wer nicht mindestens fünfzig oder sechzig Prozent des Durchschnittseinkommens erzielt, gleichgültig wie hoch dieses ist. Steigt dieses, steigt in der Regel auch der Wohlstand der Armen, ohne dass sich etwas an ihrem Status ändert. Solange sie sich nicht dem Durchschnittseinkommen annähern, bleiben sie arm – unabhängig von ihrer materiellen Ausstattung. In Deutschland beispielsweise haben die Ärmsten heute die gleiche Kaufkraft wie durchschnittliche Arbeitnehmerhaushalte Mitte der sechziger Jahre.[21] Und damals kam niemand auf den Gedanken, diese als arm anzusehen.

Wie aber steht es um die wirklich Armen, die Elenden auf dieser Welt, die weit davon entfernt sind, ihre existentiellen leiblichen wie kulturellen Bedürfnisse befriedigen zu können, die wirklich hungern, ohne menschengemäße Behausung sind und keinen Zugang zu Bildungseinrichtungen oder medizinischer Versorgung haben? Müssen die gutversorgten, reichen Länder nicht ihren materiellen Wohlstand weiter mehren, um ihnen wirksam helfen zu können? Gewissermaßen schlemmen zugunsten der Ärmsten. Nicht selten wird tatsächlich so argumentiert.[22]

Tatsache ist, dass die wohlhabenden Länder die ärmeren seit langem wirtschaftlich unterstützen. Allerdings ist diese Unterstützung gleichbleibend bescheiden. Mit Ausnahme Schwedens wendet kein einziges Land hierfür auch nur ein Prozent der erwirtschafteten Güter- und Dienstemenge auf. In die Nähe hiervon kommen lediglich Norwegen, Dänemark und die Niederlande. Großbritannien wendet 0,43 Prozent auf. Deutschland und Frankreich liegen mit rund 0,38 Prozent ihres BIP im hinteren Mittelfeld. Die Schlusslichter bilden Italien, Japan und die USA. Letztere stellten 2008 ganze 0,18 Prozent ihres BIP für Zwecke der Entwicklungshilfe zur Verfügung.[23]

Ergänzt werden die öffentlichen Mittel in allen Ländern durch mehr oder minder großzügige private Spenden. Aber selbst wenn man diese hinzunimmt, erreicht kaum ein Land die 0,7-Prozent-Marke, die wiederholt als Ziel für den Transfer von Reich zu Arm angepeilt worden ist[24] – nicht eben viel für Volkswirtschaften, die ein jährliches Wachstum von zwei und mehr Prozent aufweisen. Den wirklich Armen kommt von diesen Wohlstandsgewinnen nicht viel zugute, besonders wenn noch ein erheblicher Teil der Entwicklungshilfe für Gegengeschäfte[25], Exportfinanzierungen und Ähnliches verwendet wird.

Auf diese direkten Hilfen, so der mitunter zu hörende Einwand, komme es aber auch gar nicht entscheidend an. Bedeutsamer sei, dass die wirtschaftlich starken Länder bei anhaltend hohen Wachstumsraten die wirtschaftlich Schwächeren durch lebhaften Handel aus ihrem Elend rissen. Und als gelungene Beispiele werden südostasiatische Länder, vor allem aber China und Indien genannt. Da könnte etwas dran sein. Müssen nicht in China Fabriken schließen, wenn Amerikas Wirtschaft schwächelt?

Wirklich überzeugend wäre dieses Argument allerdings nur, wenn das Wachstum bei den Reichen nicht einherginge mit der steigenden Beanspruchung natürlicher Ressourcen. Wenn der steigende Treibstoffverbrauch in reichen Ländern mit Ethanol befriedigt wird, hochtechnisierte Fangflotten die Fischgründe leeren, stark umweltbelastende Produktionen in Entwicklungsländer ausgelagert oder diese selbst als Mülldeponien benutzt werden, dann erhöht dies zwar das Wachstum in den reichen, nicht jedoch den Wohlstand in den armen Ländern.

Zugleich treibt der hohe Ressourcenverbrauch die Preise, was die Armen oft härter trifft als die Reichen. Umgekehrt wird für Arme manches erschwinglich, wenn die Wirtschaft bei den Reichen nicht boomt. Die Krise dieser Jahre belegt dies eindrucksvoll. Obwohl die Rezession nur mäßige Wachstumseinbußen bewirkte, sanken die Preise vieler Rohstoffe auf breiter Front. Namentlich Öl, das eben noch 160 US-Dollar pro Barrel gekostet hatte, war plötzlich wieder für 40 US-Dollar zu haben. Trotz wirtschaftlicher Schwäche stieg weithin die Kaufkraft nicht zuletzt auch der wirklich Armen.

Nein, mit altruistischen Motiven ist der ständige Drang zu materieller Wohlstandsmehrung nicht zu erklären. Weder verringert sich dadurch der Anteil Armer in den gutversorgten Ländern noch die Zahl wirklich Bedürftiger weltweit. Zwar war der Anteil Hungernder an der Weltbevölkerung 2008 geringer als noch vor einigen Jahren, und mehr Menschen haben Zugang zu Bildungseinrichtungen. Doch diese Entwicklung auf das Wachstum in den reichen Ländern zurückführen zu wollen ist einigermaßen gewagt. Wenn die Reichen weiter nach materieller Wohlstandsmehrung streben, sollten sie sich nicht hinter Feigenblättern der Nächstenliebe verstecken, sondern offen bekennen: Wir tun das für uns!

Aber warum tun sie es, wenn sie in ihrer großen Mehrheit bekunden, dadurch weder glücklicher noch zufriedener zu werden, wenn sie erklären, unter allen Glücksfaktoren stehe für sie das Materielle an letzter Stelle, weit hinter familiären Beziehungen, befriedigender Arbeit sowie dem sozialen Umfeld und sogar noch hinter Lebensphilosophie und Religion?[26] Alles nur Selbsttäuschung und Heuchelei, oder steckt doch noch etwas anderes hinter dem nicht enden wollenden Kampf um Wirtschaftswachstum, höhere Einkommen und größere Vermögen?

Auf Menschen unserer Zeit und unseres Kulturkreises wirken solche Fragen merkwürdig, beinahe befremdlich. Ist es nicht ganz normal, von allem mehr haben zu wollen, auch wenn durch dieses Mehr die Lebenszufriedenheit nicht weiter steigt? Ist der Mensch nicht einfach so? Ist das nicht seine Natur?

Ja und nein. Ja, denn eine lange Evolution hat zwei Neigungen tief in ihm verankert. Wie alles Leben will auch der Mensch expandieren. Und wie alles höhere Leben sucht auch er unablässig nach Anerkennung und sozialem Status. Nein, denn diese Neigungen müssen ihren Niederschlag nicht zwangsläufig in materieller Wohlstandsmehrung finden. Menschen haben im Laufe ihrer Geschichte auch auf andere – lebensfreundlichere und nachhaltigere – Weise diesen Neigungen entsprochen.

Expansionsdrang

Der natürliche Drang zur Expansion hat den Menschen weit, weiter als alle anderen Lebewesen, gebracht. Alle anderen Lebewesen stoßen mit diesem Drang schnell an Grenzen. Verändert sich die Sonneneinstrahlung auch nur ein wenig, stirbt Plankton ab, und mit ihm sterben riesige Fischschwärme. Sind Weidegründe abgegrast oder Wasserlöcher ausgetrocknet, bedeutet das für ungezählte Wildtiere: Verenden oder Weiterziehen, wobei auch Weiterziehen für viele Verenden heißt. Kleine klimatische Schwankungen, eine etwas längere oder kürzere Regenzeit, ein früher Wintereinbruch führen bei ganzen Pflanzen- und Tierpopulationen zu drastischer Dezimierung oder zur Ausrottung. Verschlechtern sich die Lebensbedingungen, stürzt die Fortpflanzungsrate der davon Betroffenen steil ab. Alles Leben drängt danach zu expandieren. Aber parallel zur Expansion der Hasen expandiert die Zahl der Füchse. Und Hasen und Füchse halten einander in Schach.

Beim Menschen war das während der längsten Zeit seiner Existenz nicht anders. Auch er verhungerte, wenn Wildtiere ausblieben und der Boden nicht mehr genug hergab. Auch er verdurstete am ausgetrockneten Wasserloch oder der versiegten Quelle. Und war ein Winter lang und hart, setzte ein Massensterben ein. Die Natur begrenzte den menschlichen Expansionsdrang genauso wie denjenigen aller anderen Kreaturen, und es dauerte viele zehntausend Jahre, ehe die Erde mit einigen hundert Millionen Menschen bevölkert war.

Dabei wäre es auch geblieben, wenn der Mensch nicht mit Hilfe seiner Kultur[27] die ihm von der Natur gesetzten Grenzen überwunden hätte. Ihm war es vorbehalten, das Feuer zu zähmen, Brunnen zu bohren, die landwirtschaftlich nutzbare Fläche zu vergrößern sowie die Ertragskraft des Bodens zu steigern, nutzbringendere Tier- und Pflanzenarten zu züchten und das Rad zu erfinden. Vor allem aber gelang es ihm – wenn auch erst spät –, Sonnenenergie, die in Hunderten von Millionen Jahren in Gas, Öl und Kohle gespeichert worden war, für sich zu verbrauchen.

Seitdem kennt seine Expansion kaum noch Grenzen. Das zeigt zum einen die Zunahme der Weltbevölkerung. War die Erde vor 2000 Jahren erst von schätzungsweise 200 Millionen und vor 200 Jahren erst von ungefähr 900 Millionen Menschen besiedelt, so sind es heute annähernd sieben Milliarden, und alle dreißig Monate kommt die Zahl von Menschen hinzu, die auf dem Höhepunkt des römischen Reiches die Weltbevölkerung bildeten.

Das zeigt zum anderen der enorme Anstieg des materiellen Lebensstandards. Die Menschheit, die seit ihrem Bestehen chronisch oder zumindest periodisch gehungert hat, hat heute zu einem erheblichen Teil satt zu essen. Weit über eine Milliarde hat den Zustand permanenter Bedürftigkeit hinter sich gelassen und schwelgt in materiellem Überfluss. Noch nie in der Geschichte wurden der Erde insgesamt, aber auch pro Kopf der gigantisch angeschwollenen Weltbevölkerung, so viele Lebensgüter abgerungen und gegebenenfalls abgepresst wie gegenwärtig. Widerstand scheint zwecklos. Die Menschheit triumphiert. Trotz manchen Elends geht es heute sehr viel mehr Menschen materiell besser als früher.

Und das zeigt drittens die immense Entfaltung auch des spirituell-kulturellen Bereichs. Menschen haben gelernt, zu malen und zu zeichnen, zu schreiben und zu rechnen; sie haben gelernt, zu dichten und zu musizieren, zu philosophieren und zu heilen; sie haben der Natur eine Unmenge Geheimnisse entlockt, und ein Ende all dessen ist vorerst nicht in Sicht.

Doch in dem Maße, in dem der Mensch mittels seiner Kultur naturgegebene Fesseln zu sprengen und seine expansionistischen Gelüste auszuleben vermochte, verlor er seinen Halt in der Natur. Die Welt, in die er fiel, war eine von ihm erdachte, von ihm geschaffene – sein Denkwerk. Das erfüllte ihn einerseits mit Stolz, andererseits aber auch mit Unsicherheiten und Ängsten. Wie viel Verlass war auf dieses sein Werk?

Die Ängste vor den Folgen von Grenzverletzungen und Entgrenzung durchziehen nicht nur alle Religionen und Menschheitsmythen, sondern spiegeln sich auch in vielen Märchen und Legenden wider.[28] Im judäo-christlichen Kulturkreis sind die beiden wohl dramatischsten Darstellungen von Entgrenzungen der Höllensturz Luzifers samt seinem Gefolge und die Vertreibung der ersten Menschen aus dem Paradies. Beiden Ereignissen geht das Begehren begrenzter Kreaturen voraus, ganz oder zumindest teilweise sein zu wollen wie Gott, der seinerseits für das völlig Entgrenzte steht – entgrenzt in der Zeit: ewig; entgrenzt im Raum: allgegenwärtig; entgrenzt in allen Potenzen: allmächtig und allwissend.

Die Menschen früherer Zeiten hatten ein feines Gespür für die Gefahren von Grenzverletzungen und Entgrenzung. Sie schufen sich Ordnungen und Regelwerke, beachteten Tabus und wussten recht gut, was man zu tun und zu unterlassen hatte, was möglich war und was nicht. Fragen der Sittlichkeit und des Anstands spielten schon in der Antike eine herausragende Rolle. Mit der Überwindung natürlicher Grenzen setzte sich der Mensch neue – kulturelle – Grenzen.

In keiner Stadt des antiken Griechenlands oder Roms und in keiner Stadt des europäischen Mittelalters fehlte das sakrale Zentrum, das die Menschen an ihre Grenzen gemahnte. Der Gründung antiker und mittelalterlicher Städte gingen oft aufwendige rituelle Handlungen voraus, die nicht zuletzt dazu dienten, für die unvermeidliche Verletzung von Natur und Kosmos vorbeugend Sühnezeichen zu setzen. Den damaligen Menschen schien es unverzichtbar, sich bei den meisten ihrer – naturverletzenden – Aktivitäten vom Ackerbau über den Bergbau bis hin zum Handwerk der Gunst höherer Mächte zu versichern. Und bis heute schwingen im Halali-Ruf der Jäger letzte Reste dieser Empfindungen mit: das Angebot der Versöhnung mit einer verletzten Natur.

Naturnahe Völker zeigen diese Empfindungen bis heute ganz unmittelbar. Jeder Eingriff in die Natur – das Fällen eines Baumes, das Töten eines Tieres oder die Veränderung eines Wasserlaufs – erfordert eine rituelle Wiedergutmachung. In ihrer

Vorstellungswelt steht der die Grenzen der Natur überschreitende Mensch in ständiger Gefahr, eine Macht zu kränken, die größer ist als er selbst, und sich dadurch zu schaden. Eine wirksamere Bremse für den entfesselten menschlichen Expansionsdrang lässt sich kaum denken.

Vor allem aber suchte der Mensch, spätestens seit dem Erwachen seiner religiösen Fähigkeiten, seinen natürlichen Drang zur Expansion zu sublimieren. Auch dadurch unterscheidet er sich von allen anderen Lebewesen: Dank seiner Kultur vermag er nicht nur viele der von der Natur gesetzten Grenzen zu überwinden; er vermag auch in Bereiche vorzustoßen, die allen anderen verschlossen sind – in die Welt des Geistes. Zu expandieren heißt für ihn nicht nur, die Welt um sich herum in Beschlag zu nehmen und zu seinem Vorteil zu nutzen; er kann auch in sich selbst vordringen und seine geistigen, musischen und künstlerischen Potentiale, seine Vorstellungskraft und Phantasie entfalten.

Dass aus dieser Dualität erhebliche Spannungen erwachsen oder zumindest erwachsen können, zeigen alle großen Religionen und philosophischen Systeme. Eine ihrer Gemeinsamkeiten ist die Suche nach einem Ausgleich zwischen den Möglichkeiten in uns und um uns. Wie viel kann, soll und darf der Mensch an »irdischen«, also materiellen, Gütern zusammentragen und wie viel an »überirdischen«, also immateriellen? Und wann hat er den höchsten Grad an Vollkommenheit erreicht?

Auch diese Fragen wirken in unserer Zeit und unserem Kulturkreis merkwürdig, beinahe befremdlich, ja wirklichkeits- und lebensfern. Was soll dieses spirituelle Zeug, das Gerede von Welten in uns und um uns? Sind wir nicht moderne Menschen, die durch die Schule des Empirismus, des Rationalismus und der Aufklärung gegangen sind? Haben wir nicht gelernt, dass nur zählt, was wir anfassen, sehen, riechen und schmecken, was wir wiegen und messen können? Eben ein greifbares BIP, ein stattliches Wirtschaftswachstum, eine satte Rendite oder eine hohe Summe auf dem Gehaltskonto. Welches Gewicht haben demgegenüber ethisches Verhalten, lautere Gesinnung oder Ästhetisches? Schönes um der Schönheit willen? Was kann man sich dafür kaufen? Das Entscheidende ist doch: Was bekomme ich dafür?

Also strebt die große Mehrheit auch in den gutversorgten, reichen Ländern weiter nach der Mehrung materiellen Wohlstands, ist das die von ihr bevorzugte Form des natürlichen Expansionsdrangs, selbst wenn sie dadurch keinen Zuwachs an Lebenszufriedenheit erfährt. So ist sie nun einmal geprägt. Für anderes bleibt da wenig Kraft und Zeit.

Die Stunde der Wirtschaft

Die Europäer erfuhren diese Prägung früher und konsequenter als der größte Teil der übrigen Menschheit. Sie waren in der neueren Geschichte diejenigen, von denen drei gewaltige expansive Schübe ausgingen – ein territorialer, ein demographischer und ein wirtschaftlicher. Der territoriale Schub dehnte ihren Herrschafts- oder zumindest Einflussbereich bis in die hintersten Winkel der Erde aus. Der demographische Schub bewirkte eine Kettenreaktion, die die Weltbevölkerung innerhalb von 250 Jahren, von 1800 bis 2050, von 0,9 auf 9,0 Milliarden Menschen verzehnfachen wird. Und der wirtschaftliche Schub entfesselte durch Industrialisierung und Kapitalismus wirtschaftliche Aktivitäten in einem bis dahin unvorstellbaren Ausmaß.

Diesen Expansionen entsprachen bestimmte Sicht- und Verhaltensweisen. Nur ein Leben in materiellem Wohlstand galt als lebenswert; ohne diesen wurde es als »elend, brutal und kurz«[29] angesehen. Individueller wirtschaftlicher Erfolg wurde als Zeichen göttlicher Auserwählung und künftigen Seelenheils gedeutet.[30] Hinauszugehen und die Völker zu lehren war den Europäern ein Bedürfnis. Nicht minder groß war allerdings ihr Bedürfnis, diese Völker den eigenen Interessen, vor allem Wirtschaftsinteressen, unterzuordnen. Dass die Welt ihnen als Rohstoffquelle und Absatzmarkt zu dienen habe, betrachteten sie als Teil einer natürlichen Ordnung.

In diesem physischen und psychischen Umfeld entfaltete sich der Drang der Europäer nach Wirtschaftswachstum und materieller Wohlstandsmehrung. Allerdings war dieser Drang bis weit in das 20. Jahrhundert hinein überlagert vom Primat des

Nationalen. Von ihm und nicht von der Wirtschaft ging das eigentlich Prägende jener Epoche aus. So kam bis zur Mitte des 20. Jahrhunderts kaum jemand auf den Gedanken, sich für die Belange der Wirtschaft aufzuopfern. Aber es galt als »süß und ehrenvoll, für das Vaterland zu sterben«[31] oder ihm in sonstiger Weise zur Seite zu stehen. Rief die Nation, bedurfte es keiner weiteren Gründe, diesem Ruf zu folgen. Sich dem »teuren Vaterland«[32] anzuschließen und möglichst eins mit ihm zu werden war für viele Sinn ihres Lebens. Das sahen Deutsche nicht anders als Franzosen oder Briten oder irgendein anderes Volk Europas. Was wir Heutige kaum noch fassen können: Im Namen des Vaterlands umklammerten sich die Völker Europas allein in der ersten Hälfte des 20. Jahrhunderts zweimal im tödlichen Würgegriff.

Der Ausgang des Zweiten Weltkrieges setzte dem ein Ende. Mit ihm ging nämlich nicht nur das Deutsche Reich nationalsozialistischer Prägung unter, sondern das gesamte nationalstaatlich geprägte Europa. Der Osten des Kontinents mutierte zu sowjetischen Satrapien; im Westen suchte Großbritannien nach dem Verlust seines Empires nach einer neuen Rolle, Frankreich und Italien taumelten von einer Regierungskrise zur nächsten, und Spanien und Portugal verharrten noch für einige Zeit im Kälteschock der Diktatur. Einzig Deutschland hatte mit keiner dieser Herausforderungen zu kämpfen. Es hatte bloß zu gehorchen.

Zwar war damit das Nationale nicht ausgelöscht. Es existiert bis heute fort. Aber ähnlich wie in vorangegangenen Epochen das Religiöse und später das Militärische bestimmte es nicht länger die Welt- und Lebenssicht der Menschen. Nicht zuletzt deshalb gelang nunmehr, was nach dem Ersten Weltkrieg noch gescheitert war: die Schaffung eines vereinten Europas. Nationalstaaten, die bis dahin eifersüchtig auf ihre Souveränität bedacht waren, brachten sich jetzt in ein größeres, übernationales Ganzes ein: die heutige Europäische Union.

Was aber konnte, was sollte als neues Paradigma an die Stelle des Nationalen treten, das die Menschen – zum Guten wie zum Schlechten – so lange geprägt hatte? Diese Frage stellte sich mit unterschiedlicher Schärfe in allen Ländern Europas. Im Osten wurde sie mit der bis dahin weitgehend auf die Sowjetunion beschränkten Heilslehre des Sozialismus beantwortet. Dessen Aufbau und internationale – oder richtiger: übernationale – sozialistische Solidarität sollten das Vakuum füllen. Entsprechendes stand im Westen nicht zur Verfügung. Zwar konnte er Freiheit und Demokratie in die Waagschale werfen, aber im Gegensatz zum Sozialismus taugten diese nur bedingt zu ideologischer Überhöhung.

Damit schlug die Stunde der Wirtschaft, die jetzt endgültig aus dem historischen Schatten von Religion, Militär und schließlich Nation trat. Sie war das neue Paradigma, die Antwort des Westens auf den Verlust des Alten, des Nationalen. Von nun an prägte sie die Menschen und bestimmte ihre Welt- und Lebenssicht. Die Folge: Eine fast bedingungslose Fokussierung auf Wirtschaftswachstum, materielle Wohlstandsmehrung und soziale Wohltaten. Mit dem Zusammenbruch des Nationalen war die Verfolgung materieller Interessen zum neuen Sinngeber aufgestiegen. Später sollte es heißen: Besser Konsumismus als Faschismus oder Kommunismus. Damit war die Wirtschaft – ähnlich wie zuvor Religion oder Nation – zum Schicksal geworden.[33]

Das traf besonders auf die Deutschen zu, die mehr noch als andere vom Verlust des Nationalen betroffen waren. Nicht nur, dass sie es weitgehend eingebüßt hatten. Es hatte sich sogar gegen sie gewendet. Während sich die Amerikaner zur Weltmacht aufschwangen, die Russen damit beschäftigt waren, sich ihre Land- und Völkerbeute einzuverleiben, die Briten ihrem Empire nachtrauerten und die Franzosen noch einmal von einer Grande Nation träumten, blieb den Deutschen – geschlagen und in den Augen der Weltöffentlichkeit klein und hässlich – kaum mehr, als ihre Schuttberge abzutragen.

Deshalb war es wohl nicht nur blanke Not, die die Westdeutschen veranlasste, ihr Land nach dem Zweiten Weltkrieg mit einem solchen Furor wieder aufzubauen. Es war auch Alternativlosigkeit. Wie alle Völker wollten auch die Deutschen auf etwas stolz sein können, und die Quelle ihres Stolzes und in gewisser Weise ihres Lebenssinns wurden wirtschaftliche Erfolge, durch die sie der Welt zeigen wollten, dass es sie noch gab und sie nicht ganz untergegangen waren. Vermutlich erklärt das auch die bis in die Gegenwart andauernde emotionale Bindung an das Symbol dieser Selbstbehauptung: die deutsche Mark.[34]

Diese außerökonomische, nämlich Sinn und Halt gebende Funktion, die Wirtschaftswachstum und materielle Wohlstandsmehrung in den ersten Jahrzehnten nach dem Zweiten Weltkrieg in Europa, namentlich aber in Deutschland hatten, sollte nicht aus dem Blick geraten. Die Mehrung materiellen Wohlstands diente nicht nur der Befriedigung materieller Bedürfnisse. Sie war auch Kompensation für die verbrannte Nation. Nicht zuletzt deshalb dürfte sich der »soziale Bundesstaat« des deutschen Grundgesetzes[35] unter der Hand zu einem föderalen Sozialstaat gewandelt haben und die Vereinigung des westlichen Europa, trotz warnender Zwischenrufe[36], fast ausschließlich nach wirtschaftsrelevanten Blaupausen – Europäische Gemeinschaft für Kohle und Stahl, Euratom, Europäische Wirtschaftsgemeinschaft und Europäische Wirtschafts- und Währungsunion – gestaltet worden sein.

Wenn bis heute die große Mehrzahl der Deutschen bekunden, ohne Wachstum könne Deutschland nicht überleben und ohne Wachstum sei alles nichts, zugleich aber erklären, sie persönlich strebten gar nicht danach, mehr zu haben, beziehungsweise seien auch mit weniger zufrieden, dann dürfte dieses Paradox ein später Nachklang jener einschneidenden Erfahrung eines epochalen Paradigmenwechsels sein. Wie die Großeltern, so fragen sich auch jetzt noch die Enkel: Wenn wir kein Wachstum haben und die Wirtschaft nicht floriert, was bleibt uns dann? Zwar brauchen wir nicht unbedingt immer mehr materielle Güter. Aber sie herzustellen, zu sehen, dass unser Land mit den Stärksten mithalten kann, Exportweltmeister zu sein: Das gibt uns Halt und Selbstbestätigung. Das ist es, was Deutschland, was Europa braucht: Halt und Selbstbestätigung.

Status

Verstärkt wird dieser natürliche Drang des Menschen zur Expansion, der sich mittlerweile nicht nur in Europa, sondern in großen Teilen der Welt weitgehend im Materiellen, insbesondere im Wachstum der Wirtschaft, verwirklicht, durch den nicht minder natürlichen Drang nach Anerkennung und sozialem Status. Diesen Drang teilt der Mensch mit Löwen, Wölfen oder Hühnern, die, wie die meisten höheren Lebewesen, auf ihre Stellung in der Gruppe achten und, falls erforderlich, auch für sie kämpfen. Status ist wichtig. Von ihm hängt viel ab. Ein Mensch, dem Anerkennung versagt bleibt, kümmert. Anerkennung ist Ansporn und Beglückung. Ohne Anerkennung kein Wettbewerb, ohne Wettbewerb weniger Leistung, bei weniger Leistung bescheidenere Lebensbedingungen – auf physischer und auf psychischer Ebene. Anerkennung ist deshalb nicht nur für das Wohlbefinden des Einzelnen bedeutsam. Sie hat auch positive Rückwirkungen auf das Wohlbefinden der Gesellschaft. Wie aber entsteht Anerkennung? Wie definiert sich ein sozialer Rang? Und wie können beide zum Ausdruck gebracht werden?

Vor einiger Zeit führte ein großer international tätiger Konzern eine interne Konferenz zu genau dieser Thematik durch. Die Konzernleitung wollte wissen, wie sie gegenüber Mitarbeitern am geeignetsten Wertschätzung zeigen könne. Dazu sollten konzerneigene Erfahrungen ausgetauscht, vor allem aber Expertenmeinungen eingeholt werden. Das Ergebnis dieser Bemühungen war für keinen Beteiligten überraschend. In unserer Zeit und unserem Kulturkreis bedürfe Anerkennung – von hohen Orden, Auszeichnungen und Titeln abgesehen – in aller Regel materieller Attribute: eine Geldzuwendung, ein etwas größeres Büro, eine auch finanziell interessante Beförderung, vielleicht sogar ein Dienstwagen. Anerkennung, die ohne solche Attribute auszukommen versuche, werde nicht ernst genommen, bringe keinen Statusgewinn und werde im schlimmsten Fall sogar als Kränkung empfunden. Ein Weiteres komme hinzu: Jede Anerkennung müsse so erfolgen, dass sie von keinem anderen als Nicht-Anerkennung der eigenen Person interpretiert werden könne. Anderenfalls werde das Betriebsklima vergiftet. Dann besser überhaupt keine Anerkennung beziehungsweise für alle die gleiche Anerkennung.

Dieses Ergebnis spiegelt ein Grundmuster egalitär-demokratischer Gemeinwesen wider, in denen – im Gegensatz zum äußeren Anschein – Statusfragen einen außerordentlich hohen Rang einnehmen, möglicherweise den höchsten überhaupt. Die ganze Gesellschaft, vom Kindergartenkind bis hin zu den Bewohnern von Seniorenheimen, hat sich in einem gnadenlosen Statuskrieg verkämpft, der in der Regel in riesigen Materialschlachten ausgetragen wird.

Sich nicht an diesen Schlachten beteiligen zu können ist eine der größten Belastungen der wirtschaftlich Schwachen in gutversorgten Ländern. Was erklärte unlängst eine Sozialhilfeempfängerin dem Sozialdezernenten einer deutschen Großstadt? »Arm sein ist nicht schlimm. Was ich brauche, hab' ich. Schlimm ist, unter Reichen arm zu sein. Da schauen so viele auf einen herab.« So gesehen, ist Armut in einem Land wie Deutschland Statusarmut. Die hier lebenden Armen hungern oder frieren nicht. Materiell haben sie, was Menschen wirklich brauchen. Aber weil sie eben nicht mehr als das haben, bleibt ihnen gesellschaftliche Anerkennung versagt, ist ihr sozialer Status gering. Und darunter leiden sie.

Umso heftiger tobt die Schlacht in allen anderen Bevölkerungsgruppen. Das Kindergartenkind, das bestimmte Markenprodukte nicht vorweisen kann, sinkt im Ansehen seiner Gruppe, und das Ansehen seiner Eltern sinkt gleich mit. In der Schule gehen die Kämpfe verstärkt weiter um die trendigsten Klamotten, das neueste Handy.[37] Richtig heiß werden sie aber erst ein paar Jahre später, wenn es nicht mehr nur um Kleidung und technischen Krimskrams, sondern um Autos, Häuser, Jobs und Einkommen geht. Was von alledem die Menschen zufriedener sein lässt und ihnen hilft, ihre vielen Fähigkeiten zu entfalten, wird nicht gefragt und darf auch nicht gefragt werden. Denn es ist ja Krieg, Statuskrieg, und im Krieg stellt man keine Fragen.

Da ziehen sie dann los, trillerpfeifend und kampfentschlossen, um ihre gerechte Sache durchzusetzen, den Erhalt ihres Status:

Lokomotivführer und Ärzte, Müllwerker und Lehrer, Metallarbeiter und Orchestermusiker, Kindererzieherinnen und Gebäudereiniger. Keiner von ihnen kann behaupten, er könne von dem, was er verdient und was ihm sonst noch zufließt, nicht ordentlich und auskömmlich leben. Und keiner von ihnen vermag zu sagen, was der angemessene, geschweige denn der richtige Lohn für einen Lokomotivführer oder einen Arzt ist. Den richtigen Lohn gibt es nämlich nicht. Die oft einzige Begründung, in einen Arbeitskampf einzutreten, lautet: Andere haben mehr. Ob die eigene Leistung, die eigene Wertschöpfung zugenommen hat, interessiert allenfalls am Rande. Gefordert wird auch, wenn die eigene Wertschöpfung abgenommen hat. Um sie geht es nämlich gar nicht. Es geht um die Stellung innerhalb der gesellschaftlichen Gruppe, um den sozialen Status. Und da gibt es immer Nachholbedarf.

Das Pendant zur Statusarmut ist Statuswohlstand. Seinetwegen werden die erbittertsten Hahnenkämpfe ausgetragen und die schillerndsten Pfauenräder geschlagen. Wie beweise ich mir und der Welt, dass mein Status glänzender ist als der von anderen? Indem ich das Zehn-, das Hundert- oder das Tausendfache des Portiers verdiene? Offenbar ist das Gespür für das Armselige und zugleich Lächerliche einer solchen Geisteshaltung insbesondere in einem egalitär-demokratischen Gemeinwesen abhanden gekommen. Die Gesellschaft ist gut beraten, außergewöhnliche Leistungen anzuerkennen und entsprechend zu honorieren. Doch diejenigen, die außergewöhnliche Leistungen erbringen, müssen wissen, dass auch diese immer nur menschlich sind – fehlerbehaftet, hinfällig, nichtig. Für Götterkult ist kein Raum. Wer ihn dennoch für sich in Anspruch nimmt, ist vor allem eines: peinlich.

Fragt man, was alle die Hahnenkämpfe und das Schlagen der Pfauenräder gebracht haben, ist die ernüchternde Antwort: für die überwältigende Mehrheit nichts. Nach zwanzig Jahren des Demonstrierens, Trillerpfeifens und Fahnenschwenkens ist beispielsweise in Deutschland das durchschnittliche Arbeitnehmereinkommen zwar brutto um rund vierzig und netto um immerhin noch etwa dreißig Prozent gestiegen. Doch zu kaufen gibt es dafür nicht mehr als zum Zeitpunkt der Wiedervereinigung. Dafür gibt es eine Reihe von Gründen.[38] Ein ganz wesentlicher ist jedoch, dass sich das von Lokomotivführern, Ärzten und all den anderen Berufsgruppen heute Erkämpfte morgen in den Preisen von Fahrkarten, Arzthonoraren und anderem niederschlägt.

Kein Arbeitskampf hat je die Verteilungsmenge anschwellen lassen. Geschehen ist eher das Gegenteil. Und deshalb heißt es seit vielen Jahren: »Aufgrund der allgemeinen Preissteigerungen sehen auch wir uns leider gezwungen, unseren Preis für … zum nächsten Ersten anzupassen.« Auf diese Weise verzwölffachte sich binnen vierzig Jahren der Preis für die *Bild*-Zeitung oder der für die Benutzung öffentlicher Toiletten.[39] Ohne besonderen Anlass. Ganz offenkundig findet der Statuskrieg mit allen seinen spektakulären Materialschlachten im Hamsterrad statt, das sich Jahr für Jahr schneller dreht.

Man stelle sich einmal vor, wir würden unsere irdischen Güter weiterhin schätzen wie bisher, aber sie verliehen kein gesellschaftliches Ansehen mehr. Es wäre unseren Mitmenschen gleichgültig, ob wir nach der neuesten Mode gekleidet sind, ein großes Auto fahren oder viel Geld auf dem Konto haben. Das alles würde einfach niemanden interessieren. Es wäre ohne gesellschaftliche Bedeutung. Ferner stelle man sich vor, gesellschaftlich hoch angesehen seien die Fürsorge für andere, Hilfsbereitschaft, Bildung, die Fähigkeit, zu musizieren, zu dichten und zu malen, die Gabe, Mitmenschen heiter zu stimmen … Kurz: Man stelle sich vor, das dem Menschen angeborene und überaus förderliche Ringen um Anerkennung und sozialen Status würde nicht länger als Materialschlacht ausgetragen. Um wie viel könnte die pro Kopf erwirtschaftete Güter- und Dienstemenge schrumpfen, ohne dass dies zu irgendwelchen Wohlstandseinbußen führen würde? Eine abermals wirklichkeitsferne Frage? Das mag sein. Sicher ist jedoch, dass die Menschheit sich ihr in naher Zukunft wird stellen müssen.

Wachstum als Ideologie

Wachstum, um materielle Bedürfnisse zu befriedigen und Arbeitsplätze zu schaffen. Wachstum, um Armut zu überwinden – regional und global. Wachstum, um einem natürlichen Expansionsdrang und dem Wunsch nach gesellschaftlicher Anerkennung zu genügen. Wachstum als Ausfluss historischer Prägungen und des herrschenden Paradigmas. Das alles lässt sich hören und hat durchaus Gewicht. Aber es erklärt nur unzulänglich die unbedingte Fokussierung vieler Gesellschaften auf die ständige Mehrung materieller Güter und Dienste. Wieso befürchten Menschen in einem der reichsten Länder der Erde, ohne das Wachstum ihrer Wirtschaft nicht überleben zu können? Was macht sie glauben, ohne Wachstum sei alles nichts?

Mit dem bloßen Hinweis auf materielle Bedürfnisse oder Arbeitsplätze sind solche Fragen nicht befriedigend zu beantworten. Zu viel bleibt offen. Warum beispielsweise wird in wachstumsfokussierten Gesellschaften nicht nüchtern abgewogen und freimütig diskutiert, welchen Nutzen Wachstum stiftet und welche Schäden es verursacht? Niemand wird doch wohl ernsthaft davon ausgehen, dass das Wachstum der Wirtschaft frei von Risiken und Nebenwirkungen sei. Warum werden dann aber nicht – leidenschaftslos und öffentlich – den wachstumsbedingten Erträgen die wachstumsbedingten Verluste gegenübergestellt? Warum werden beide nicht gegeneinander aufgerechnet? Warum redet die große Mehrheit einschließlich fast der gesamten politischen Führung unablässig über die zweifellos großen Segnungen des Wachstums und überlässt es keineswegs geschätzten, sondern allenfalls geduldeten Minderheiten, über seine Schattenseiten nachzudenken? Woher kommt diese Asymmetrie bei der Auseinandersetzung mit der Wachstumsthematik?

Vieles spricht dafür, dass in den frühindustrialisierten und vielen anderen Ländern das Wachstum der Wirtschaft nicht mehr nur jenes Licht und Wärme spendende Feuer ist, das während langer Zeit das Leben der Menschen erleichtert und bereichert hat. Vielmehr ist es zu einer Ideologie geworden, die das Denken und Fühlen der Mehrheit steuert und sich nicht zuletzt deshalb rationalen Erwägungen und kritischer Reflexion weitgehend entzieht. Als Ideologie hat das Wachstum der Wirtschaft die prosaische Sphäre des Handfest-Irdischen verlassen und Züge des Metaphysisch-Religiösen angenommen. Wachstum hat sich in gewisser Weise zur Religion unserer Zeit entwickelt und bedarf als solche keiner rationalen Begründungen mehr. Wichtiger ist der Glaube.

Diese Entrückung des Wachstums ins quasi Kultische wird deutlich, wenn nicht nur einzelne Menschen – solche hat es stets gegeben –, sondern ganze Völker, die längst zu großem Wohlstand gelangt sind, meinen, ihr Lebensglück hinge von der immer weiteren Mehrung dieses Wohlstands ab; wenn Regierungen selbst reicher Länder erklären, ohne hohe Wachstumsraten seien ihre Gemeinwesen unregierbar und sei Demokratie nicht zu gewährleisten[40]; wenn grundsolide Wirtschaftsunternehmen sich immer weiter aufblähen, bis sie schließlich platzen. In Fällen wie diesen ist Wachstum nicht mehr nur Mittel zur Erreichung eines übergeordneten Zwecks. Es ist Selbstzweck. Wachstum wird aus Prinzip verfolgt, dem Prinzip nämlich, dass drei nicht nur mehr ist als zwei, sondern auch besser.

Diese Sichtweise hat das wohltuende Feuer des Wachstums zu einem verzehrenden Brand angefacht, dem immer mehr zum Opfer fällt: Menschen, Tiere und Pflanzen; Landschaften, Städte und Kulturen; Familien, Freundschaften und Nachbarschaften; Nächsten- und Fernstenliebe; Lebenssinn und Lebensglück. Wo immer Weichen zu stellen sind – das Wachstum hat Vorrang. Menschen werden zu produktiven, sprich: wachstumsfördernden Gliedern der Gesellschaft erzogen. Pflanzen und Tiere werden unter Gesichtspunkten ihrer (Wachstums-)Nützlichkeit selektiert und manipuliert oder als unnütz ausgesondert. Landschaften und Städte werden nach ihren Wachstumspotentialen bewertet und entsprechend als »gut« oder »schlecht« eingestuft. Wachstumsstärkere Kulturen verzehren wachstumsschwächere. Familien, Freundschaften und Nachbarschaften bleiben auf der Strecke, wenn sie sich bei der Verfolgung materieller Wachstumsziele als hinderlich erweisen. Nächsten- und Fernstenliebe, Lebenssinn und Lebensglück: nichts entkommt der Dominanz des Wachstums, jedenfalls nicht unbeschädigt.

Alle gesellschaftlichen Bereiche sind von ihm durchdrungen. Das beginnt bei der gerne als Zellkern der Gesellschaft apostrophierten Familie. Warum Familienpolitik? Die Antwort steht im Familienreport 2009 des deutschen Bundesfamilienministeriums: weil eine nachhaltige Familienpolitik das wirtschaftliche Wachstum unseres Landes stärkt und auch einzelwirtschaftlich die dringend benötigten Renditen steigert.[41] Bei der Kunst, der Wissenschaft oder dem Sport geht es nahtlos weiter. Kunst, so heißt es, hilft der Wirtschaft.[42] Die Wissenschaft ist wohldotiert, solange sie »anwendungsorientiert«, sprich: wirtschafts- und wachstumsfördernd tätig ist. Anwendungsferne Bereiche haben es hingegen schwer. Dass das zu empfindlichen Erkenntniseinbußen führt, nimmt die Gesellschaft in Kauf.[43] Nicht anders beim Sport. Taugt er als Umsatz und Gewinn ankurbelnder Werbeträger, steht er in hohem gesellschaftlichem Ansehen. Erfüllt er diese Funktionen nicht, ist das öffentliche Interesse gering.[44] Nicht zuletzt deshalb werden immer häufiger aus Sportvereinen Wirtschaftsunternehmen, bei denen nicht sportliche Belange, sondern Renditeerwägungen im Vordergrund stehen.[45]

Meißelten die Menschen vergangener Zeiten in ihre Türstöcke: »An Gottes Segen ist alles gelegen«, verhalten sie sich heute so, als könne ihnen mit Wachstum alles und ohne Wachstum nichts gelingen. An den Türstöcken der Moderne ist an die Stelle Gottes das Wachstum getreten, und dieser Gott Wachstum duldet keine fremden Götter neben sich. Alle Systeme, Planungen und Programme wachstumsfokussierter Gesellschaften funktionieren nur unter der Bedingung, dass die materiellen Quellen morgen kräftiger sprudeln als heute. Tun sie das nicht, siechen diese Gesellschaften dahin: Erwerbstätige verlieren ihren Arbeitsplatz, Sozialeinrichtungen werden notleidend, die öffentlichen Haushalte werden von der Last ihrer Schulden erdrückt, die freiheitlich-demokratische Ordnung gerät in Gefahr. Doch wachstumsfokussierte Gesellschaften haben nur diese eine Blaupause, diesen Plan A, der unabdingbar auf Wachstum gründet. Die Frage, was eigentlich wäre, wenn dieses Wachstum zum Erliegen käme, wird von ihnen nach Kräften verdrängt. Es gibt keinen Plan B, allenfalls in den Köpfen versprengter Individuen.

Dies ist auch gar nicht verwunderlich. Denn Gesellschaften, die sich, wie jetzt die Gesellschaften der frühindustrialisierten und vieler anderer Länder, mit allen Fasern nur einem Ziel verschreiben, verhalten sich nun einmal so. Sie wollen sich gar keine Optionen offenhalten, sondern verbrennen die Schiffe hinter sich. Frühere Gesellschaften, die sich ähnlich bedingungslos der Religion, dem Militärischen oder der Nation hingaben, handelten kaum anders. Das machte einen Großteil ihrer Stärke aus und war wesentliche Ursache für ihre überaus eindrucksvollen Leistungen. Das gilt heute genauso.

Bröckelt allerdings das Fundament jeweiliger Gewissheiten, schwindet der Gottesglaube oder stockt das Wachstum, geraten solche Gesellschaften in schwere Krisen. Nicht ohne Grund wird die heutige wachstumsfokussierte Gesellschaft von der Sorge getrieben, die ganze Industrie-, Dienstleistungs-, Wissens-, Informations-, Risiko- und Erlebnisgesellschaft samt Raumflügen, Generationenverträgen und Abwrackprämien könnte sich in Nichts auflösen, wenn ihr Daseinszweck »Wachstum« entfällt. Deshalb die panischen Reaktionen, deshalb die Furcht der Gesellschaft, dass ihr ohne Wachstum nichts bliebe, wenn dieses auch nur kurzzeitig schwächelt.

Menetekel

Der Zusammenbruch des real existierenden Sozialismus war für die frühindustrialisierten, kapitalistischen Länder ein Menetekel. Denn so martialisch sich die beiden Blöcke während der Jahrzehnte des Kalten Krieges auch abgrenzten, so eifrig sie ihre Unterschiede herauszustellen bemüht waren – in einem entscheidenden Punkt waren sie einander gleich: Ihr gemeinsames Glücks- und Heilsversprechen war die Mehrung materiellen Wohlstands für alle. Unterschiede bestanden lediglich bei der Wahl der Mittel, mit denen sie dieses Versprechen einzulösen gedachten.

Dabei war schon frühzeitig klar, dass derjenige, der hierbei erfolgreicher war, eine Art Weltherrschaft beanspruchen konnte.

Darum ging das jahrzehntelange Ringen, das ständige Wiegen, Zählen und Messen. Wer produziert mehr, mehr Stahl, Autos, Straßenkilometer, Schweinehälften, kurz: welcher der beiden Blöcke erwirtschaftet das größere BIP pro Kopf der Bevölkerung? Für einige Zeit glaubten die Sowjetunion und ihre Satelliten, in diesem Wettstreit mithalten zu können. Der Westen fühlte sich ernsthaft herausgefordert. Dann aber wurde zunehmend deutlich, dass das kapitalistische System dem sozialistischen wirtschaftlich weit überlegen war. Eine Weile versuchte der Ostblock noch, durch statistische Tricks und Fälschungen sein Gesicht zu wahren[46]; und immerhin gelang es der DDR-Führung, die CIA davon zu überzeugen, dass der materielle Lebensstandard ihrer Bürger höher sei als derjenige Westdeutscher.[47] Doch das Trugbild war nicht von Dauer. Im November 1989 war alles vorbei.

Das ändert allerdings nichts daran, dass der real existierende Sozialismus noch heute existent wäre, wäre er wirtschaftlich ähnlich erfolgreich gewesen wie der kapitalistische Westen. Das sollte zu denken geben. Ein wirtschaftlich erfolgreicher Osten hätte keiner Mauer, keines Todesstreifens und keines Eisernen Vorhangs bedurft. Die Bürger zwischen Wartburg und Wladiwostok hätten sehen, lesen und hören können, was sie wollten, und auch für Beschränkungen ihrer Meinungs-, Rede- oder Reisefreiheit hätte es keinen Anlass gegeben. Wo sollten sie auch hin? Vielleicht hätte sich der eine oder die andere im Ausland verliebt oder wäre aus sonstigen Gründen dort geblieben. Aber bei einer florierenden Wirtschaft und einem hohen materiellen Lebensstandard im Osten hätten wahrscheinlich auch zahlreiche Westler ihr Herz für die Weiten Russlands oder die Schönheiten des Kaukasus entdeckt.

Darüber darf sich der Westen keine Illusionen machen: Obsiegt hat nicht sein Wertesystem, sondern seine materielle Überlegenheit. Der Freiheitsdurst der meisten hält sich in Grenzen, wenn ihre Mägen voll und die Dächer über ihren Köpfen dicht sind und vor der Haustür ein schmuckes Auto steht. Wären vor zwanzig Jahren die Menschen im Westen frei, aber arm, im Osten hingegen gegängelt, aber wohlhabend gewesen – dann hätte vermutlich der Sozialismus gesiegt. Dass er nicht gesiegt hat, lag weniger an seiner Unfreiheit als vielmehr an seiner wirtschaftlichen Ineffizienz. Oder genauer: Wäre er wirtschaftlich effizienter gewesen, hätte er auch freiheitlich sein können. Das mag allzu nüchtern klingen, trotzdem ist es richtig. Die Mehrheit im sozialistischen Herrschaftsbereich sehnte sich in erster Linie nach dem goldenen und erst in zweiter Linie nach dem freien Westen. Dessen Segnungen waren für die große Masse materieller Natur. Die Freiheiten, die der Westen darüber hinaus bot, wurden von manchen geschätzt und von vielen gerne mitgenommen. Nicht wenige ängstigten sie aber auch. Bis heute sehnen sie sich nach Sicherheit und Gleichheit, selbst wenn dies ein Weniger an Freiheit bedeuten sollte.

Die Würfel sind gefallen, und manche wähnten damit bereits das Ende der Geschichte gekommen. Stattgefunden hat jedoch lediglich ein wirtschaftlicher Effizienztest. Am Ergebnis gibt es nichts zu deuteln. Doch wird der kapitalistische, marktwirtschaftliche, sozial-marktwirtschaftliche oder wie auch immer zu definierende Westen überdauern, wenn auch er – wie vordem der real existierende Sozialismus – bei der Erfüllung des Glücks- und Heilsversprechens immerwährender materieller Wohlstandsmehrung strauchelt, oder schlimmer noch, wenn sich dieses Versprechen als prinzipiell uneinlösbar erweist? Diese Nagelprobe – von ganz anderer Dimension als der einstige Systemkonflikt zwischen Kapitalismus und Sozialismus – steht noch bevor.

ENDE UND ANFANG

Zahlenspiele

Die prinzipielle Uneinlösbarkeit des Glücks- und Heilsversprechens immerwährender materieller Wohlstandsmehrung und der damit einhergehende Kollaps wachstumsfokussierter Kulturen ist keineswegs bloß ein hypothetischer Gedanke, sondern höchst real. Ein kleines Spiel mit Zahlen mag dies verdeutlichen.

Seitdem um das Jahr 1800 die Industrialisierung ihre produktivitätssteigernden Wirkungen zu entfalten und das Wachstum der Wirtschaft kräftig anzuschieben begann, hat sich die Güter- und Dienstemenge, das BIP, pro Kopf der Weltbevölkerung – regional höchst unterschiedlich – ungefähr verelffacht.[1] Das entspricht einem jahresdurchschnittlichen Wachstum von reichlich einem Prozent. Zugleich vermehrte sich die Weltbevölkerung von 0,9 auf 6,9 Milliarden Menschen[2], stieg also auf das etwa 7,7fache an. Folglich ist das global erwirtschaftete BIP derzeit rund 80-mal so groß wie zu Beginn der Industrialisierung vor mehr als zwei Jahrhunderten. Eine solche Zunahme entspricht einem jahresdurchschnittlichen Wachstum von gut zwei Prozent.

Wird nun die Pro-Kopf-Wachstumsrate der zurückliegenden zwei Jahrhunderte für die Lebensdauer der heute jüngsten Erdenbürger, das heißt bis zum Jahr 2100 fortgeschrieben und darüber hinaus unterstellt, dass bis dahin die Weltbevölkerung von gegenwärtig 6,9 auf 9 Milliarden Menschen zunimmt, stiege das globale BIP gegenüber heute auf das 3,6fache. Das dürfte in Anbetracht der bereits derzeit bestehenden globalen Versorgungs- und Entsorgungsengpässe eine recht kühne Vision sein. Doch halten Wachstumsverfechter ein langfristiges Pro-Kopf-Wachstum von nur einem Prozent für viel zu niedrig, um Lebenszufriedenheit und Funktionsfähigkeit westlicher Gesellschaften dauerhaft aufrechterhalten und das steile Wohlstandsgefälle zwischen reichen und armen, entwickelten und sich noch entwickelnden Ländern abbauen zu können.

Allein für die Aufrechterhaltung von Lebenszufriedenheit und Funktionsfähigkeit westlicher Gesellschaften veranschlagen sie ein dauerhaftes jahresdurchschnittliches Pro-Kopf-Wachstum von mindestens zwei Prozent. Soll jedoch bei einem derartigen Wachstum in den westlichen Industrieländern die Kluft zwischen Reich und Arm nicht noch größer werden, als sie ohnehin schon ist, müsste sich das globale BIP – bei einem abermals unterstellten Bevölkerungsanstieg von 6,9 auf 9 Milliarden Menschen – bis 2100 etwa versechsfachen – statt der Güter und Dienste im Wert von rund 61 Billionen US-Dollar, die heute erwirtschaftet werden, müssten in neunzig Jahren Güter und Dienste im Werte von rund 350 Billionen US-Dollar erwirtschaftet werden. Und um auch die Kluft zwischen Reich und Arm zu schließen, müsste bei einem jährlichen Pro-Kopf-Wachstum von zwei Prozent in den westlichen Gesellschaften die globale Wachstumsrate sogar auf vier Prozent steigen.[3]

Warum nicht!, rufen wohlgemut die Wachstumsverfechter und sehen die ganze Menschheit bereits in materiellem Wohlstand schwelgen. Warum nicht? Weil ein vierprozentiges Pro-Kopf-Wachstum während der nächsten 90 Jahre am Ende dieses Jahrhunderts eine im Vergleich zu heute 33-mal so große Güter- und Dienstemenge bedeutet – statt eines Welt-BIPs im Wert von 61 Billionen eines von rund 2000 Billionen US-Dollar (im Geldwert von heute). Zur Erinnerung: Bei einer rasanten Zunahme der Weltbevölkerung vergrößerte sich das globale BIP seit 1800 von 0,8 Billionen auf 61 Billionen US-Dollar. Nunmehr soll es trotz deutlicher Verlangsamung der Bevölkerungszunahme binnen neunzig Jahren von 61 auf fast 2000 Billionen US-Dollar anschwellen. Erwartet wird also nicht nur die Fortsetzung des durch die Industrialisierung in Gang gesetzten menschheitsgeschichtlich beispiellosen Wirtschaftswachstums der zurückliegenden zwei Jahrhunderte, sondern dessen extreme Beschleunigung.

Das ist so bizarr und bar jeden Wirklichkeitsbezugs, dass es –

freundlich betrachtet – als ein kleines Spiel mit großen Zahlen oder – weniger freundlich betrachtet – als wilde Phantasterei abgetan werden könnte, wenn nicht einflussreiche Institutionen in Politik, Gesellschaft und Wirtschaft genau solche Positionen vertreten würden. So hielt der Europäische Rat in seiner Lissabon-Strategie 2000 »eine durchschnittliche wirtschaftliche Wachstumsrate von etwa drei Prozent … für die kommenden Jahre« für durchaus realistisch.[4] 2004 erklärte sich der DGB bereit, »ein jährliches, stetiges und nachhaltiges Wachstum von drei Prozent« zu unterstützen, und er forderte die Bundesregierung auf, »alle ihr zur Verfügung stehenden Mittel einzusetzen, um diese Ziele zu erreichen«.[5] 2008 stellte sich die international agierende Unternehmensberatung McKinsey ebenfalls ausdrücklich hinter dieses Drei-Prozent-Postulat. Mit einer geringeren Wachstumsrate – so ihre Argumentation – könne der Westen seinen materiellen Wohlstand nicht aufrechterhalten.[6] Und noch 2009 forderte der nordrhein-westfälische Ministerpräsident Jürgen Rüttgers ein Wirtschaftswachstum von jährlich drei Prozent, »um die öffentlichen Haushalte und die Finanzen der Sozialversicherungen auf Dauer in Ordnung zu bringen«.[7]

Was hier postuliert wird, ist nicht weniger als eine Verdopplung der Güter- und Dienstemenge alle 23 Jahre beziehungsweise deren Vertausendfachung innerhalb von 234 Jahren, also in etwa dem gleichen Zeitraum, der seit Beginn der Industrialisierung verstrichen ist. Das 70fache in 210 Jahren! Das Tausendfache in den folgenden 234 Jahren! Das kann niemand wirklich meinen und erst recht nicht wollen. Sollen solche Wachstumspostulate überhaupt einen Sinn ergeben, können sie nur für kurze Perioden und für eine kleine Minderheit von Staaten gelten. Dann aber sind sie kaum mehr als gedankliche Sternschnuppen – hübsch anzuschauen, aber letztlich ohne Belang. Für zukunftsweisende oder gar weltumspannende Lebensmodelle taugen sie nicht.

Dass die Begrenzungen von Trends, insbesondere wenn diese exponentiell verlaufen, immer wieder hartnäckig ignoriert, geleugnet und verdrängt werden, gehört zu den vielen Merkwürdigkeiten der menschlichen Psyche. Dabei haben wir doch schon als Schüler gelernt, dass jeder Erdenbürger heute 20 Millionen Euro sein eigen nennen könnte, hätte der römische Kaiser Augustus vor 2000 Jahren auch nur einen einzigen Denar[8] – bescheiden verzinst zu jährlich zwei Prozent – für uns, die Nachgeborenen des 21. Jahrhunderts, angelegt.[9] Warum hat er dies nicht getan? Es wäre ihm doch ein Leichtes gewesen. Vielleicht deshalb, weil er sich – anders als manche der heutigen Wachstumsverfechter – der Sinnlosigkeit eines solchen Unterfangens bewusst war. Kulturen kommen und gehen, Weltreiche steigen auf und wieder ab, riesige Vermögen bilden sich und lösen sich auf. Und da soll einzig die Wirtschaft stetig wachsen und den materiellen Wohlstand mehren? Der Gedanke ist geradezu lachhaft. Augustus verhielt sich daher sehr einsichtig, als er jenen Denar für sich und die Seinen ausgab und nicht für uns anlegte. Seine gute Tat hätte uns nicht das Geringste gebracht.

Unendliches im Endlichen

Kann es in einer endlichen Welt unendliches Wachstum geben? Diese in gewisser Weise philosophisch-physikalische Frage wird gerade in neuerer Zeit oft gestellt und facettenreich beantwortet. Zu einem markigen Ja mag sich allerdings kaum einer durchringen, es sei denn, der Wachstumsbegriff wurde zuvor aus seiner irdisch-realen Verankerung gelöst und auf eine überirdisch-abstrakte Ebene gehoben. Das aber hilft bei der Beantwortung der eingangs gestellten Frage nicht wirklich weiter.

Der Versuch einer Beantwortung dieser Frage setzt die Klärung des Wachstumsbegriffs voraus. Was ist Wachstum, oder bescheidener: Was soll unter Wachstum verstanden werden? Im Deutschen wie in anderen Sprachen bezeichnet der Wachstumsbegriff vielerlei. Doch letztlich geht es immer um Zunahme, Vergrößerung, Entwicklung, Vermehrung, Ausdehnung, Verbreitung, kurz: um irgendeine Form der Expansion.

Wie diese Expansion vonstatten gehen kann, zeigt die Natur, in der sich unentwegt alles Mögliche ausdehnt: nicht nur lebende Organismen, sondern auch Kristalle, Gebirge und selbst das

Universum. Alles wächst, aber alles ist auch irgendwann einmal ausgewachsen. Dann beginnt es sich zurückzuentwickeln und schließlich aufzulösen. Jeder Expansion folgt eine Kontraktion, und diese ist Voraussetzung für eine erneute Expansion, erneutes Wachstum.

Ein lebender Organismus, der immer weiter wächst, ist eine Horrorvision. Kristalle erreichen eine bestimmte Größe, dann ist Schluss. Kein Bergkamm kann höher emporsteigen und mehr wiegen, als die Erdkruste zu tragen vermag. Nur was die Ausdehnung des Universums betrifft, ist das letzte Wort noch nicht gesprochen, obwohl auch hier einiges für seine Endlichkeit spricht. Dass Bäume nicht in den Himmel wachsen, wissen schon Kinder, genauso wie ihnen das oft bemühte Beispiel des Waldes vertraut ist, in dem ungeheuer vieles ungeheuer dynamisch expandiert. Ist er aber erst einmal zu einem Hochwald herangewachsen, wird er nicht mehr größer. Er wächst und wächst und bleibt doch irgendwie gleich.

Das ist das Wachstum der Natur. Jedem Entstehen entspricht ein Vergehen. Entstehen und Vergehen befinden sich im Gleichgewicht. Wird dieses gestört, werden unverzüglich Ausgleichsmechanismen wirksam. So gesehen, ist Wachstum die eine Seite jener sprichwörtlichen Medaille, die denknotwendig eine andere Seite hat: Schrumpfung. Beide Seiten bilden eine Einheit.

Wachstum ist Umgestaltung, Umformung, Umwandlung. Durch Wachstum entstehen aus Kalk Korallen, und aus diesen Kalkstöcke und aus diesen Gebirge. Durch Wachstum zerfallen diese aber auch wieder und werden erneut zu Kalk – ein ständiger Kreislauf, der von Naturwissenschaftlern und Philosophen zahllose Male beobachtet, beschrieben und kommentiert worden ist.

Doch kann dieses Wachstumskonzept, das Wachstum der Natur, übertragen werden auf das von Menschen bewirkte Wachstum, insbesondere das Wachstum der Wirtschaft? Ist auch das im Ergebnis eine Art Nullsummenspiel, oder gelten für dieses Wachstum andere Gesetze?

Hier sind zunächst die Ökonomen gefordert. Konfrontiert mit dieser Frage, folgen sie über lange Strecken dem traditionellen Sprachpfad: Wachstum ist Expansion. Im weiteren Sinne verstehen sie darunter die Zunahme jeder wirtschaftlichen Größe, seien es nun – im Bereich privater Haushalte – Konsumausgaben, verfügbare Einkommen oder geldwertes Vermögen, seien es – im Bereich von Unternehmen – Eigenkapital, Wertschöpfung oder Umsatz, seien es – im Bereich des Staates – öffentliche Einnahmen, Ausgaben oder Schulden. Im engeren Sinne verstehen sie darunter die quantitative Vergrößerung des Gesamtwertes der Produktion einer Volkswirtschaft, Güter wie Dienste, in einer bestimmten Periode, zum Beispiel einem Jahr.[10]

Dabei versäumen sie nicht, auf qualitative Unterschiede zwischen dem Wachstum in der Natur und dem von Menschen bewirkten Wachstum der Wirtschaft hinzuweisen. Letzteres beruht ganz wesentlich auf Einsichts- und Erkenntnisfähigkeit, auf Einfällen und Phantasie, die außerhalb des Menschen in der Natur nicht vorkommen. Nur der Mensch vermag seine Nahrung so aufzubereiten, dass er sie – wachstumsfördernd – besser verwerten kann. Nur er vermag ein Tuch vor den Wind zu spannen und auf diese Weise schneller von einem Ort zum anderen zu gelangen. Nur er vermag ein Schaufelrad in einen Bach zu tauchen und so Mühlen und Hammerwerke anzutreiben. Und nur er vermag seine Erkenntnisse an Kinder und Kindeskinder weiterzugeben.

Freilich ist damit die Frage nach der Möglichkeit immerwährenden wirtschaftlichen Wachstums noch nicht schlüssig beantwortet. Die Fallstricke exponentieller Vermehrung bestehen fort. Den Menschen mag noch so viel einfallen – können sie dadurch immerwährendes wirtschaftliches Wachstum aufrechterhalten, oder stoßen sie auch dann an Grenzen?

Dieser Schlinge versuchen sich manche Ökonomen durch eine List zu entziehen, indem sie Wirtschaftswachstum kurzerhand entdinglichen und selbst zu einem Produkt menschlicher Phantasie erklären. Das klingt dann so: »Selbst wenn Ökonomen von ›realem‹ Wirtschaftswachstum reden, meinen sie nicht notwendigerweise, dass auch mehr Güter und Dienstleistungen produziert werden, sondern dass mehr Werte geschaffen werden, oder noch besser, dass die Wertschätzung für Verzehr, Verwendung oder Benutzung von Schuhen, Kleidern, Autos oder Urlaubsreisen gestiegen ist. Ökonomisches Wachstum ist zuallererst ein abstraktes Kopfphänomen.«[11]

Wirtschaftswachstum gewissermaßen als Wille und Vorstellung![12] Die meisten dürften dies als Provokation empfinden. Es gibt kein neues Paar Schuhe, aber jeder ist aufgefordert, die Benutzung der vorhandenen höher zu schätzen. Viele wird das nicht befriedigen. Allerdings ist einzuräumen, dass sich bei einer solchen Sicht der Dinge mögliche Grenzen des Wachstums hinausschieben lassen. Denn die Gedanken sind bekanntlich frei und die Räume, sie schweifen zu lassen, wenn schon nicht unbegrenzt, so doch weit.

Hier wird ganz augenscheinlich ein Begriff geknetet, was im Allgemeinen dann keine größeren Probleme aufwirft, wenn er nicht zugleich mit Wertungen befrachtet wird. Das aber ist beim Wachstumsbegriff der Fall. Obwohl längst erkannt ist, dass Wachstum und namentlich das Wachstum der Wirtschaft ambivalent und allenfalls ein neutraler Begriff ist, wird es stereotyp gleichgesetzt mit Wohlstandsmehrung, Fortschritt und Wohlbefinden. Der Wachstumsbegriff ist dermaßen positiv belegt, dass er sogar als Euphemismus taugt. Stillstand wird zum Nullwachstum, Schrumpfung zum Minuswachstum.

Diese positive Belegung ist weder dem wissenschaftlichen noch dem politischen noch dem öffentlichen Diskurs gut bekommen. Denn in Gesellschaften wie der deutschen kann über Wachstum nicht mehr wertungs- und emotionsfrei gesprochen werden. Wer sich zu ihm bekennt und ständig mehr davon fordert, gehört automatisch zu den Guten, Fortschrittlichen, Zukunftsoffenen und kann sich breiter Zustimmung gewiss sein. Wer sich hingegen erkühnt, Schattenseiten aufzuzeigen, muss sich rechtfertigen, ja verteidigen. Auch wenn sich in dieser Hinsicht in den zurückliegenden Jahrzehnten einiges geändert hat, ist die zweite Gruppe noch immer in einer Außenseiterposition. Die Wachstumsdiskussion ist offener geworden. Aber offen ist sie noch lange nicht. Das wird – so ist zu fürchten – auch noch einige Zeit so bleiben.

Vom Gebrauch zum Verbrauch

Die Geschichte der Menschheit ist eine Lichterkette funkelnder Ideen, dank deren sie die Möglichkeiten der Natur effektiver und effizienter zu nutzen vermochte als alle anderen Lebewesen. Besser als diese verstand es der Mensch, die Wasser der Natur auf seine Mühlen zu lenken und dadurch Wachstumsprozesse in Gang zu setzen, die nicht nur das natürliche Gleichgewicht zu seinen Gunsten verschoben, sondern sich auch von den Prozessen in der Natur wesentlich unterschieden.

Dieses Wachstum, das mit dem intelligenten Gebrauch von Natur einherging, war umweltverträglich und nachhaltig. Aber es war gering. Zwar verschaffte es den Menschen jene Überlegenheit, die sie nach und nach aus ihrer natürlichen Umwelt heraushob und sie zur »Krone der Schöpfung« werden ließ. Doch über lange Zeiträume verbesserten sich ihre materiellen Lebensbedingungen nur geringfügig, und entsprechend klein blieben ihre Populationen.

Das änderte sich erst mit ihrer Sesshaftwerdung. Sie führte zu einem deutlichen Sprung in dem von Menschen bewirkten Wachstum. Denn von nun an begnügte sich der Homo sapiens nicht länger mit dem intelligenten Gebrauch von Natur. Vielmehr begann er, sie zu verändern und gelegentlich sogar zu verbrauchen. Er rodete Wälder, kultivierte Pflanzen, domestizierte Tiere und errichtete feste Siedlungen.

Die Wirkungen von alledem auf die Natur waren jedoch begrenzt. Nur vereinzelt sind die Narben früh geschlagener Wunden bis heute spürbar. So dürfte der große Getreide- und Holzbedarf des antiken Rom das Klima des Mittelmeerraums folgenreich verändert und dazu geführt haben, dass ganze Regionen verbuschten oder verkarsteten.[13] Auch rätseln die Forscher noch immer, ob nicht die Ureinwohner Amerikas nicht zuletzt deshalb gegenüber den Bewohnern Asiens und später Europas technisch und wirtschaftlich zurückgefallen waren, weil sie in einer frühen Phase ihrer Geschichte unbedacht Zug- und Lasttiere ausgerottet hatten.[14] Und weithin bekannt ist das Schicksal der Menschen der Osterinseln, die schon im 17. Jahrhundert ihre

Lebensgrundlagen mit einer gewissen Systematik zerstört hatten.[15] Doch trotz solcher Nachklänge: Insgesamt waren menschliche Populationen auch in der Zeit nach ihrer Sesshaftwerdung zu klein und ihre Fähigkeiten, in die Natur einzugreifen, zu beschränkt, als dass sie tiefgreifende Veränderungen hätten herbeiführen können.

Dazu bedurfte es jenes weiteren Sprungs, der als Industrialisierung in die Menschheitsgeschichte eingegangen ist, diese seit mehr als 200 Jahren prägt und vorerst auch weiter prägen wird. Abgesehen von der Verelffachung der Güter- und Dienstemenge, die in diesem Zeitraum pro Kopf der Weltbevölkerung erzielt worden ist[16], sind ihre hervorstechenden Merkmale: der voraussichtliche Anstieg der durchschnittlichen Lebenserwartung von reichlich dreißig Jahren um 1800 auf etwa achtzig Jahre um 2050, die dadurch verursachte Verzehnfachung der Weltbevölkerung von 0,9 auf neun Milliarden und der damit einhergehende rapide Verbrauch von natürlichen Ressourcen, Natur und Umwelt. Von allen hervorstechenden Merkmalen der Industrialisierung ist das wohl das hervorstechendste: vom intelligenten Gebrauch zum rigorosen Verbrauch der Natur.

Dieser lässt sich in Zahlen fassen. In Ländern, die als Erste mit der Industrialisierung begonnen haben, liegt heute der jährliche Rohstoffverbrauch bei rund 13 Tonnen pro Kopf der Bevölkerung, was sich in einem Land wie Deutschland auf einen Jahresverbrauch von reichlich einer Milliarde Tonnen addiert. Diese Menge setzt sich zusammen aus Sand und Kies, Steinen und Zement, aber auch Eisen und Stahl, Kupfer und Aluminium, Schwefel und Phosphat. Hinzu kommen weit über 90 Milliarden Kubikmeter Gas, die die Deutschen jährlich verbrauchen. Einiges hiervon kann, wenn auch mit Kosten und Mühen, in den Wirtschaftskreislauf zurückgeführt werden. Vieles ist aber für immer verloren. Das gilt nicht nur für verfeuerte Kohle, verbranntes Gas und menschlicher Nutzung zugeführtes Öl. Es gilt ebenso für einen Großteil der Mineralien und Metalle, die – einmal gebraucht – faktisch verbraucht sind. Der Mensch des Industriezeitalters kommt nicht umhin, sich einzugestehen, dass er von der Substanz lebt.[17]

Voraussetzung hierfür war ein tiefgreifender Wandel von Sicht- und Verhaltensweisen. Denn den Menschen vorindustrieller Zeiten mangelte es nicht nur an Fähigkeiten, Natur und Umwelt zu verbrauchen. Oft wollten sie dies gar nicht. Natur – das war für sie göttliche Schöpfung, bedrohlich zwar, aber auch vollkommen. Sie bildete das größere Ganze, in das sich die Menschen eingebunden fühlten. Sie zu beschädigen, empfanden sie als Frevel. Gott und Natur – die Grenzen waren fließend.

In manchen Weltregionen und bestimmten Bevölkerungsgruppen sind solche Sichtweisen bis heute lebendig. Von den Bevölkerungsmehrheiten in den Industrieländern werden sie hingegen nicht geteilt. Sie haben im Grunde ein martialisches Verhältnis zur Natur. Diese muss überlistet, zurückgedrängt, falls erforderlich bekämpft und im Ergebnis besiegt werden. In neuerer Zeit wird dies verbrämt mit einer gewissen Beschwichtigungsrhetorik. Doch im Konfliktfall entscheidet sich der von der Industrialisierung geprägte Mensch in aller Regel gegen die Natur.

Diese nicht nur gebrauchen, sondern auch verbrauchen und selbst missbrauchen zu können, betrachten viele als ihr gutes Recht. Allerdings verhalten sie sich dabei merkwürdig widersprüchlich. Irgendwie glauben oder hoffen sie nämlich, die Natur werde jeden Gebrauch, Verbrauch oder Missbrauch schadlos überstehen. Sie soll besiegt, aber nicht beschädigt oder gar zerstört werden. Im Verhältnis zur Natur wollen viele, dass alles ganz anders wird und trotzdem bleibt, wie es ist, oder besser noch: wie es in vorindustriellen Zeiten einmal war. Wie der heißerkämpfte Sieg über die Natur eines Tages aussehen könnte, das beschäftigt zur Zeit vor allem Science-Fiction-Autoren und vielleicht noch Utopisten. Die Übrigen haben davon kaum eine Vorstellung.

Geschundene Erde

Bis in die jüngste Zeit hielt der Mensch die Natur für unverwüstlich und unerschöpflich: endlose Ozeane, riesige Landflächen, grenzenlose Wälder und Weiden, reiche Fischgründe ... und später dann mächtige Kohleflöze und sprudelnde Ölquellen. Frische Luft und reichlich Wasser schienen ihm selbstverständlich. Zwar wurde dieses schöne Bild immer wieder getrübt. Schon in der antiken und erst recht der mittelalterlichen Stadt haperte es oft an vielem. Das aber wurde nicht als prinzipielle Knappheit verstanden. Und das war sie ja auch nicht.

Spätestens mit der Industrialisierung war der Mensch davon überzeugt, dank seines Erfindungsreichtums Engpässe überwinden und nicht nur vorübergehend, sondern dauerhaft aus dem Vollen schöpfen zu können. Er war angetreten, um ein Reich des materiellen Überflusses[18], ein irdisches Schlaraffenland zu schaffen, das mit dem biblischen Paradies kaum noch etwas gemein hatte. In diesem Geiste beutete er die Erde generationenlang bedenkenlos aus und überzog sie mit dem Müll seiner Aktivitäten. Sie konnte es vertragen! Sie warf nichts um!

Dass das ein Irrtum war, wird zunehmend deutlich. Die Einschätzungen ihrer Geber- und Nehmerqualitäten, ihrer Versorgungs- und Entsorgungskapazitäten, die lange Zeit sowohl öffentliche als auch wissenschaftliche Debatten bestimmten, sind Makulatur. Was sich – menschheitsgeschichtlich betrachtet bis gestern – viele nicht vorstellen konnten oder wollten, wird jetzt zur Gewissheit: Die Erde ist erschöpflich, zumindest, wenn viele so zu wirtschaften versuchen, wie bislang nur wenige wirtschafteten. Diese Erkenntnis braucht nicht mehr mühevoll vermittelt zu werden. Sie bricht über die Menschheit herein wie eine Sturzflut.

Dazu trägt nicht zuletzt die jüngst erlangte Fähigkeit der Menschen bei, ihren Planeten aus der Ferne zu betrachten. Seitdem vor einigen Jahrzehnten erste Bilder von ihm gezeigt wurden und Raumfahrer von seinem Anblick berichteten, sind vielen die Augen aufgegangen. Denn was sie zu sehen und hören bekamen, war von unendlicher Schönheit, Zartheit und Poesie.

Von der so lange beschworenen feindlichen Natur, von ihrer Rohheit und Widerstandskraft weit und breit keine Spur. Stattdessen: ein Anblick der Verletzlich- und Zerbrechlichkeit.[19]

Die Botschaften, die uns in den zurückliegenden Jahren aus dem All erreicht haben, sind anrührend und besorgniserregend zugleich. Das ist sie also, unsere Mutter Erde, der wir – wie oft Kinder ihrer leiblichen Mutter – so vieles zumuten und die uns nun zu verstehen gibt: Ich kann nicht mehr. Ich bin erschöpft. Ein Blick auf sie zeigt, wie schön und wie geschunden sie ist. Noch aus 400 Kilometer Höhe sind lodernde, von Menschen entfachte Waldbrände zu erkennen, verdreckte Meere, menschengemachte Wüsten, Industrieregionen unter ständigem Smog. Und was aus der Ferne nicht sichtbar ist, zeigt sich aus der Nähe: Bodenerosionen, Bergschäden, kränkelnde Wälder, Artenschwund, saure Gewässer, schadstoffbefrachtete Flüsse. Nicht überall, aber weitverbreitet. Industrialisierung und Bevölkerungsexplosion haben die Erde in Mitleidenschaft gezogen. Sie ist nicht heil. Aber war sie jemals heil, und was ist das überhaupt: eine heile Welt? Woran soll sich eine solche bemessen?

Heile Welt?

Wir, die heute Lebenden, sind die Ersten, die die Erde nicht nur aus großen Entfernungen und in allen ihren Einzelheiten erfassen können, sondern auch in ihrer Entwicklung. Niemals zuvor vermochten Menschen zu sagen, wie die Kontinente in grauen Vorzeiten über den Globus verteilt waren, welche Durchschnittstemperaturen während einer Jahrmillionen zurückliegenden Epoche herrschten oder welchen Kohlendioxidgehalt die Luft vor 800 000 Jahren hatte. Wir können es. Anders als frühere Generationen ahnen wir nicht nur, dass die Erde einst wüst und leer war oder gewaltige Wassermassen über sie hinwegspülten.[20] Wir wissen mit Bestimmtheit: Alles in allem ging es auf unserem Planeten stets hoch her. Er vereiste und enteiste, die Weltmeere stiegen und fielen Hunderte von Metern, ganze Erdteile zerbrachen und formten sich neu, lange Trockenperioden wurden gelegentlich von ätzend saurem Regen abgelöst und unzählige Pflanzen- und Tierarten kamen und gingen.

Auch seitdem der Mensch die Erde besiedelt – und selbst in der kurzen Zeit seit seiner Sesshaftwerdung und der noch kürzeren seit Beginn der Industrialisierung –, gab es beträchtliche Veränderungen: Temperaturschwankungen, durch die neue Siedlungsräume entstanden und alte vergingen, Sintfluten, die keine Legenden sind, Dürrephasen apokalyptischer Ausmaße, Landbrücken, die zeitweise Inseln und Erdteile verbanden; aber auch substantielle Veränderungen der Tier- und Pflanzenwelt und selbst der Atmosphäre. Verglichen mit dem, was uns gegenwärtig beschäftigt, haben unsere Vorfahren, Menschen wie wir, ganz anderes durchgemacht. Wir, die heute Lebenden, befinden uns in einer ausgesprochen angenehmen, oder richtiger: in einer dem Menschen besonders zuträglichen erdgeschichtlichen Epoche, und dies ist sicher ein weiterer Grund, warum die Menschen derzeit so zahlreich sind. Doch heil ist die Welt für sie damit noch nicht. Sie war und ist ihren Geschöpfen kein Elysium.

Das veranlasst manche, über die Verletzungen, die die Erde durch Industrialisierung und Bevölkerungsexplosion erlitten hat, mit einem Schulterzucken hinwegzugehen. Schmelzende Polkappen und Gletscher? Es gab Zeiten, da existierten die gar nicht! Steigende Meeresspiegel? Die waren auch schon mal höher! Zunehmender Kohlendioxidgehalt der Luft? Da gibt es überhaupt keine feste Größe! Klimaerwärmung? Nichts im Vergleich zu früheren Zeiten! Artenschwund? Heute gibt es mehr Arten als in der Vergangenheit! Und so geht es weiter. Sie sehen keinen Grund zur Beunruhigung. Souverän kontern sie jeden Hinweis auf besorgniserregende Veränderungen von Luft und Wasser, Flora und Fauna mit Analogien aus der Erdgeschichte. Diese Analogien sind durchaus zutreffend. Sie lassen sich wissenschaftlich gut untermauern. Viele von den Veränderungen, die uns heute bewegen, hat es in der Tat im Laufe der Erdgeschichte bereits einmal gegeben.

Das aber kann kein Anlass für schulterzuckende Gleichgültigkeit sein. Denn das meiste davon spielte sich in Zeiten ab, als es den Homo sapiens, den modernen Menschen, noch nicht gab.

Was sagt es uns heute, wenn vor Millionen von Jahren ungezählte Vulkane auf der ganzen Welt giftige Gase in die Atmosphäre ausstießen und dadurch massenhaft Leben vernichtet wurde? Doch nur, dass solche Gase dem Leben nicht zuträglich sind. Hingegen ist die Feststellung, dass alle Fabrikschlote, Heizungsanlagen und Auspuffrohre der Welt zusammengenommen heute weit weniger Schadstoffe in die Atmosphäre entlassen als damals »die Natur«, zwar interessant, aber für uns praktisch bedeutungslos.

Auch wenn es jüngere Zeiten betrifft, bleibt das Gewicht dieser Analogien gering. Ja, auch seitdem der moderne Mensch die Erde besiedelt, hat es Klimaveränderungen gegeben, die – wenn auch nur regional – durchaus katastrophal sein und ganze Kulturen auslöschen konnten. Aber bis vor einigen Generationen war die Weltbevölkerung zahlenmäßig so klein, dass der Menschheit ausreichend Rückzugsgebiete blieben. Was machte es da schon, wenn Küstenregionen überflutet wurden und andere Landstriche ausdorrten? Ertrugen die Menschen ihre Lebensbedingungen im angestammten Raum nicht länger, zogen sie weiter in freundlichere Gefilde. Das führte zwar schon damals zu Konflikten und mitunter zu kriegerischen Auseinandersetzungen. Aber irgendwie kamen die menschlichen Populationen damit zurecht. Was aber, wenn sich heute viele hundert Millionen Menschen in Marsch setzen, weil sie aufgrund von Wassermangel, Überflutungen oder schierer Überbevölkerung nicht in ihrer Heimat bleiben können? In der Vergangenheit war der Anstieg des Meeresspiegels eine individuelle Herausforderung. Heute wäre er eine globale Katastrophe.

Darüber hinaus waren die Menschen, die in früheren Zeiten den Eskapaden der Natur ausgesetzt waren, nach heutigen Maßstäben bedürfnislose Lebenskünstler und Alleskönner. Die Menschen von heute zumindest in den frühindustrialisierten Ländern würden wohl schnell zusammenbrechen, müssten sie auch nur einen Bruchteil der Strapazen auf sich nehmen, die Menschen früherer Zeiten ertrugen.

Schon aus diesen beiden Gründen sind diejenigen auf dem Holzweg, die alle Warnungen mit dem Hinweis entkräften wollen, Veränderungen der Umwelt habe es immer gegeben. Ja, es hat sie gegeben, und manche waren größer als alles, was jetzt von vielen befürchtet wird. Aber es war eine andere Menschheit, die solchen Unbilden ausgesetzt war – zahlenmäßig klein, jung und zutiefst naturverbunden. Das hatte Nach-, zugleich aber auch unschätzbare Vorteile.

Ein Vergleich heutiger Veränderungen von Klima, Umwelt und Natur mit Veränderungen in früheren Zeiten verbietet sich aber noch aus einem weiteren Grund. In der Vergangenheit waren die Menschen in der Regel Opfer solcher Veränderungen. Heute sind sie Opfer und Täter in einem. Stand die Parole »Kampf mit der Natur« in früheren Zeiten für die Verteidigung elementarer Lebensinteressen, so steht sie spätestens seit Beginn der Industrialisierung für einen gnadenlosen Angriffskrieg, in dem der Mensch zunächst strahlende Siege davontrug, mittlerweile jedoch in immer schnellerer Folge immer herbere Verluste erleidet. Für die Motivation der Kämpfenden macht dies einen grundlegenden Unterschied.

Solange es Menschen gibt, leiden sie unter übermäßiger Hitze oder Kälte, Trockenheit oder Nässe, unter Hunger und Durst, Krankheiten und sonstigem Elend. Doch in früheren Zeiten konnten sie dafür Götter und Gestirne anklagen. Heute sind sie oft selbst die Angeklagten. Ächzten unsere Vorfahren unter den Zumutungen der Natur, so ächzt diese heute unter uns. Das ist ein so existentieller Sprung in der Menschheitsentwicklung, dass viele vor ihm die Augen verschließen und sich und andere mit Sprüchen wie »Alles schon einmal da gewesen!« oder »Kein Grund zur Aufregung!« einzulullen versuchen. Sie stecken den Kopf in den Sand und hoffen, dass der Sturm sich wieder legen werde.

Lichterkette und Stichflamme

Wie zwei verschiedene Krankheiten, die eine harmlos, die andere ernst, zunächst völlig gleiche Symptome aufweisen können, so auch hier. Was auf den ersten Blick wie eine bekannte Laune der Natur aussieht, erweist sich auf den zweiten Blick als Fanal: Der Mensch hat seine natürlichen Begrenzungen überwunden. Jetzt lässt es nicht nur die Natur heiß oder kalt, trocken oder nass sein, sondern auch der Mensch. Die Folgen sind unabsehbar.

In der Vergangenheit konnte sich der Mensch wie jedes andere Lebewesen darauf verlassen, dass ihn natürliche Mechanismen vor der Selbstzerstörung bewahren würden. Von der Natur gesetzte Grenzen behinderten ihn zwar, schützten ihn aber auch vor den Folgen möglicher Torheiten. Beides gilt heute weniger denn je. Einerseits vermag der Mensch jetzt Dinge »wider die Natur« zu tun, die noch vor kurzem als unmöglich angesehen wurden. Wer hätte vor hundert Jahren gedacht, dass er einst die Schwerkraft seines Heimatplaneten hinter sich lassen und in den Weltraum aufsteigen könnte? Andererseits steht er nunmehr einsam und verlassen auf dem von ihm selbst gespannten Hochseil. Ein winziger Fehler und aus seinem Aufstieg in den Weltraum wird eine Reise ohne Wiederkehr. Der von der Natur freigesetzte, der von ihr emanzipierte Mensch befindet sich in der unmenschlichen Lage, keine Fehler mehr machen zu dürfen. Er hat sein »Menschenrecht auf Irrtum« verwirkt.[21] Die Natur bügelt nichts mehr aus. Sie schlägt allenfalls zurück. Kann der Mensch das, wird er das unbeschadet überdauern?

Bisher hat er vor allem die annehmlichen Seiten dieser seiner Emanzipation kennen und schätzen gelernt. Anders als ihm von der Natur vorherbestimmt, fürchtet er – zumal als Bewohner eines frühindustrialisierten Landes – keinen unzeitigen Tod, keinen Hunger und kein Unbehaustsein mehr. Er kann seine Fähigkeiten entfalten und pflegen, sich bilden und informieren. Seinem Bewegungsdrang und seiner Lust zu reisen sind kaum Grenzen gesetzt. Nein, es kann nicht oft genug wiederholt werden: Die Zahl der Menschen, denen es materiell wie immateriell gut-, richtig gutgeht, war noch nie so groß wie heute.

Dabei ist den Wenigsten bewusst, in welch unfasslich kurzer Zeit sich dieser Wissens-, Könnens- und Wohlstandsfundus gebildet hat, oder anders gewendet: wie wenig tief er in der Menschheitsgeschichte verankert ist. Die jüngere Generation zumindest in den frühindustrialisierten Ländern kann sich ein Leben materieller Bedürftigkeit nicht mehr vorstellen, und viele Ältere wollen nicht daran zurückdenken. Was vor zwei, drei Generationen Alltag war, empfinden sie heute als dramatisch: geringe Einkommen, vielfältige Anpassungszwänge, vereitelte Lebenspläne. Dass die Fülle von Möglichkeiten der heute Lebenden eine Erscheinung allerjüngsten Datums ist und die Menschheit über Jahrtausende hinweg nach jetzigen Maßstäben bitterarm war, sehen nur wenige.

Bei Besuchen unserer prächtigen Museen oder ferner Ausgrabungsstätten haben wir uns angewöhnt, die Werke von Ägyptern und Persern, Hethitern und Skythen oder Griechen und Römern staunend zu betrachten und uns dabei ein wenig wie Eltern zu verhalten, die ein Frühwerk ihres Sprösslings in Augenschein nehmen und freudig ausrufen: »Das hast du aber hübsch gemacht.« Und dann erst die Leistungen der Chinesen, die schon vor tausend und mehr Jahren Papier und Schießpulver hatten, oder die unserer europäischen Vorfahren, die bereits im Mittelalter Burgen und Kathedralen bauten, die sich bis heute sehen lassen können!

Doch so schön und eindrucksvoll das alles ist – noch viel bemerkenswerter als das Wissen und Können früherer Geschlechter ist ihr Nichtwissen und Nichtkönnen. Nachdem der moderne Mensch annähernd 50 000 Jahre auf der Erde gelebt hatte, waren seine Fähig- und Fertigkeiten nur mäßig größer als am Anfang. Die Langsamkeit kultureller Entwicklung lag während des längsten Teils der Menschheitsgeschichte weit außerhalb unserer heutigen Zeitvorstellungen. Während ganzer Jahrtausende geschah nichts, dann ein wenig, dann wieder nichts. Bis sich vor einigen Generationen die Ereignisse zu überschlagen begannen, reifte die Menschheit sehr langsam zu dem heran, was sie heute ist.

Beinahe rührend, wie unsere Vorfahren bis vor gar nicht langer Zeit darum rangen, Ordnung in ihre Gedanken zu bringen[22], oder Kindern gleich versuchten, den Gang der Gestirne zu deuten und die Horizonte ihres eigenen Planeten auszuloten[23]; wie sie tastend den Grundlagen der Naturwissenschaften und Mathematik nachspürten, Zahlen- und Schriftsysteme erdachten und mit rudimentären statischen Kenntnissen an Bauwerken herumexperimentierten, die bisweilen über ihnen zusammenstürzten. Das alles ereignete sich von heute aus betrachtet im Wesentlichen während des letzten Zehntels der Geschichte des modernen Menschen. Wobei sich die großen Durchbrüche in einem noch viel engeren Zeitraum ballen, etwa im letzten Hundertstel menschlicher Existenz.

Bis heute bezaubern die spätmittelalterlichen Klöster Osteuropas durch ihren Bildschmuck – und verblüffen durch ihre architektonische Ungeschlachtheit. War das alles, was die Menschen in diesem Raum, bereits an der Schwelle zur Neuzeit stehend, zuwege brachten? Gab es im Riesenreich Peters des Großen keine fähigeren Baumeister? Warum musste er die meisten aus Italien und anderen westlichen Ländern kommen lassen? Aber auch in unseren Landstrichen vergessen wir im Anblick von baulichen Kunstwerken wie dem Kölner Dom oder dem Ulmer Münster leicht, wie sich deren Schöpfer schier endlos mit ihnen herumplagten, schließlich aufgaben und es unseren Urgroßeltern im 19. Jahrhundert überließen, die Bauruinen – dann allerdings in Windeseile – fertigzustellen. Wie lange würden wir heute brauchen, um die Weltwunder der Antike zu errichten? Es reichte vermutlich kaum für ein mittleres Beschäftigungsprogramm.

Ähnelte die Geschichte der Menschheit während der längsten Zeit einer Lichterkette funkelnder Ideen, so gleicht sie seit Beginn der Industrialisierung einer Stichflamme. Alles vollzieht sich in rasender, atemberaubender Geschwindigkeit. Was eben noch als neuester Stand von Wissenschaft und Technik galt, ist morgen bereits überholt. Ingenieure, Programmierer und viele andere, die kaum ihre Ausbildung beendet haben, finden sich mit ihren Kenntnissen nicht selten binnen weniger Jahre beim alten Eisen wieder.

Auch wenn Aussagen über die Verdopplung der Wissensmenge in immer kürzeren Zeiträumen mit Vorsicht zu genießen sind:[24] Wer häufig mit Wissen umzugehen hat, weiß, wie schnell es in diesen Tagen welkt. Nachschlagewerke können gar nicht so schnell überarbeitet werden, wie es erforderlich wäre, und selbst das Internet verliert gelegentlich den Anschluss. Schülern und Studenten werden nicht selten überholte Erkenntnisse vermittelt, und in nicht wenigen Arztpraxen werden die Patienten mit dem Wissen von gestern behandelt. Ebenso brüten Meister und Lehrling gemeinsam über dem Installationsplan einer neuen Heizungsanlage oder müht sich der Dachdecker um die rechte Mixtur einer neuartigen Dichtungsmasse. Alles ist allen fremd. Sie stochern mit Stangen in einem Nebel, den sie zunehmend als bedrohlich empfinden.

Könnten die Menschen in den frühindustrialisierten Ländern, und nicht nur dort, ihren Empfindungen folgen – viele von ihnen würden aus dem rasenden Gefährt aussteigen, das da heißt: Fortschritt, Wachstum, Wohlstandsmehrung.[25] Acht von zehn Deutschen empfinden ihr Leben als stressig, jeder dritte Berufstätige fühlt sich stark erschöpft oder sogar ausgebrannt.[26] Sie sehnen sich nach Entschleunigung, Verlangsamung, Atempausen.[27] Aber sie können nicht kürzertreten. Eine generationenlange Prägung hindert sie daran. Die wenigen, die es schaffen, bleiben als heimlich bewunderte Käuze am Wegrand zurück. Die meisten rasen weiter, ohne zu wissen, was eigentlich das Ziel ihrer Reise ist. Gesagt wurde ihnen: mehr, von allem immer mehr.

Vom Jenseits ins Diesseits

Stichflammen kommen nicht von ungefähr. Sie entstehen »zum Beispiel bei Verbrennung von unter hohem Druck ausströmenden brennbaren Gasen oder durch kräftige Sauerstoffzufuhr in eine Flamme«.[28] Was aber hat dann die menschheitsgeschichtliche Stichflamme des Industriezeitalters mit ihren vielen technischen Innovationen, steilen Produktivitätssprüngen, Güter- und Dienstebergen und insbesondere ihrer zunächst europäischen und später globalen Bevölkerungsexplosion bewirkt?

Über diese Frage ist oft nachgedacht worden, ohne dass eine allgemeingültige Antwort gefunden worden wäre. Dabei ist diese Antwort durchaus bedeutsam, könnte sie doch erhellen, warum die westliche Welt, und sie nicht allein, an Expansion und Wirtschaftswachstum hängt »wie Alkoholiker an der Flasche und Drogensüchtige an der Nadel«. Was hat sie, was hat uns dahin gebracht?

Die einen erklären das Phänomen mit bahnbrechenden Erfindungen und verweisen – paradigmatisch – auf James Watts Dampfmaschine, die, 1782 serienreif, wesentlich zur Industriellen Revolution beigetragen habe. Endlich habe lästiges Wasser zuverlässig aus Bergwerken abgepumpt und ein ganz neuartiges, außerordentlich leistungsfähiges Transportsystem auf- und ausgebaut werden können – die Eisenbahn. Die Jahrtausende vorwiegend muskularen Energieeinsatzes von Mensch und Tier seien damit zu Ende gewesen.

Kritiker dieses Erklärungsansatzes halten dagegen, dass es derartige Erfindungen schon das ganze Mittelalter hindurch[29] und selbst in der Antike gegeben habe. Eine industrielle Revolution hätten sie aber nicht ausgelöst. Leonardo da Vinci beispielsweise habe mit seinen Druckpumpen, Drehbänken, Seildreh- und Bohrmaschinen, Stechhebern, Taucherglocken, Brennspiegeln, Spinnmaschinen, Fallschirmen, fahrradähnlichen Fortbewegungsmitteln oder Fluggeräten Steilvorlagen für umwälzende technische Neuerungen geliefert. Doch nichts sei geschehen.

Es konnte auch nichts geschehen, erwidert eine dritte Gruppe. Männer wie er hätten ganz einfach 300 Jahre zu früh gelebt. Was in jener Zeit gefehlt habe, um Erfindungen zum Durchbruch zu verhelfen, sei Kapital gewesen. Ohne Kapital könne keine Erfindung gedeihen. Das sei eben das Glück eines James Watt und vieler anderer gewesen, dass sie in den anbrechenden Kapitalismus hineingeboren worden seien. Dass es genügend Menschen und Institutionen gegeben habe, die bereit und in der Lage gewesen seien, mit großen Geldsummen ihre Ideen umzusetzen.

Für eine vierte Gruppe ist das jedoch ebenfalls keine befriedigende Erklärung. Warum, so wenden sie ein, fingen die Menschen just gegen Ende des 18. Jahrhunderts an, in solchen Massen Kapital zu bilden, so dass weite Teile Europas innerhalb kurzer Zeit industrialisiert werden konnten? Was hinderte sie daran, dies schon vorher zu tun? Der Hinweis, ihnen habe dafür das Geld gefehlt, gehe offensichtlich in die Irre, denn dieses habe sich ja erst im Zuge der Industrialisierung in größerem Umfang bilden können.

Das ruft eine fünfte, sechste und siebente Gruppe auf den Plan, die auf nachhaltig veränderte individuelle und kollektive Sicht- und Verhaltensmuster verweisen, auf eine Neudefinition der Rolle des Staates, auf Gewichtsverlagerungen zwischen den gesellschaftlichen Schichten und auf die Herausbildung einer Rechtsordnung, die Wirtschaften im heutigen Sinne erst ermöglichte. Da möchten selbst die Astrologen nicht abseits stehen. Für sie steht fest: Die Sterne standen günstig.

Nur die Theologen halten sich auffällig zurück. Vielleicht fällt es ihnen schwer, sich ein historisches Scheitern mit schwerwiegenden Konsequenzen einzugestehen: Die Völker Europas hatten im Advent der Industrialisierung ihren tradierten Seinsgrund verloren. Mehrheitlich glaubten sie nicht mehr an den ihnen verkündeten Gott. Wenn ein Thomas Hobbes, Lehrer von Hochadel und Königen, unwidersprochen verbreiten konnte, das größte aller Übel sei der Tod, so legte er damit implizit nahe, dass nach dem irdischen Leben nichts mehr zu erwarten sei. Also, Mensch, halte mit ganzer Kraft an diesem Leben fest und mache es dir so angenehm wie möglich! – so seine Botschaft.

Dieses Fühlen und Denken erlangt in dem Jahrhundert vor Anbruch des Industriezeitalters ein ungeheures Momentum. Religion wird einerseits zu einer staatlich-administrativen Angelegenheit, andererseits zur Privatsache oder zu einer akademischen Übung.[30] Wirklichen Halt vermag sie zumindest den gebildeteren und damit tonangebenden Schichten nicht mehr zu geben. Zwar folgen diese weiterhin religiösen Bräuchen, aber die Hoffnung auf ein wie auch immer geartetes Jenseits ist damit nicht mehr verknüpft. Die Mehrheit hat sich voll und ganz auf ein Leben im Diesseits eingerichtet. Dieses Leben will sie genießen – so lange und so intensiv wie möglich. Was danach kommt, liegt im Dunkeln.

Dieses Fühlen und Denken war die »kräftige Sauerstoffzufuhr«, die die stets brennende Flamme technischen Fortschritts, der Bildung von Kapital und was sonst noch zur industriellen Revolution beigetragen haben mag, zur Stichflamme anfachte. Soll heißen: Der industriellen Revolution ging eine religiös-spirituelle Erschütterung voraus, ohne die es den wirtschaftlichen Umbruch wahrscheinlich so gar nicht gegeben hätte.[31] Ein in seiner Essenz christliches Europa wäre zu einer solchen Revolution schwerlich in der Lage und wohl auch nicht willens gewesen.

Voraussetzung der industriellen Revolution war das geistige Verwaistsein großer Bevölkerungsteile. Deren einstmals fester Glaube hatte sich aus einer Vielzahl von Gründen verflüchtigt. Deshalb suchten sie nach etwas Neuem, auf das sie ihren Glauben werfen konnten, und sie fanden es in einem materiell wohlhabenden irdischen Leben. Daran glauben sie bis heute, und immer mehr Menschen in der ganzen Welt teilen diesen Glauben. Sie tauschten eine unerschöpfliche Gottesvorstellung gegen einen erschöpflichen Planeten. Das bekommen sie zunehmend zu spüren, und darunter beginnen sie zu leiden.

Zuversicht und Blindheit

Mutter Erde kommt keines der Attribute zu, die im abendländischen Kulturkreis Vater Gott zuerkannt werden. Anders als dieser ist sie endlich – zeitlich, räumlich und in ihren Potentialen. Solange die Zahl der Menschen klein und ihre Bedürfnisse bescheiden waren, fiel das jedoch nicht auf. Wurde wirklich einmal etwas knapp, konnte einfach auf etwas anderes ausgewichen werden.

Mit voranschreitender Industrialisierung wurde das schwieriger. Die Sicherung von Ressourcen wurde zu einem beherrschenden Thema. Der europäische Kolonialismus hatte ganz wesentlich diesen Zweck: Rohstoffquellen erschließen. Wer Zugang zu ihnen hatte, florierte. Die anderen hatten das Nachsehen. Kriege entbrannten. Die Kriege seit Beginn des Industriezeitalters waren mit wenigen Ausnahmen Rohstoffkriege. Ohne die dortigen Ölvorkommen stünde auch heute kein einziger ausländischer Soldat im Irak.

Zwar erleichterte die schrittweise Öffnung der Märkte nach dem Zweiten Weltkrieg und die dann einsetzende Globalisierung den Zugang zu den weltweiten Ressourcen. Alle, die über die entsprechenden Mittel verfügten, konnten sich nunmehr bedienen. Trotzdem blieb die Angst, durch irgendwelche Ereignisse von Rohstoffquellen abgeschnitten zu werden. Was die frühindustrialisierten Länder seit langem wissen, wissen mittlerweile alle: Ohne Rohstoffe ist alles nichts. Ohne sie gibt es auch kein Wachstum. Sie sind die Achillesferse des Industriezeitalters.

Allerdings blieb diese Einsicht merkwürdig folgenlos für das Verbraucherverhalten. Dass der freieste Zugang zu den Schätzen der Erde nichts wert ist, wenn diese erschöpft sind, begriffen lange Zeit nur wenige, und manche haben es bis heute nicht begriffen. Wäre es anders gewesen, wären die Menschen – mit den Völkern der frühindustrialisierten Länder an der Spitze – mit diesen Schätzen vermutlich sorgsamer umgegangen. Stattdessen vergeudeten sie sie nicht nur, sondern führten regelrechte Vernichtungsschlachten. Bedenkenlos errichteten sie Häuser und Städte, die zu heizen oder zu kühlen gigantische Energiemengen erfordert, schufen sie ein Verkehrssystem, das zu betreiben wiederum riesige Treibstoffmengen verschlingt, vergruben sie ausgediente Industrieprodukte in der Erde oder versenkten sie im Meer. Allenfalls in Kriegs- und Krisenzeiten ließen sie sich gelegentlich dazu herab, benutzte Rohstoffe wiederzuverwenden. Ansonsten war deren Vergeudung Ausdruck von Wohlstand.

Dass es keine nachwachsenden Metalle gibt, keine sich regenerierenden Ölquellen und keine sich wieder füllenden Kohleflöze – das und vieles andere spiegelte sich bis in die jüngste Zeit kaum im Denken und Handeln der Mehrheit wider. Hätte sie auch nur ein wenig über die Folgen ihres Tuns nachgedacht, hätte sie ohne größere Wohlstandseinbußen mit einem Bruchteil der Ressourcen auskommen können. Technisch wäre das durchaus möglich gewesen. Viele Einsparmaßnahmen von heute waren bereits vor Jahrzehnten bekannt und anwendbar. Aber den meisten stand nicht der Sinn danach. Und da künftige Knappheiten die Massen nicht bewegen und von den Märkten nicht antizipiert werden, wurde eben zum Fenster hinaus geheizt. Von vorausschauendem, haushälterischem Verhalten war und ist weithin wenig zu spüren.

Woher kommt diese kindliche Zuversicht, dieses grenzenlose Vertrauen in die Beständigkeit des Bestehenden? Oder ist es vielleicht gar kein Vertrauen, sondern bloße Blindheit im Blick auf Kommendes? Bei vielen ist das nicht auszuschließen. Sie können sich ebenso wenig wegen Benzinmangels geschlossene Tankstellen vorstellen, wie sie sich bis vor kurzem vorstellen konnten, dass Zertifikate einer hochangesehenen Bank[32] über Nacht nur noch Altpapier sein würden. Doch die Zahl solcher Blinden nimmt ab. Immer mehr erkennen, dass vieles von dem, was gestern noch als unverrückbar galt, in Bewegung geraten ist. Trotzdem bleiben sie mehrheitlich ruhig und gelassen.

Wozu aufregen, fragen viele. Für mich wird es doch wohl noch reichen. Und was dann kommt, ist mir gleichgültig. Diese Nach-mir-die-Sintflut-Attitüde könnte sich gerade in den kinder- und enkelarmen Bevölkerungen Europas weiter ausbreiten. Wie lange reichen denn die Öl-, Gas- oder Kohlereserven noch? Lautet die Antwort dann: Noch mindestens dreißig, fünfzig oder noch mehr Jahre, winken viele ab und erklären: Na, wenn das so ist, ist doch alles in Ordnung. Dann erlebe ich das Ende ja nicht mehr.

Verbreiteter noch als diese Haltung ist allerdings die Hoffnung, die sich nicht selten zur Gewissheit verdichtet hat: Bis es so weit ist und uns diese Fragen auf den Nägeln brennen werden, wird uns, wird der Menschheit schon irgendetwas einfallen. Den Menschen ist doch immer etwas eingefallen. Die Vorstellung, dass ihnen auch einmal nichts einfallen könnte oder jedenfalls nicht zur rechten Zeit, plagt zumeist nur diejenigen, die sich ernsthaft mit den anstehenden Herausforderungen befassen. Sie bekunden gelegentlich: Das könnte knapp werden. Die anderen vertrauen fest auf ihren und anderer Leute Einfallsreichtum. Da erklären dann selbst gestandene Unternehmer, sie hätten Ideen genug, und stolz verweisen sie auf den raschen Wandel ihrer Produktpalette oder die Bewältigung von Krisenjahren.

Dabei übersehen sie, dass ihre mitunter höchst eindrucksvollen Ideen zumeist demselben Paradigma verhaftet sind, dem Paradigma der Industriegesellschaft einschließlich ihrer Fortentwicklungen wie Dienstleistungs- oder Wissensgesellschaft: Transistoren statt Röhren, Glasfaser statt Kupferkabel, Solarzelle statt Heizbrenner, Dienstleistung statt Industrieprodukt. Dass auch dieser Wandel von bestimmten Annahmen über die Tragfähigkeit sowohl der Erde als auch der Gesellschaft als auch des einzelnen Menschen abhängt, ist entweder nicht bewusst oder wird verdrängt. Doch nicht neue Produkte, Verfahren oder Dienste sind die Herausforderungen der Zukunft. Die Herausforderung ist: Wie belastbar sind jene Annahmen? Sollten sie weniger belastbar sein, als viele bisher glauben, muss uns wirklich etwas Großes einfallen, und zwar schnell.

Verstandeskräfte

Das Vertrauen der Menschheit in ihre Verstandeskräfte ist grenzenlos. Dass dem Homo sapiens Jahrzehntausende lang ziemlich wenig und in der Folgezeit nicht allzu viel eingefallen ist und er sich während der längsten Zeit seiner Existenz – getragen von den Kräften der Natur – treiben ließ, ist vergessen oder wird verdrängt. Wir Heutigen berauschen uns an dem, was in einer sehr kurzen Zeitspanne erdacht und umgesetzt worden ist, und unterstellen ohne lange darüber nachzudenken, dass dies immer so weitergehen könne und werde. Die Endlichkeit der Erde wird inzwischen vom ein oder anderen durchaus anerkannt. Über die hinlänglich dokumentierte und mithin keineswegs unwahrscheinliche Endlichkeit menschlicher Verstandeskräfte ist hingegen ein Diskurs schwierig. Kommt beispielsweise die Rohstoffarmut eines Landes wie Deutschland zur Sprache, heißt es schnell: Aber denken Sie doch an die unerschöpflichen Geistesressourcen unserer gutausgebildeten Männer und Frauen! Das ist unser Rohstoff und er ist wertvoller als alle Rohstoffe der Welt!

Menschen mögen groß oder klein, dick oder dünn, stark oder schwach sein. Das alles spielt keine allzu große Rolle. Nur an ihren Verstandeskräften sollte keiner zu zweifeln wagen. Da reagieren sie empfindlich. Körperliche Unterschiede mögen noch so groß sein – geistige Unterschiede sind gesellschaftlich inakzeptabel. Da muss so getan werden, als seien alle gleich. Jeder Meinung, jedem Geistesblitz – und seien diese auch noch so abstrus – kommt die gleiche Bedeutung zu. Zu sagen: Diese Last kannst du nicht tragen, ist in Ordnung. Zu sagen: Das übersteigt deine Verstandeskräfte, ist höchst anstößig. Der Mensch – das Erkenntnis- und Verstandeswesen! Das erlaubt keine Nuancierungen.

Dass das seine schwache Stelle ist, scheinen unsere Vorfahren schon früh geahnt zu haben. Hier neigt der Mensch zur Selbstüberhebung, zur Hybris. Deshalb verführt die satanische Schlange im Paradies Eva auch nicht etwa mit dem Versprechen immerwährender Schönheit oder Adam mit der Aussicht auf nie erlahmende Kräfte. Vielmehr ködert sie beide mit dem Versprechen gottgleicher Erkenntnisfähigkeit. Das reicht, um sie – gemäß der alttestamentarischen Überlieferung – ins Unglück zu stürzen.

Nun steht außer Frage, dass der Mensch dank seiner Verstandeskräfte Außerordentliches vollbracht hat und wohl auch weiter vollbringen wird. Nicht minder fraglos ist allerdings auch seine Beschränktheit. Wenn der viertgrößte Binnensee der Erde, der Aral-See, austrocknet, weil das Wasser seiner Zuflüsse für die Bewässerung von Baumwollfeldern verplempert wird – mit desaströsen Folgen für Umwelt und Klima, Flora und Fauna und nicht zuletzt für den Menschen[33]; wenn Regenwälder – ebenso folgenreich – in großer Geschwindigkeit abgeholzt werden, nur um für wenige Jahre Ackerflächen und Tropenhölzer zu gewinnen[34]; wenn in so wohlhabenden und entwickelten Regionen wie dem Ostseeraum das Meer derart mit Schadstoffen überfrachtet wird, dass sich die Zonen, in denen nur noch Fäulnisbakterien, aber keine Fische mehr gedeihen, ständig ausdehnen:[35] dann ist das alles wohl kaum Ausdruck intelligenten Handelns. So bewundernswert menschliche Verstandesleistungen sind, so erschreckend ist die menschliche Dummheit.

Die Sorge, dass diese Dummheit den Menschen eines Tages ausrotten könnte, treibt Philosophen seit langem um. Die derzeitige Krise hat dieser Sorge neue Nahrung gegeben. Zwar steht nicht zu befürchten, dass durch sie das Ende der Menschheit eingeläutet worden ist. Aber sie hat die Frage virulent werden lassen, ob Wesen, die unter bestimmten Umständen alle Vernunft hintanstellen und sich ganz ihren Trieben hingeben, in der Lage sein werden, die anstehenden Herausforderungen zu meistern, die ungleich größer sind als alles Gegenwärtige. Eine gewisse Berechtigung dürfte dieser Frage nicht abzusprechen sein.

Dies gilt umso mehr, als große Teile der Menschheit noch immer im Bann von Gemeinwesen stehen, die sich bei der Vergeudung von Ressourcen und der Belastung der Umwelt besonders hervorgetan haben und weiter hervortun, namentlich die USA und auf ihre Weise auch die Länder der einstigen Sowjetunion. Die Sowjetunion war geschlagen mit ihrer ineffektiven und deshalb ressourcenverschlingenden und umweltzerstörenden Wirtschaftsordnung. Die USA hingegen beharrten bis in die allerjüngste Zeit darauf, dass Vergeudung Teil ihres tief verinnerlichten Lebensstils sei, den sie nicht aufzugeben gedächten.[36] Und folgerichtig sollten Klima- und Umweltschutzabkommen auch nur auf andere Staaten angewandt werden, nicht aber auf sie selbst.[37] Die Erde auszupressen gehört zur amerikanischen Lebensart, die bis heute von vielen bewundert und nachgeahmt wird.

Die Völker der frühindustrialisierten Länder sollten einmal ihr kollektives Gedächtnis bemühen, um sich zu erinnern, mit welcher Rigorosität und nicht selten Brutalität sie Männer und Frauen lächerlich gemacht und an den Rand der Gesellschaft gedrängt haben, die schon frühzeitig auf die nachteiligen Folgen der heute dominierenden Wirtschaftsordnung, auf die Endlichkeit von Ressourcen, Umwelt und Natur oder auf die drohende Beschädigung des sozialen Zusammenhalts hingewiesen haben. Gehör fanden sie kaum oder allenfalls in Kreisen, deren gesellschaftlicher Einfluss gering war. Im freundlichsten Falle wurden sie behandelt wie Waldschrate, komische Kobolde.

Inzwischen keimt die Hoffnung, dass der Riesentanker der Menschheit seine Richtung zu ändern beginnt. Jedenfalls wird jetzt auf Tagungen und Kongressen, auf denen noch vor wenigen Jahren Begriffe wie Klimawandel streng verpönt waren und allenfalls von klimatischen Veränderungen oder besser noch von bloßen Wetteranomalien gesprochen werden durfte, im Brustton der Überzeugung vor schlimmen Klimakatastrophen gewarnt, und beschwörend heißt es, Klima und Umwelt dürften nicht von Wirtschafts- und Finanzinteressen überlagert werden.[38] Das ist wohl wahr. Aber wäre der Gegenstand nicht so ernst, der plötzliche Gesinnungswandel wäre zum Lachen. Denn was nun gefordert wird, hätte schon vor dreißig Jahren geschehen können und müssen.

Immerhin: Offenbar ist eine kritische Schwelle erreicht, lassen sich krisenhafte Erscheinungen nicht länger verdrängen. Die schöne Epoche, in der die Annehmlichkeiten des Industriezeitalters im Vordergrund standen, neigt sich dem Ende entgegen. Jetzt werden die Schattenseiten, die Einzelne und Minderheiten schon seit langem sehen, auch für die Mehrheit sichtbar. Der Mensch hat es tatsächlich vermocht, durch seine Art des Wirtschaftens, des Produzierens und Konsumierens, durch seinen exzessiven Verbrauch terrestrischer Substanzen die Erde in Bedrängnis zu bringen. Oder richtiger: Er hat sich selbst in Bedrängnis gebracht. Denn für die Erde macht es keinen Unterschied, was wir auf ihr treiben. Sie wird uns mit Sicherheit überdauern.

Mit leeren Händen

Der Mensch hat sich durch seine Form des Wirtschaftens in Bedrängnis gebracht. Die Natur schlägt zurück. Und je verzweifelter er versucht, ihr dennoch immer mehr abzuringen, desto geringer sind seine Erfolge. Seine Siege sind Pyrrhussiege.[39] Zwar nimmt die global erwirtschaftete Menge an Gütern und Diensten statistisch weiter zu.[40] Doch in Ländern, deren Wohlstandsniveau im Weltmaßstab weit überdurchschnittlich hoch ist, haben sich die Wachstumsraten im Laufe der Jahrzehnte erheblich verringert. Die Wirtschafts- und Finanzkrise dieser Jahre hat diesen Trend nochmals verstärkt.

In Deutschland beispielsweise sanken die Wachstumsraten pro Kopf von durchschnittlich sieben Prozent in den fünfziger Jahren des 20. Jahrhunderts über 3,5 Prozent in den sechziger, 2,8 Prozent in den siebziger, 2,2 Prozent in den achtziger auf 1,5 Prozent in den neunziger Jahren. In der ersten Dekade dieses Jahrhunderts werden sie voraussichtlich weiter auf durchschnittlich 0,5 Prozent fallen.[41] Dabei ist Deutschland keineswegs eine Ausnahme. Seine engsten Nachbarn, Österreich und die Schweiz, aber auch Länder wie Japan, Frankreich oder Italien weisen ganz ähnliche Trends auf.

Nur die USA und Großbritannien scheinen unter den größeren frühindustrialisierten Ländern einem eigenen Kurs zu folgen. Hier blieben die Wachstumsraten auch in den zurückliegenden Jahren vergleichsweise hoch. Der Schein ist jedoch trügerisch. Denn der Preis hierfür war zunächst ein rigoroses Auflösen der Ersparnisse der privaten Haushalte und dann eine wachsende Verschuldung. Alles, was erwirtschaftet wurde – und mehr als das –, wurde sofort konsumiert. Dass das keine nachhaltige Form des Wirtschaftens war, zeigt wiederum die Krise dieser Jahre, die diese Länder härter traf als andere. Hätten diese solide gewirtschaftet, hätten sich ihre Volkswirtschaften ganz ähnlich entwickelt wie diejenigen anderer Länder.

Nun kann argumentiert werden, dass ein Rückgang relativer Wachstumsraten vor dem Hintergrund einer fast ununterbrochen steigenden Güter- und Dienstemenge nicht überraschend sei, da der absolute Zuwachs eines BIPs von 100, das um fünf Prozent zunimmt, nicht höher ist als der absolute Zuwachs eines BIPs von 1000, das nur um 0,5 Prozent steigt. In beiden Fällen liegt der Zugewinn bei fünf Punkten. Doch bei den meisten frühindustrialisierten Ländern haben während der zurückliegenden Jahrzehnte nicht nur die relativen Wachstumsraten abgenommen. Rückläufig waren auch die absoluten Zuwächse.

Auch hier liegt Deutschland im Trend: In Preisen von 2008 lag die zusätzlich erwirtschaftete Güter- und Dienstemenge im Durchschnitt der fünfziger Jahre bei rund 600 Euro pro Kopf und Jahr. Zwei Jahrzehnte später, in den siebziger Jahren, hatte sich dieser Betrag auf knapp 550 Euro vermindert. Wiederum zwei Jahrzehnte später, in den neunziger Jahren, war er weiter auf etwa 380 Euro gesunken. Und in der ersten Dekade des 21. Jahrhunderts wird er sehr wahrscheinlich noch nicht einmal mehr die Marke von 150 Euro erreichen.

Dabei kommen selbst diese stark geschrumpften Zuwächse seit geraumer Zeit bei großen Teilen der Bevölkerung nicht mehr an. Das gilt in einem Land wie Deutschland[42] besonders für abhängig Beschäftigte. Der Anteil, der ihnen vom Volkseinkommen als Arbeitseinkommen zufließt, die Bruttolohnquote, verminderte sich in Deutschland seit Anfang der neunziger Jahre von 71 auf 63 Prozent, also um reichlich ein Achtel.[43] Ursächlich hierfür ist nicht zuletzt die rasant gestiegene und weiter steigende Kapitalintensität der Wirtschaft, wodurch die Verteilung der Wertschöpfung Zug um Zug zugunsten des Kapitals und zulasten der Arbeit verschoben wird. Das schlägt sich nieder in der Entwicklung der Nettostundenlöhne. Stiegen diese in den neunziger Jahren pro Arbeitnehmer noch um real 1,0 Prozent, so verminderte sich dieser Anstieg in der ersten Dekade dieses Jahrhunderts auf schätzungsweise 0,1 Prozent.[44]

Aber auch dieser Zuwachs erhöht bei vielen Arbeitnehmern nicht den materiellen Wohlstand, weil diese – freiwillig oder unfreiwillig – weniger Stunden arbeiten.[45] Trotz steigender Stundenlöhne sank – in Preisen von 2008 – das durchschnittliche Jahresnettoeinkommen pro Arbeitnehmer von 1980 bis 2008 von rund 18 800 auf etwa 18 000 Euro. Zwar sind hierbei die dämpfenden Wirkungen des niedrigeren ostdeutschen Lohnniveaus zu berücksichtigen sowie der Umstand, dass es heute in einer größeren Zahl von privaten Haushalten ein zweites Erwerbseinkommen und/oder mehr Kindergeld und/oder höhere Zinserträge gibt als 1980. Die verfügbaren Einkommen haben sich deshalb dynamischer entwickelt als die Erwerbseinkommen. Dennoch stagniert die Kaufkraft zahlreicher Haushalte seit vielen Jahren, und nicht wenige haben sogar empfindliche Verluste erlitten. Wachstum und materielle Wohlstandsmehrung sind für beachtliche Bevölkerungsteile nur noch leere Worte.

Hinzu kommt, dass die Bevölkerung – wiederum nicht nur in Deutschland – wachsende Einkommensanteile abzweigen muss, um über die gesetzlichen Sicherungssysteme hinaus privat für das Alter sowie den Krankheits- und Pflegefall vorzusorgen. Dass eine auskömmliche Sicherung im Rahmen dieser Systeme nicht mehr gewährleistet ist, hat die große Mehrheit inzwischen begriffen.[46] Und weiter werden die Einkommen der privaten Haushalte geschmälert durch eine wachsende Zahl sogenannter Zuzahlungen[47], Kindergarten- oder Studiengebühren und anderes mehr. Die Einlösung des Glücks- und Heilsversprechens fortwährenden wirtschaftlichen Wachstums, verbunden mit nicht endender materieller Wohlstandsmehrung, rückt damit in immer weitere Ferne. So präsent dieses Versprechen in der politischen Rhetorik ist, in der Wirklichkeit hat es sich zu einem Traum verflüchtigt. Von allem immer mehr – das war einmal.

Seit langem Absehbares wird damit manifest. Denn hätte die Menschheit spätestens mit Beginn der Industrialisierung angefangen, ihre globalen Wirtschaftsaktivitäten nach den Grundsätzen ordnungsgemäßer Buchführung zu bilanzieren, wäre ihr zumindest zweierlei nicht entgangen: Zum einen, dass ihre Erträge, sprich Wohlstandsgewinne, von Anfang an viel geringer waren, als sie glaubte, und zum anderen, dass die Kosten ihres Wirtschaftens im Laufe der Zeit so dramatisch anstiegen, dass echte Erträge kaum noch zu erwirtschaften sind. Ist also auch die Wirtschaft ein Nullsummenspiel? Das wohl nicht, obgleich der Gedanke nicht ganz von der Hand zu weisen ist. Ein wenig ist es wie in Wilhelm Hauffs Märchen *Das kalte Herz*, in dem der Munk-Peter den Wunsch erfüllt bekommt, stets so viel Geld in der Tasche zu haben wie der dicke reiche Ezechiel. Als er diesem im Spiel alles Geld abnimmt, wird zunächst sein Säckel immer praller. Doch als die letzten Geldstücke über den Tisch gewandert sind, steht er mit gänzlich leeren Händen da. Spielen die Menschen vielleicht ein ähnliches Spiel mit der Erde, so dass sie alles verlieren, wenn sie glauben, alles gewonnen zu haben?

BILANZEN

Existenzfragen

Politik, Wirtschaft und Wissenschaft sind eifrig bemüht, den sich ausbreitenden Stillstand wirtschaftlichen Wachstums und materieller Wohlstandsmehrung zu überwinden. Ihr Denken und Handeln kreisen um die Frage: Wie kann mehr Wachstum erzeugt werden? Mit der Beantwortung dieser Frage ist ein Großteil der physischen und psychischen Kräfte vieler Gesellschaften, namentlich der frühindustrialisierten Länder, gebunden.

Eine Auseinandersetzung mit der Frage: Wie viel Wachstum und welches Wachstum wollen wir eigentlich?, tritt demgegenüber in den Hintergrund. Wie viel Wachstum? Die rasche Antwort: So viel wie möglich. Welches Wachstum? Die Antwort bleibt im Ungefähren. Nachhaltig soll es sein, umweltverträglich und ressourcenschonend. Darauf kann man sich schnell einigen. Doch darüber hinaus? Kaum jemals wird ein Unternehmer erklären, sein Unternehmen sei ausgewachsen, oder ein Gewerkschafter, die Löhne seien nunmehr hoch genug. Und ebenso wenig werden Politiker – Ausnahmen bestätigen die Regel![1] – verkünden, fortgesetztes Wirtschaftswachstum sei nicht mehr erforderlich, da der erreichte Lebensstandard der Bevölkerung auskömmlich sei. Weniger einhellig reagieren breite Schichten der Bevölkerung. Sosehr die große Mehrheit Wachstum schätzt – sie möchte nicht, dass ihre sonstigen Interessen von ihm beeinträchtigt werden. Ein ungestörtes Wochenende, ein gemütlicher Abend mit Freunden, ein spannendes Sportereignis: das ist vielen wichtiger als ein wenig mehr Einkommen, etwas mehr Wachstum.[2]

Und noch viel seltener wird gefragt: Wie viel Wachstum und

welches Wachstum können wir uns denn überhaupt erlauben? Wie viel Wachstum und welches Wachstum verkraften die Erde, die menschliche Gemeinschaft, der Einzelne? Oder leiden sie alle möglicherweise bereits jetzt unter den Folgen des bisherigen Wachstums? Für die Zukunft der Menschheit ist die Beantwortung dieser Frage von zentraler Bedeutung: Wie viel Wachstum ist möglich, ohne dass die Menschen daran Schaden nehmen? Dass nämlich das Wachstum der Wirtschaft und die Mehrung materiellen Wohlstands völlig nebenwirkungsfrei vonstatten gehen könne, glauben heute nur noch besonders schlichte Gemüter. Die Helleren kämpfen um Schadensbegrenzung. Mehr allerdings nicht. Denn umfassende Schadensvermeidung oder wenigstens substantielle Schadensminderung ist zumindest in der Summe wirtschaftlicher Aktivitäten bisher nicht gelungen. Und es ist fraglich, ob es jemals gelingen kann.

Wie viel Wachstum können wir uns also erlauben? Um diese Frage beantworten zu können, müssen industriell wirtschaftende Gesellschaften lernen, in Salden zu denken. Bislang haben sie das nur in bescheidenem Maße getan. So galten rauchende Schlote auch dann noch als unbedingter Ausweis von Erfolg, als die Menschen bereits unter Smogschwaden keuchten.[3] Ebenso wurden die Rodung von Wäldern, das Urbarmachen von Böden, der Abbau von Erzen oder die Förderung von Kohle, Öl und Gas immer nur auf der Habenseite des Wirtschaftens verbucht. Erst spät dämmerte einigen, dass fast allen diesen Gewinnen Verluste gegenüberstanden. Holz wurde knapp, Böden erodierten, Gruben leerten sich, Öl- und Gasquellen versiegten. Immer wieder kam es dazu, dass in bestimmten Regionen die Menschen wegen der durch sie verursachten Erschöpfung der Umwelt verarmten und mitunter sogar verhungerten.[4] Gemessen an den vorhandenen Möglichkeiten, hatten sie sich zu viel materiellen Wohlstand, zu viel Wachstum geleistet. Leisten auch wir uns – die Völker der frühindustrialisierten Länder und, trotz aller noch bestehenden Armut, große Teile der Menschheit – heute zu viel materiellen Wohlstand, zu viel Wachstum, gemessen an dem, was die Erde und was wir selbst, die Gattung Mensch, zu ertragen vermögen?

Die Meinungen hierzu prallen hart aufeinander. Schäden, Verluste? Was für Schäden? Was für Verluste? Das ist doch alles Panikmache! Von Menschen verursachte Klimaerwärmung, ansteigende Meeresspiegel, schmelzende Polkappen, Ozonlöcher, Wüsten; aber auch Überbevölkerung, Zivilisationskrankheiten und anderes mehr – das alles wiege doch gering im Vergleich zu den Segnungen, die die wirtschaftliche Entwicklung bisher gebracht habe und weiter bringen werde. Früher seien die Menschen an Hunger gestorben oder in jungen Jahren von Seuchen und Krankheiten dahingerafft worden. Heute seien die meisten satt und erfreuten sich eines langen Lebens. Was mache es da schon, wenn die Luft ein wenig rußig sei? Gehe es um das Wohl des Menschen, müssten Kröten und Reiher, Wale und Korallen zurückstehen.

Das Lager der so Denkenden ist immer noch groß, selbst wenn es deutlich kleiner geworden ist. Vorbei sind die Zeiten, in denen der steigende Kohlendioxidgehalt der Luft als idealer Dünger für Wald und Flur[5] oder der Anstieg der globalen Durchschnittstemperaturen als wirkungsvoller Beitrag zur Energieeinsparung gepriesen wurde.[6] Dennoch beharren die Exponenten dieses Lagers darauf, dass die Vorteile des bisherigen Wirtschaftens weitaus größer seien als seine möglichen Nachteile. Das Ergebnis ihrer Bilanzierung ist eindeutig: unter dem Strich ein Riesengewinn.

Das andere Extrem, zahlenmäßig kleiner, aber durchaus wortgewaltig, bilden jene, die lapidar erklären: Es ist vorbei. Die Menschheit, allen voran die Völker der frühindustrialisierten Länder, habe durch ihre Form des Wirtschaftens, des Produzierens und Konsumierens, Natur und Umwelt bereits so schwer geschädigt, dass deren Gesundung in überschaubaren Zeiträumen ausgeschlossen sei. Für sie gleicht die Menschheit einem Patienten, dem der Arzt eröffnet, er sei nicht mehr behandelbar und werde in wenigen Monaten sterben.[7] Und was für das Individuum Monate seien, das seien für die Menschheit allenfalls Jahrzehnte. Dann aber werde das große Sterben einsetzen.[8] Die Erde werde ihren lästigen Besatz drastisch reduzieren, die Natur ein neues Gleichgewicht herstellen. Am Ende des Jahrhunderts werde es nicht, wie von vielen Experten angenommen[9], neun Milliarden, sondern vielleicht noch eine Milliarde Menschen geben.[10]

Zwischen diesen Extremen steht die große Mehrheit – gestern dem einen und heute dem anderen zuneigend: hoffnungsfroh, zupackend, bemüht, gleichgültig, verwirrt, verängstigt, verzagt, verzweifelt. Das ganze Spektrum. Dabei haben sich Gruppen und Grüppchen gebildet, die einander schmähen und befehden, Geldgier und Hoffart vorwerfen. Ihre einzige Gemeinsamkeit: Sie sind alle gläubig – wissenschaftsgläubig. Allerdings hat jede Gruppe ihre eigene Wissenschaft samt Wissenschaftlern und Wissenschaftlerinnen. Für den unbefangenen, laienhaften Zeitgenossen ist das schwer begreiflich, unheimlich. Verhält er sich nun richtig und tut er Gutes für sich, andere und die Umwelt, wenn er die althergebrachte Glühbirne aus der Fassung schraubt und durch eine Energiesparlampe ersetzt? Vorbildlich, applaudieren die einen. Völliger Unsinn, räsonieren die anderen. Wie soll sich da der Bürger verhalten?

Zum ersten Mal in der Menschheitsgeschichte geht es um wirkliche Existenzfragen. Doch die Wissenschaft ist sich nicht einig und die Politik ratlos. Kann im Großen und Ganzen weitergemacht werden wie bisher, und wenn ja: wie lange noch? Sind erhebliche Anpassungsmaßnahmen an deutlich veränderte Lebensumstände erforderlich, und wenn ja: wie müssen diese aussehen? Ist die Menschheit nur noch durch eine radikale Trendumkehr zu retten? Oder soll sie das Leben genießen, solange es geht, da ohnehin nichts mehr zu retten ist? Über alle diese Positionen wird heute mit der gleichen Leidenschaft gestritten wie im Mittelalter über Himmel und Engel, Hölle und Teufel, Fegefeuer und arme Seelen.

Doch wie jene mittelalterlichen Disput durchaus ihren Sinn hatten, sind auch die derzeitigen keineswegs sinnlos. Aus den damaligen Disputen schälte sich ganz allmählich das moderne, aufgeklärte Wissenschaftsverständnis heraus, ohne das es auch heute noch auf viele Fragen keine zuverlässigen Antworten gäbe. Aus den derzeitigen Disputen erwächst hingegen die Erkenntnis, dass der Mensch nicht nur eine Fülle von Entwicklungen in Gang gesetzt hat, die sein Leben bereichern, sondern auch solche, die ihm schaden, ihn gefährden und ihn sogar auslöschen können. Mit dieser Erkenntnis muss er leben. Er kann sie verdrängen, aber nicht ungeschehen machen. Verdrängt er sie nicht, zwingt sie ihn, über alternative Optionen zur gewohnten Lebensweise nachzudenken. Dann kann er nicht weitermachen wie bisher oder sich mit einigen Anpassungen an veränderte Lebensumstände begnügen.

Plan A, nach dem die Völker der frühindustrialisierten Länder seit Beginn der Industrialisierung vorgegangen sind, zeigt zunehmend Schwächen. Seine tragenden Elemente sind: Fortschritt, Wachstum, Wohlstandsmehrung. Auf dieser Grundlage hat er lange Zeit gut funktioniert. Doch diese Zeit neigt sich ihrem Ende entgegen. Deshalb muss jetzt ein Plan B erarbeitet werden: Wie können, werden und wollen die Völker der frühindustrialisierten Länder und die übrige Menschheit leben, wenn die tragenden Elemente von Plan A versagen oder auch ganz entfallen? Wie lebt es sich mit geringem oder keinem wirtschaftlichen Wachstum, wie mit wirtschaftlicher Schrumpfung? Wie mit geringer oder keiner materiellen Wohlstandsmehrung, wie mit materiellen Einbußen? Zunächst jedoch: Wie dringlich ist ein solcher Plan B? Bilanzen mögen das erhellen.

Luft

Auch das haben die Flüge ins All den Menschen sichtbar gemacht: Die Luftschicht, die die Erde umhüllt, die sie schützt und Voraussetzung allen Lebens ist, ist hauchdünn. Bezogen auf einen Globus mit einem Durchmesser von einem Meter ist die Troposphäre – die erdnächsten zwölf Kilometer der Luft – nur einen Millimeter dick. Hier findet alles Leben statt, wobei sich das pralle Leben auf den untersten Bereich beschränkt. Oberhalb von 5000 Metern macht es sich rar. Dort wird die Luft dünn.

Aber was ist das überhaupt: Luft? In ihren unteren Schichten sind das knapp vier Fünftel Stickstoff, reichlich ein Fünftel Sauerstoff, eine Prise Argon, eine winzige Menge Kohlendioxid – nicht mehr als 0,03 Prozent – und Spuren von atmosphärischen Gasen wie Wasserstoff, Methan und etlichen anderen. Das ist die Luft, an die sich Flora und Fauna einschließlich des Menschen in ihrer langen Evolution gewöhnt haben. Diese Luft bekommt ihnen. Gäbe es für sie ein Reinheitsgebot – so wie es in Deutschland ein Reinheitsgebot für Bier gibt –, die Menschen würden darauf achten, dass ihr nichts anderes zugesetzt wird.

Denn Luft ist ihr wichtigstes Lebensmittel. Einige Minuten ohne sie, und alle Lebensfunktionen erlöschen. Allerdings hat das den Menschen nicht veranlasst, mit ihr besonders sorgsam umzugehen. Im Gegenteil. Was er mit jedem Atemzug in seine Bronchien und Lungen saugt, was sein Herz und seinen Kreislauf antreibt und was sich schließlich in seinem ganzen Körper wiederfindet, wurde von ihm mit Substanzen befrachtet, die er verniedlichend »luftfremd« nennt: Rauch, Ruß, Staub, Gase, Aerosole, Dämpfe und Geruchsstoffe. Vor allem aber hat er die Luft weit über das ursprüngliche Maß hinaus mit einem unsichtbaren, geschmacks- und geruchlosen Gas geschwängert: Kohlendioxid, CO_2.

Zwar ist der Mensch nicht der einzige Luftverschmutzer. Auch feuerspeiende Vulkane, Waldbrände und anderes mehr tragen ihren Teil dazu bei. Aber das meiste geht doch auf sein Konto, zumindest seit er industriell zu wirtschaften begann und die Bevölkerung explosionsartig zunahm. Seitdem sind die schlimmsten Quellen der Luftverschmutzung zum einen die Energieerzeugung, vornehmlich aus den fossilen Energieträgern Kohle, Öl und Gas; zum anderen industrielle Produktionsprozesse, nicht nur in der Industrie im engeren Sinne, sondern auch in der industriell betriebenen Landwirtschaft und selbst im Dienstleistungsbereich; und schließlich drittens der motorisierte Verkehr zu Lande, zu Luft und – keinesfalls zu vernachlässigen – zu Wasser.[11] Hinzu kommen Sondereinflüsse wie die Verwendung bestimmter Substanzen, die – obgleich mengenmäßig gering – außerordentlich folgenreich sein können. Die ozonzerstörende Wirkung des Treibgases Fluorchlorkohlenwasserstoff (FCKW) ist nur eines von zahlreichen Beispielen.

Diese verschmutzte Luft wirkt auf vieles ein: Böden und Gewässer werden übersäuert oder überdüngt, die Ozonschicht dünnt aus, Kunstwerke werden zerstört, das Klima verändert sich. Und der Mensch keucht und hustet, leidet unter luftbedingten Atemwegs- und Herz-Kreislauf-Erkrankungen oder Allergien. Manche sterben daran. Die Zahl der Opfer verschmutzter Luft wird weltweit jährlich auf zwei bis drei Millionen Menschen veranschlagt: etwa 650 000 in China, 530 000 in Indien, aber auch 41 000 in den USA.[12] Kleinkinder trifft es neben Schwangeren, Alten und Kranken am härtesten. Allein in Europa starben nach Angaben der Weltgesundheitsorganisation 2004 annähernd 20 000 unter Vierjährige an den Folgen der Luftverschmutzung.[13] Saubere, gesunde Luft ist weithin kostbar geworden. Besonders in den Megastädten gibt es sie kaum noch. In einem Land wie Deutschland können sich deshalb Gemeinden, deren Luft unterdurchschnittlich mit Schadstoffen belastet ist, mit dem Titel »heilklimatischer Luftkurort« schmücken und dafür von ihren Besuchern gutes Geld verlangen.

Die schwerwiegendste Veränderung der Luft, die dem Menschen zuzuschreiben ist, ist jedoch die Erhöhung ihres CO_2-Gehalts. Zunächst wurde diese Veränderung einfach ignoriert – bezeichnend für die abwehrende Haltung industriegeprägter Gesellschaften gegenüber allem, was ihr bisheriges Handeln in Frage stellen könnte. Als das nicht mehr ging, wurde bezweifelt, dass sie irgendwelche nachteiligen Folgen für die belebte oder unbelebte Natur haben könnte. Und als auch das nicht mehr möglich war, wurde die Ursächlichkeit des menschlichen Einflusses bestritten. Vereinzelt geschieht das auch heute noch. Aber diese Stimmen finden immer weniger Widerhall.

Nach Jahrzehnten intensiver Forschung besteht heute weitestgehender Konsens, dass der CO_2-Gehalt der Luft seit Beginn der Industrialisierung, spätestens aber seit Mitte des 19. Jahrhunderts, kontinuierlich zugenommen hat und hierfür der Mensch verantwortlich ist, im Wesentlichen durch den massenhaften Verbrauch fossiler Brennstoffe und das Abholzen von Wäldern. Weitestgehender Konsens besteht ferner darin, dass ein erhöhter CO_2-Gehalt zu einem Anstieg der oberflächennahen Temperaturen führt und dies eine Vielzahl von Problemen aufwirft, von denen nicht zuletzt auch der Mensch betroffen ist. Das zu erkennen hat lange, das anzuerkennen hat noch länger gedauert. Aber jetzt ist es so weit.

Über die Folgen dieser Entwicklung im Einzelnen wird noch gestritten, aber auch hier nimmt die Zahl der Übereinstimmungen zu. So ist man sich weitgehend einig darin, dass aufgrund der Erwärmung der Meeresspiegel ansteigt, weil sich das erwärmte Wasser ausdehnt und Festlandeis abschmilzt. Wie hoch und schnell der Meeresspiegel steigen wird, ist zur Zeit noch ungewiss. Aber mit 0,3 Zentimeter jährlich steigt er schon jetzt erheblich schneller als erwartet. Sehr wahrscheinlich ist zweitens die Zunahme von extremen Wetterereignissen wie Wirbelstürmen, Dürren, Überschwemmungen oder Waldbränden.[14] Drittens wächst die Gefahr von Wasser- und damit Nahrungsmittelknappheit. Und viertens werden Ökosysteme beschädigt sowie Tier- und Pflanzenarten ausgerottet, die sich dem Klimawandel nicht rasch genug anpassen können.

Vorschläge, wie dem begegnet werden könnte, gibt es reichlich. Doch namentlich die Völker der frühindustrialisierten Länder scheinen aufgrund ihrer generationenlangen Prägung außerstande zu sein, rasch und wirkungsvoll zu handeln. Und die Völker der aufstrebenden Länder sind hierzu nur bedingt bereit, weil sie zunächst ihren wirtschaftlichen Rückstand aufholen wollen. Das hat zur Folge, dass Fortschritte, die manche frühindustrialisierten Länder bei der Luftreinhaltung oder dem CO_2-Ausstoß erzielen, durch globale Entwicklungen unverzüglich wieder zunichte gemacht werden. Fast zeitgleich erklären das Bundesumweltamt, dass in Deutschland die Treibhausgasemissionen 2008 auf den tiefsten Stand seit 1990 gefallen seien[15], und der Weltklimarat, dass der globale CO_2-Ausstoß rasant zunehme und seine eigenen pessimistischsten Voraussagen noch übertroffen würden.[16] Ursächlich hierfür ist zum einen der »Nachholbedarf«, den aufstrebende Volkswirtschaften geltend machen, und zum anderen – wie im Falle der USA – Gleichgültigkeit, Bequemlichkeit und Egozentrik. Die USA sind nach China der größte Klimasünder, obwohl ihre Bevölkerung noch nicht einmal ein Viertel der chinesischen Bevölkerung ausmacht. Und Besserung scheint nicht in Sicht.

Die Kosten, die die Veränderung der Luft verursachen – Verschmutzung und CO_2-Befrachtung –, sind gigantisch. An der Spitze steht menschliches Leid: Tote, Kranke, Hungernde, Klimaflüchtlinge.[17] Allein die Zahl Letzterer wird bis 2050 auf bis zu 200 Millionen Menschen geschätzt.[18] Aber auch die monetär-ökonomischen Kosten sind schwindelerregend. Sie reichen von Atemmasken über Arztrechnungen, Restauratorenhonorare, Luftfilter, Katalysatoren bis hin zu Bewässerungsanlagen, Deichbauten und vielem anderen mehr. Dabei ist das nur der eine Teil der Kosten: Schadensminderung und Reparatur. Der andere Teil sind Kosten für vorbeugende Maßnahmen, für die Verhinderung von Schäden. Die EU-Kommission beziffert diese Kosten allein bis 2020 auf weltweit jährlich rund 175 Milliarden Euro. Von ihnen entfallen etwa 100 Milliarden Euro auf die unterentwickelten Länder. Da diese solche Lasten nicht allein schultern können, müssten die Europäer sie mit jährlich dreißig Milliarden Euro für Zwecke des Klimaschutzes unterstützen.[19] Alles in allem könnten die Folgen des Klimawandels künftig bis zu einem Fünftel des globalen BIP »auffressen«[20], wobei auch in Deutschland hohe Milliardenbeträge fällig werden.

Das sind einige der bislang unbeglichenen Rechnungen, die jetzt für das wirtschaftliche Wachstum und die materielle Wohlstandsmehrung der vergangenen 150, besonders aber der zurückliegenden sechzig Jahre präsentiert werden. Um auch künftig atembare Luft zu haben und nicht von Klimaschocks geschüttelt zu werden, wird die Menschheit beträchtliche Opfer bringen müssen. Wohlstand, das wird in Zukunft in erheblichem Maße heißen: Bestehendes erhalten und frühere Zustände wiederherstellen. Der Menschheit könnte es ein wenig wie dem Manne gehen, der in der ersten Hälfte seines Lebens seine Gesundheit ruiniert, um das Geld zu verdienen, das er braucht, um in der zweiten Hälfte ebendiese Gesundheit wiederherzustellen. Das Tragische daran: Viele Völker der Erde hatten noch gar nicht die Gelegenheit, das Geld zu verdienen, das sie zur Wiederherstellung ihrer Gesundheit benötigen. Aber sie haben schon mal ihre Gesundheit ruiniert. Denn niemand leidet unter den Folgen des bisherigen Wirtschaftens so sehr wie die Armen dieser Welt.

Wasser

Wasser lässt den Planeten Erde blau im All erstrahlen. Wasser bedeckt fast 71 Prozent seiner Oberfläche. Mit 1,4 Milliarden Kubikkilometern, der Kubikkilometer zu einer Billion Liter, erscheinen seine Wassermassen unerschöpflich. Die Erde – der blaue, der Wasserplanet.

Doch so unerschöpflich seine Wassermassen erscheinen mögen, das meiste ist versalzen und daher für die menschliche Nutzung nur bedingt geeignet. Lediglich 2,5 Prozent der globalen Wassermenge sind Süßwasser, und auch davon kann der Mensch nur einen kleinen Teil gebrauchen. Denn knapp siebzig Prozent des Süßwassers sind als Eis und Schnee an den Polkappen gebunden und weitere dreißig Prozent sind Grundwasser, von denen zwei Drittel vom Menschen nicht oder nur unter hohen Kosten erschlossen werden können. Bleibt das Wasser in Binnenseen und Flüssen. Dort befinden sich allerdings nur etwa 0,26 Prozent des Süßwassers. Das macht das Wasserangebot für den Menschen überschaubar: alles in allem kaum mehr als 0,25 Prozent der globalen Wassermenge, ein Teil davon brackig[21] und deshalb für den Menschen ebenfalls nur bedingt geeignet. 0,25 Prozent – das ist ein Glas aus einem Hundertliterfass.

Dabei braucht der Mensch Wasser, viel Wasser. Nach der Luft ist es sein zweitwichtigstes Lebensmittel. Wasser ist Leben. Davon künden alle großen Mythen und Religionen der Menschheit.[22] Ohne Wasser würde der Mensch nicht nur verdursten, er würde auch verhungern, weil vom Wasser auch Flora und Fauna abhängen. Darüber hinaus braucht er es, um sich zu waschen, für seine Körperpflege und Hygiene. Und er braucht es – jeden Tag mehr – für seine industriellen Aktivitäten. In Europa beanspruchen sie bereits die Hälfte der bereitgestellten Wassermenge.[23] Weltweit ist die Landwirtschaft mit einem Anteil von siebzig Prozent der größte Nutzer, gefolgt von der Industrie mit zwanzig und den privaten Haushalten mit zehn Prozent.

Im Blick auf die Abhängigkeit des Menschen vom Wasser und dessen begrenzte Verfügbarkeit läge es nahe, dass er sehr sorgsam mit ihm umgeht. Das aber liegt ihm genauso fern wie ein sorgsamer Umgang mit Luft. Dass beides knappe Güter sind, haben erst jene begriffen, die bereits unter dem Mangel an atembarer Luft oder trinkbarem Wasser leiden. Die vielen anderen müssen das noch lernen. Zwar gibt es in neuerer Zeit verstärkt Anstrengungen, vorhandene Knappheiten zu überwinden und künftigen vorzubeugen. Diese haben jedoch nicht verhindert, dass sich die globale Versorgungslage seit Jahrzehnten verschlechtert und absehbar weiter verschlechtern wird.

Ein wichtiger Grund hierfür ist die rasante Zunahme der Weltbevölkerung. Deren Vervierfachung im Laufe des 20. Jahrhunderts von 1,6 auf 6,3 Milliarden und deren weiterer Anstieg um voraussichtlich drei Milliarden in der ersten Hälfte dieses Jahrhunderts hinterlassen unvermeidlich Spuren im Wasserhaushalt der Erde. Mehr Menschen verbrauchen mehr Wasser. Anders können sie nicht überleben.

Allerdings steigt der Wasserverbrauch seit langem deutlich schneller als die Zahl der Menschen. Vervierfachte sich diese im 20. Jahrhundert, stieg der Wasserverbrauch auf das Zehnfache.[24] Pro Kopf der Bevölkerung wurde also am Ende des 20. Jahrhunderts zweieinhalbmal so viel Wasser verbraucht wie zu dessen Beginn. Und die Schere zwischen Bevölkerungsentwicklung und Wasserverbrauch öffnet sich weiter. Die Ansprüche der Menschen an das knappe Gut Wasser nehmen beschleunigt zu.

Ursächlich hierfür ist ihr steigender materieller Lebensstandard, der mit steigendem Wasserverbrauch einhergeht. Steigender Wasserverbrauch ist – ähnlich wie steigender Energieverbrauch – geradezu ein Indikator materieller Wohlstandsmehrung. Die zu Wohlstand gelangten Menschen genießen es, wenn die Wasser rauschen. Sie betreiben mehr Körperpflege, füllen ihre Schwimmbäder und lassen Springbrunnen plätschern. Vor allem aber ernähren und kleiden sie sich namentlich in den frühindustrialisierten Ländern in einer äußerst wasserkonsumierenden Weise. Jedes Kilo Fleisch, das verzehrt wird, vervielfacht den Wasserverbrauch gegenüber pflanzlicher Nahrung.[25] Und mit jedem Baumwollhemdchen, das achtlos aussortiert wird, weil es nicht mehr der neuesten Mode entspricht, ist tief in den natürlichen Wasserhaushalt eingegriffen worden.[26] Selbst Länder wie

Deutschland, die im internationalen Vergleich als mäßige Wasserverbraucher gelten könnten, werden so zu Großverbrauchern.[27] Durch die Art der Güter, die sie einführen, werden sie faktisch zu Wasserimporteuren.[28]

Beides, die Explosion der Weltbevölkerung in Verbindung mit dem Streben nach einem höheren materiellen Lebensstandard, zwingt dazu, vermehrt auch in solchen Regionen Landwirtschaft zu betreiben, die aufgrund ihrer geringen Niederschlagsmengen dafür an sich nicht geeignet sind. Erträge werden hier nur bei künstlicher Bewässerung erzielt. Mittlerweile stammen vierzig Prozent der landwirtschaftlichen Produktion aus derartigen Gebieten. Ihre Fläche hat sich allein zwischen 1960 und 2000 verdoppelt und dürfte wohl auch in den kommenden Jahren weiter wachsen. Die Vereinten Nationen gehen davon aus, dass der Wasserbedarf der Landwirtschaft bis 2025 um ein weiteres Fünftel steigen wird.

Eine rapide wachsende Zahl von Menschen will aber nicht nur mehr und besser essen, sie will auch auskömmlicher mit industriellen Produkten versorgt werden. Für die Industrie wird deshalb von einem bis 2025 um fünfzig Prozent steigenden Wasserbedarf ausgegangen; bei den privaten Haushalten soll der Mehrbedarf sogar bei achtzig Prozent liegen.[29] Dabei ist bereits unterstellt, dass die derzeitigen Wasserverluste in der Landwirtschaft, der Industrie und den privaten Haushalten drastisch gesenkt werden können. Sollte das nicht gelingen, würde noch deutlich mehr Wasser benötigt. Was nicht heißt, dass es auch beschaffbar ist.

Zweifel hieran sind nicht grundlos. Die Zahl der Länder nimmt zu, in denen Wasser nicht nur ein knappes Gut ist, sondern Mangelware. Bereits jetzt leiden zwei Milliarden Menschen unter chronischer Wasserknappheit, davon die Hälfte unter akutem Wassermangel.[30] Binnen 15 Jahren dürften sich diese Zahlen nach derzeitigem Erkenntnisstand mehr als verdoppeln. Zwei Drittel der Menschheit werden dann voraussichtlich mit Wasserproblemen zu kämpfen haben, davon 1,8 Milliarden Menschen mit akutem Wassermangel. Zu ihnen werden auch Europäer zählen.[31] Denn große Teile Spaniens und Italiens werden seit geraumer Zeit immer trockener und das Leben dort wird zunehmend schwierig.[32]

Weltweit kann schon heute etwa 70 großen Flüssen kein weiteres Wasser entnommen werden. Ihre Kapazitäten sind erschöpft. Einige von ihnen erreichen noch nicht einmal mehr das Meer.[33] Hierzu trägt auch der Anstieg der globalen Durchschnittstemperaturen bei, durch den zusätzlich Wasser verdunstet. Dies sind auch die Gründe, warum einst wasserreiche Binnenseen austrocknen. Die schockierendsten Beispiele sind der asiatische Aral-See, der noch in den sechziger Jahren des 20. Jahrhunderts eine Fläche von 68 000 Quadratkilometern bedeckte, seitdem aber neunzig Prozent seiner Wassermenge verloren hat, und der afrikanische Tschad-See, der ebenfalls seit den sechziger Jahren auf fast ein Zehntel seiner einstigen Ausdehnung zusammengeschrumpft ist. Bedeckte er damals selbst während der Trockenzeit eine Fläche von 10 000 Quadratkilometern, so sind es heute nur noch etwa 1300.[34] Wo einst lebenspendendes Wasser war, breitet sich nunmehr Wüste aus. Der Mensch hat ganze Arbeit geleistet.

Darum greift er verstärkt auf Grundwasser zurück. Aber auch das ist nur in Maßen möglich. Denn wo dies intensiv geschieht, sinkt der Grundwasserspiegel nicht selten dramatisch ab, wie in der Türkei, wo er innerhalb weniger Jahrzehnte um 14 Meter, oder in Spanien, wo er bis zu dreißig Meter gefallen ist.[35] Dies ist besonders folgenreich für die Versorgung vieler Groß- und Megastädte, die von Grundwasser abhängen. Der dortige Wasserverbrauch übersteigt die Regenerationsfähigkeit der natürlichen Reservoirs bei weitem. Das trifft nicht nur auf Städte wie Mexiko-City oder Ankara zu, sondern auch auf eine Reihe europäischer Städte, unter ihnen Barcelona oder Madrid. Kostspielige Wasserimporte und Wasserrationierung sind hier zumindest in der warmen Jahreszeit mittlerweile die Regel. Laut einem Bericht der EU-Kommission aus dem Jahre 2007 ist mehr als ein Fünftel der Bevölkerung Europas schon jetzt von Wasserknappheit betroffen.[36]

Die Lage wird verschärft durch die von Menschen verursachte Verschmutzung eines großen Teils der Süßwasservorkommen.

Die beachtlichen Verbesserungen, die in dieser Hinsicht in neuerer Zeit erzielt wurden, beschränken sich fast ausschließlich auf die frühindustrialisierten Länder. Deren Flüsse, Seen und Meeresufer weisen nicht zuletzt aufgrund der Verlagerung besonders belastender Aktivitäten in Entwicklungsländer heute eine ungleich bessere Wasserqualität auf als noch vor zwanzig oder dreißig Jahren. Umso besorgniserregender ist der Gewässerzustand in großen Teilen der übrigen Welt, vor allem in den sich industrialisierenden Ländern. Weltweit gilt die Hälfte aller Flüsse und Seen als stark verschmutzt, wobei die Quellen der Verschmutzung ungereinigte Abwässer, Fäkalien sowie chemische Substanzen sind, unter ihnen Schädlingsbekämpfungs- und künstliche Düngemittel.[37]

Diese finden sich dann auch in den Meeren wieder, wo sie zusammen mit Schadstoffen aus der Schifffahrt die Wasserqualität zum Teil empfindlich beeinträchtigen. Stellenweise ist bereits jedes höhere Leben abgestorben, und die Zahl solcher sogenannten Todeszonen nimmt zu. Gegenwärtig wird ihre Fläche auf insgesamt 245 000 Quadratkilometer geschätzt,[38] was zwar noch nicht einmal ein Promille der globalen Wasserfläche ist, aber dennoch als Alarmzeichen gewertet werden muss. Das umso mehr, als selbst vergleichsweise wohlhabende Länder wie die Ostseeanrainer sich bisher als unfähig erwiesen haben, das Übel vor ihren eigenen Küsten zu beheben. Ein Sechstel der Ostsee ist biologisch schwer geschädigt oder tot. Ihr Phosphatgehalt ist heute achtmal und ihr Stickstoffgehalt viermal so hoch wie vor hundert Jahren.[39] Das macht sie in größeren Tiefen zur Kloake.

Hinzu kommt der Müll, der täglich in großen Mengen in die Weltmeere gekippt wird. Das meiste ist Plastik. Nach einer Studie der Vereinten Nationen treiben heute bis zu 46 000 Plastikteile in jedem Quadratkilometer. Stellenweise bilden sie ganze Teppiche, den größten im Nordost-Pazifik. Zu Beginn dieses Jahrzehnts hatte dieser die Ausdehnung Bayerns, mittlerweile ist er so groß wie Mitteleuropa.[40] Nach Schätzungen der Weltnaturschutzunion (IUCN) verenden an diesem Müll jährlich eine Million Seevögel, hunderttausend Meeressäuger und eine nicht zu beziffernde Zahl von Fischen.

Der Mensch hat das Wasser krank gemacht. Jetzt macht es ihn krank. Verschmutztes Wasser gehört heute weltweit zu den Hauptursachen für Krankheiten und frühzeitigen Tod. Allein 1,8 Millionen Kinder fallen jährlich verschmutztem Wasser zum Opfer.[41] Sauberes Wasser für alle ist deshalb eines der wichtigsten Ziele der Vereinten Nationen und vieler Staaten. Doch Wunsch und Wirklichkeit klaffen auseinander. Zu tief und zu lange hat der Mensch in den natürlichen Wasserhaushalt eingegriffen, als dass er die Schäden in kurzer Zeit beheben könnte. Auch hier heißt es, Rechnungen für gehabte Annehmlichkeiten und sinnlosen Raubbau zu begleichen. Das ist teuer. Wassermangel und Wasserverschmutzung werden die Menschheit deshalb noch lange begleiten.[42]

Land

Auf den 150 Millionen Quadratkilometern, die sich die Erdoberfläche über den Meeresspiegel erhebt, gibt es keinen Quadratmeter mehr, den nicht ein menschliches Auge geschaut und kaum noch einen Flecken, den nicht ein menschlicher Fuß betreten hätte. Vor 500 und selbst vor hundert Jahren war das noch gänzlich anders. Noch gegen Ende des 15. Jahrhunderts war für die Völker der östlichen Hemisphäre, Eurasien und Afrika, die ganze westliche Hemisphäre und für die Völker der westlichen Hemisphäre, die beiden Amerikas, die ganze östliche Hemisphäre schlechterdings nicht existent. Sie lebten, fühlten und dachten gewissermaßen in einer halben Welt, so dass Kolumbus 1506 in dem Glauben sterben konnte, nicht einen neuen Kontinent, sondern lediglich Inseln vor der Ostküste seines Heimatkontinents Eurasien und einen neuen Seeweg nach Indien entdeckt zu haben.

Die Weltkarten jener Zeit verschwammen an ihren Rändern im Nebel- und Traumhaften, und bis hinein in das 20. Jahrhundert gab es auf ihnen weiße Stellen – an den Polen, in Hochgebirgsregionen, in den großen Regenwäldern und Wüsten. Sie sind alle verschwunden, und auch das zeigt das Stichflammenhafte der jüngsten Menschheitsentwicklung. Der weithin unbekannte, rätselhafte Planet von gestern liegt heute ausgeforscht und nackt vor jedermann. Das Internet macht's möglich.

Wenn die Menschheit einer biblischen Weisung nachgekommen ist, dann dieser: Macht euch die Erde untertan. Dabei hat sie im Laufe der Zeit festgestellt, dass reichlich ein Drittel der Landfläche ihren Lebensbedürfnissen nicht entspricht: die Antarktis, nordische Kaltzonen, Wüsten und Hochgebirge. Von den verbleibenden 95 Millionen Quadratkilometern hat sie bis jetzt reichlich die Hälfte, schätzungsweise 50 Millionen Quadratkilometer, unmittelbar in Beschlag genommen, das entspricht 140-mal der Fläche Deutschlands.[43] Auf ungefähr einem Zehntel dieser Fläche hat sie ihre Städte, Dörfer und Gehöfte sowie Straßen, Eisenbahnen, Flugplätze und Hafenanlagen errichtet. Auf den übrigen neun Zehnteln ackert, sät und erntet sie, lässt sie ihr Vieh weiden und bewirtschaftet sie ihre Wälder.

Damit sind die für den Menschen geeignetsten Gebiete erschöpft. Die weiteren rund 45 Millionen Quadratkilometer, die derzeit von ihm extensiv genutzt werden, könnten zwar ebenfalls einer intensiveren Nutzung zugeführt werden. Doch sinnvoll wäre das nicht. Denn mit jedem zusätzlichen Quadratkilometer, den der Mensch erschließt, dringt er entweder in zunehmend unwirtliche und nicht selten lebensfeindliche Regionen vor, oder er zeitigt mit seinem Vordringen ökologisch verheerende, zumindest aber höchst unerwünschte Ergebnisse. Die zurückliegenden Jahrzehnte haben dies hinlänglich gezeigt.

In dieser Zeit wurden jährlich etwa 50 000 Quadratkilometer – vornehmlich durch die Rodung von Wäldern – von extensiver in intensive Nutzung überführt. Gebracht hat das jedoch wenig. Denn zugleich ging aufgrund menschlicher Einwirkungen von den bisherigen Nutzgebieten eine fast gleich große Fläche durch Erosion, Versalzung, Austrocknung oder Versandung verloren. In den vergangenen zwanzig Jahren waren dies rund eine Million Quadratkilometer, was der Gesamtfläche Deutschlands, Österreichs, der Schweiz, Frankreichs und der Beneluxländer entspricht.[44] Bei der Ausweitung intensiv genutzter Flächen, sei es für Landbau, Viehwirtschaft oder Siedlungen, macht die

Menschheit praktisch keine Fortschritte mehr. Was sie an der einen Stelle gewinnt, verliert sie an einer anderen. Die Gründe für die Verluste sind in der Regel: eine zu intensive Bodennutzung, Überweidung und das übermäßige Zurückdrängen von Wäldern, insbesondere von tropischen Regenwäldern.

Um Acker- und Weideland zu gewinnen und Holzbedarf zu decken, werden täglich etwa 400 Quadratkilometer Wald abgeholzt, ohne wieder aufgeforstet zu werden. Zwar stehen dem beachtliche Wiederaufforstungen namentlich in Europa und Asien gegenüber. Sie reichen jedoch nicht annähernd aus, um den weltweiten Waldschwund zu stoppen oder auch nur nennenswert zu verlangsamen. Seit langem verkleinert sich die bewaldete Fläche der Erde jährlich um schätzungsweise 73 000 Quadratkilometer, was in fünf Jahren reichlich der Fläche Deutschlands entspricht.[45] Die Folgen sind klimatische Veränderungen, die Zerstörung von Ökosystemen und eine abnehmende biologische Vielfalt. Und alle Schwüre von Staaten sowie staatlichen und nichtstaatlichen Organisationen, dieser Entwicklung Einhalt zu gebieten, haben bisher wenig gefruchtet. Dass die gesteckten Ziele erreicht werden, wird nicht zuletzt von der Europäischen Kommission als »sehr unwahrscheinlich« angesehen.[46] Ursächlich hierfür ist aus der Sicht von Umweltorganisationen »Mangel an politischem Willen«.[47] So geht der Raubbau an natürlichen Ressourcen fast ungebremst weiter.

Leidtragende hiervon sind nicht nur Pflanzen und Tiere. Durch seine Art des Wirtschaftens verschlechtert der Mensch auch seine eigenen Lebensbedingungen. Sollte sich erhärten, was Wissenschaftler[48] meinen erkannt zu haben, dann haben die in neuerer Zeit praktizierten Formen von Ackerbau und Viehzucht dazu geführt, dass zwei Drittel der weltweit landwirtschaftlich genutzten Fläche heute eine deutlich geringere Bodenqualität haben als vor fünfzig Jahren. Vierzig Prozent aktuell oder potentiell nutzbarer Flächen sollen sogar schwer geschädigt sein. Ihre Defizite, abgesehen von zunehmender Versalzung: Nährstoffmangel, übermäßige Bodenverdichtung, chemische Verschmutzung und Verlust an organischem Material. Nicht selten trifft mehreres zusammen.

Eine weitere Ausdehnung landwirtschaftlich nutzbarer Flächen ist aus der Sicht dieser Wissenschaftler nicht mehr möglich. Schon heute verbrauche die Menschheit annähernd ein Drittel mehr an biologischen Ressourcen, als die Erde unbeschadet verkraften könne.[49] Damit untergrabe sie ihre Wirtschafts- und Existenzgrundlage. Bereits 2025 seien weite Gebiete Afrikas, aber auch Chinas landwirtschaftlich nicht mehr nutzbar. Ihr düsteres Fazit: Es gibt nicht genügend Nahrung für alle. Das gelte schon jetzt – und erst recht, wenn die Zahl der Esser weiter wachse. Die anhaltende Überbeanspruchung biologischer Ressourcen werde eher früher als später zu einem globalen Kollaps führen. Ist das die moderne Fassung einer alten Schreckensvision, der Vision eines Thomas Robert Malthus?[50]

Für eine solche Vision, so die Meinung zahlreicher anderer Experten, gebe es keinen Grund. Auch eine auf neun oder zehn Milliarden Menschen angewachsene Weltbevölkerung könne auskömmlich ernährt werden.[51] Allerdings geben auch sie zu bedenken, dass Voraussetzung hierfür tiefgreifend veränderte Produktionsweisen, vor allem in den Entwicklungsländern, und nicht minder tiefgreifend veränderte Essgewohnheiten, vor allem in den frühindustrialisierten Ländern, seien. Weiter aus wohlgefüllten Fleischtöpfen zu schöpfen, wie das die Völker frühindustrialisierter Länder seit einigen Generationen gewohnt sind, ist auch aus ihrer Sicht künftig nicht mehr möglich. Die Stimmen, die einst voller Überschwang verkündeten, die Menschheit werde eines Tages so leben und insbesondere auch so essen und trinken können wie heute Nordamerikaner und Westeuropäer, sind weitgehend verstummt.

Dass die Ernährung der Menschheit künftig noch größere Probleme als bisher aufwerfen wird, ist mittlerweile Konsens. Wie bei Luft und Wasser hat sich die Menschheit offenbar auch beim Land, beim Boden, der sie trägt und nährt, Grenzen genähert, die sie möglicherweise noch ein wenig verschieben, nicht aber aufheben kann. Nicht wenige meinen, sie habe diese Grenzen längst erreicht, und manche, sie habe sie bereits überschritten.

Nahrungsmittel

Blühende Gärten, wogende Felder, gesundes Vieh auf saftigen Weiden, kristallklares Wasser aus sprudelnden Quellen, gepflegte Siedlungen und schmucke Häuser, vor allem aber wohlgenährte, glückliche Menschen – das sind die Versatzstücke jenes lieblichen Arkadien, von dem die Menschheit lange geträumt hat. Und hier und da wurde der Traum für kurze Momente sogar Wirklichkeit. Doch insgesamt verlor er seine Konturen und wurde immer blasser. Die Menschheit beginnt aufzuwachen, und was sie sieht, hat wenig Ähnlichkeit mit dem Geträumten.

Was sie sieht, ist eine Erde, die von den Schlägen des Menschen schwer gezeichnet ist. Weit davon entfernt, ein Arkadien entstehen zu lassen, hat er die Voraussetzungen seiner Existenz – Luft, Wasser und Land – erheblich beschädigt. Zwar hat er enorm viel geschaffen und enorm viel erreicht. Aber er hat auch einen enorm hohen Preis dafür gezahlt, oder richtiger: Langsam wird ihm deutlich, dass er einen enorm hohen Preis für seine Errungenschaften wird zahlen müssen. Er erkennt, dass er an dem Ast sägt, auf dem er sitzt. Aber noch ist er unfähig, seiner Einsicht gemäß zu handeln. Er beschränkt sich darauf, seinen Mitmenschen zuzurufen, doch das Sägen einzustellen, derweil er selber weiter sägt.

Luft, Wasser, Land. Sie braucht der Mensch nicht nur, um zu atmen, seinen Durst zu stillen und Boden unter den Füßen zu haben. Er braucht sie auch, um sich zu nähren, sein täglich Brot zu haben. Verlass ist hierauf jedoch nicht. Wie alle höheren Lebewesen leiden Menschen immer wieder Hunger. Hunger ist ihr ständiger Begleiter. Er ist allgegenwärtig. Große Regionen hat er entvölkert, Seuchen Vorschub geleistet, endlose Wanderungsbewegungen ausgelöst, Kriege und Bürgerkriege angeheizt – und die menschliche Findigkeit angespornt. Nicht zu hungern, das kam bis in die jüngste Vergangenheit kaum vor. Selbst in den entwickeltsten Gesellschaften hungerten noch im 20. Jahrhundert beträchtliche Bevölkerungsteile. In Deutschland beispielsweise war der tägliche Kalorienbedarf der Bevölkerung – keineswegs nur eine Folge des Kriegs – erst um 1950 gedeckt.[52]

Dass sich heute ein großer Teil der Menschheit nicht nur satt essen, sondern sich darüber hinaus darauf verlassen kann, auch morgen und übermorgen ausreichend versorgt zu sein, ist ein Zustand, den es menschheitsgeschichtlich so noch nie gegeben hat. Gerade deshalb drängt sich jedoch die Frage auf, ob dies nun der Anbruch eines neuen Zeitalters ist oder nur eine flüchtige Episode, von der es einmal heißen könnte: Es war einmal eine Zeit, da konnten sich viele Menschen nicht nur satt essen, sondern wenn sie sich satt gegessen hatten, waren noch so viele Essensreste übrig, dass die Abfallbeseitigung kaum nachkam, sie in Gärsubstrat für Biogasanlagen umzuwandeln.

Anbruch eines neuen Zeitalters oder flüchtige Episode? Niemand kann diese Frage heute verlässlich beantworten. Fest steht hingegen, dass für reichlich eine Milliarde Menschen, das ist fast jeder siebente Erdenbürger, ein möglicherweise neues Zeitalter noch nicht einmal in Sicht, geschweige denn angebrochen ist. Diese Menschen hungern zu Beginn des 21. Jahrhunderts genauso wie die Menschen in den schlimmsten Zeiten gehungert haben. Und Zehntausende sterben an den Folgen dieses Hungers, unter ihnen viele tausend Kinder – täglich.[53] Das hehre Ziel, ihre Zahl bis 2015 im Vergleich zu 1990 zu halbieren, rückt in immer weitere Ferne.[54]

Die Weltöffentlichkeit scheint sich hieran gewöhnt zu haben. Jedenfalls nimmt sie am Schicksal der vielen Hungertoten ungleich geringeren Anteil als am Schicksal der wenigen beklagenswerten Opfer von Vogel- oder Schweinegrippe. Da wird in den Medien über jeden Fall ausführlich berichtet. Was zählen demgegenüber Zehntausende von Verhungerten? Das ist Alltag, Normalität. Vielleicht beruhigt die Weltöffentlichkeit der Gedanke, dass mit jedem siebenten Erdenbürger der Anteil Hungernder an der Weltbevölkerung so niedrig ist wie nie zuvor. Noch vor einigen Generationen hungerte die Mehrheit der Menschen. Doch da die Weltbevölkerung in der Folge zahlenmäßig explodierte, ist die Zahl Hungernder heute viel höher als vor fünfzig oder hundert Jahren. Und weil Hunger konkret ist, hilft es den Massen heute Hungernder wenig, wenn sie zu hören bekommen, dass es – aus der Warte der Statistik – der Menschheit als Ganzes derzeit unbestreitbar besser geht als in der Vergangenheit.

Zu den Hungernden gesellen sich weitere rund zwei Milliarden unfreiwillig Mangelernährter.[55] Diese nehmen zwar genügend Kalorien zu sich, doch ist ihre Ernährung so einseitig, dass sie ernste gesundheitliche Probleme haben. Ihnen fehlt es an ausreichenden Proteinen wie Fisch, Fleisch und genügend Vitaminen und Mineralien. Das aber heißt: Reichlich zwei Fünftel der Menschheit hat heute keine hinlängliche Ernährungsgrundlage.

Reichlich ein Viertel isst demgegenüber zu viel – die deutlich Übergewichtigen und Fettleibigen.[56] Ihre Zahl ist seit Mitte des 20. Jahrhunderts sprunghaft gestiegen, und sie steigt weiter. Ein Teil der Menschheit schwelgt in Nahrungsüberfluss und verzehrt weit mehr, als ihm zuträglich ist. Und was er nicht verzehrt, wandert in großen Mengen in Abfallkübel. Untersuchungen zeigen, dass beispielsweise Briten ein Drittel ihrer Esswaren[57] und Österreicher ein Zehntel ihrer verpackten Lebensmittel unangebrochen wegwerfen.[58] Andere, namentlich frühindustrialisierte Länder dürften ähnliche Kennziffern aufweisen. Für die privaten Haushalte resultieren hieraus Schadenssummen von mehreren hundert Euro jährlich, für die Volkswirtschaften hohe Milliardenbeträge. Trotzdem finden sie nichts dabei, von ihrem »täglich Brot« jeden fünften Laib zu »entsorgen«.[59]

Das ist das bisherige Ergebnis des langen, zähen Ringens um das Menschenrecht auf Nahrung: Nur knapp ein Drittel der Weltbevölkerung ist im Großen und Ganzen auskömmlich, die anderen reichlich zwei Drittel sind krass unter- beziehungsweise überversorgt. Dieses Ergebnis ist zwar nicht strahlend, aber es ließe hoffen – vorausgesetzt, einige positive Trends der Vergangenheit könnten in die Zukunft fortgeschrieben werden. Das aber ist recht unwahrscheinlich, zumindest jedoch ungewiss.

In den zurückliegenden Jahrzehnten konnte die landwirtschaftliche Nutzfläche – wenn auch zunehmend mühsam – alles in allem vergrößert werden. Das ist nunmehr kaum noch möglich. Eine wachsende Menschheit muss von derselben Fläche ernährt werden. 1950 standen hierfür pro Erdenbürger 0,5 Hektar zur Verfügung. 2000 waren es – trotz zwischenzeitlicher Landgewinne – nur noch 0,3 und 2020 werden es voraussehbar allenfalls noch 0,2 Hektar sein.[60]

Wenn heute trotzdem mehr Menschen als vor sechzig Jahren satt werden, dann ist dies weitestgehend auf effektivere landwirtschaftliche Produktionsmethoden zurückzuführen. Hier fanden vor allem in den sechziger und siebziger Jahren Veränderungen statt, die schon damals als »grüne Revolution« bezeichnet wurden. Durch die Verzehnfachung des Kunstdüngereinsatzes allein zwischen 1950 und 1984[61], die massenhafte Verwendung von Pflanzenschutzmitteln, die Ausweitung und Verbesserung künstlicher Bewässerung, die Züchtung widerstandsfähigerer und ertragreicherer Tier- und Pflanzensorten und die Verminderung von Verlusten auf dem Weg vom Produzenten zum Verbraucher wurden die Hektarerträge zwischen 1960 und 1980 jährlich um durchschnittlich vier Prozent erhöht. Und auch danach waren die Ertragszuwächse noch für einige Zeit höher als das Wachstum der Bevölkerung. Diese verdoppelte sich zwischen 1960 und 2000. Die Nahrungsmittelproduktion stieg jedoch auf das Zweieinhalbfache.[62] Dadurch verbesserte sich die Versorgungslage vieler, wobei achtzig Prozent dieser Verbesserung auf Produktivitätsfortschritten beruhten.[63]

Besonders steil stieg die Fleischproduktion. Sie versiebenfachte sich von 1955 bis 2005, obwohl sich in diesen Jahrzehnten die Bevölkerungszahl nur auf das 2,3fache erhöhte. Damit stand 2005 jedem Erdenbürger dreimal so viel Fleisch zur Verfügung wie fünfzig Jahre zuvor. Und wer konnte, langte zu. Die Chinesen – von einem sehr niedrigen Niveau ausgehend – verachtfachten in diesem Zeitraum ihren Pro-Kopf-Verzehr an Fleisch[64], so dass sie jetzt mit durchschnittlich sechzig Kilogramm im Jahr mit vielen Bevölkerungen gleichgezogen haben. Aber auch traditionell starke Fleischesser wie die US-Amerikaner legten noch einmal tüchtig zu, ehe sie in jüngster Zeit begannen, ihren Verbrauch ein wenig einzuschränken.

Allerdings hat diese grüne Revolution mittlerweile an Schubkraft verloren. Die jährlichen Produktivitätssteigerungen liegen bei nur noch einem Prozent und weisen eine unübersehbare Tendenz gegen Null auf.[65] Ob sich dieser Trend in absehbarer

Zeit wieder wenden lassen wird oder überhaupt gewendet werden soll, ist umstritten. Mit viel Geld sei dies möglich, sagen die einen.[66] Macht endlich Schluss mit dieser Revolution, fordern andere. Denn die Bilanz der grünen Revolution ist wie diejenige aller Revolutionen durchwachsen.

Einerseits hat sie zu spektakulären Ertragssteigerungen geführt und Hunger zurückgedrängt. Andererseits hat sie eine Industrialisierung der Landwirtschaft bewirkt, die mitursächlich ist für die schweren Schäden, die Luft, Wasser und Böden in den zurückliegenden Jahrzehnten erlitten haben. Einst konnte die Landwirtschaft stolz darauf verweisen, Sonnenenergie fast unmittelbar in Lebensenergie umzuwandeln. Heute ist sie weithin zu einer Sparte industrieller Produktion geworden, mit der sie alle Stärken und Schwächen teilt. Wenn gegenwärtig bis zu achtzig Prozent der weltweit vorhandenen Agrarflächen mäßig bis stark erosionsgefährdet, Böden ausgelaugt, Gewässer mit Düngemitteln überfrachtet, die Artenvielfalt dezimiert und immer mehr Pflanzenschädlinge resistent sind, dann ist dies nicht zuletzt das Erbe einer seit Jahrzehnten industriell geprägten Landwirtschaft.

Der bisherige Weg erweist sich als Sackgasse. Wie aber soll es dann weitergehen? Denn vorerst nimmt die Zahl der Menschen ja weiter zu, und ihr Appetit auf möglichst proteinhaltige Nahrung wächst. Die landwirtschaftlichen Nutzflächen lassen sich – wenn überhaupt – kaum noch vergrößern. Produktivitätssteigerungen sind schwierig und teuer. Darüber hinaus konkurriert die Produktion von Nahrungsmitteln zunehmend mit dem Anbau von Pflanzen zum Zwecke der Energiegewinnung.

Welche Möglichkeiten bleiben? Fisch statt Fleisch? 88 Prozent der Fischbestände in den europäischen Gewässern sind stark befischt beziehungsweise überfischt.[67] In der übrigen Welt sieht es kaum anders aus. Laut Welternährungsorganisation ist bei 52 Prozent der wichtigsten Fischarten die Höchstgrenze für den Fang erreicht, 19 Prozent gelten als überfischt und mithin gefährdet und weitere neun Prozent als völlig erschöpft.[68] Das Gastmahl des Meeres ist nicht mehr, wie es einst hieß, reich gedeckt. Der industrielle Fischfang ist zu einer ernsten Bedrohung der globalen Fischbestände geworden. Diesen bleibt nicht mehr die Zeit, sich hinreichend zu regenerieren. Dadurch haben die Bevölkerungen ganzer Regionen ihre Existenzgrundlage verloren. Ein höherer Anteil an industriell gefertigter, synthetischer Nahrung? Darauf könnte es hinauslaufen.

Ja, die Erde kann zehn Milliarden Menschen ernähren, aber nach dem derzeitigen Wissens- und Könnensstand nur solche, die jeweils ungefähr so viel – das heißt: so wenig – konsumieren wie heute im Durchschnitt ein Inder. Von Menschen mit den Ess- und Trinkgewohnheiten eines Europäers könnte sie höchstens die Hälfte oder weniger tragen, von Menschen mit der Esslust von US-Amerikanern allenfalls 2,5 Milliarden.[69]

Das ist die Ausgangslage. Im ersten Jahrzehnt des 21. Jahrhunderts hat – mit Ausnahme eines einzigen Jahres – die Menschheit stets mehr Getreide verbraucht als geerntet. Die Lager haben sich geleert. Für die nächsten Jahre wird ein Anstieg der Hungernden und Mangelernährten auf bis zu drei Milliarden befürchtet. Anders als in der jüngeren Vergangenheit wird in absehbarer Zukunft die Nachfrage nach Nahrungsmitteln erheblich schneller steigen, als das Angebot erhöht werden kann. Damit wird sich der Megatrend sinkender Agrarpreise, der die Verbraucher so lange erfreut hat, umkehren. Lebensmittel werden überall teurer werden[70], und am härtesten werden hiervon die Armen dieser Welt betroffen sein. Das wird Konflikte heraufbeschwören. Hunger wird im 21. Jahrhundert wieder zu einem großen Thema werden.

Rohstoffe

Die Begrenztheit von Luft, Wasser und Land ist den Menschen erst in neuerer Zeit bewusst geworden. Der Zugang zu bestimmten Rohstoffen, namentlich Metallen, hingegen bereitete bereits in einer frühen historischen Epoche erhebliche Schwierigkeiten. Über Kupfer und Zink und später Eisenerz verfügen zu können war für Individuen und Völker schon vor Jahrtausenden existentiell. Entsprechend heftig wurde um diese Metalle gerungen. Sie schienen es allemal wert, Kriege um sie zu führen.

Mit Anbruch der Moderne stieg der Rohstoffbedarf beträchtlich, wobei den Hauptbetroffenen, den frühindustrialisierten Ländern, zugute kam, sich für geraume Zeit weitgehend aus eigenen Vorkommen bedienen zu können. Sie hatten Kohle und Eisenerz, Zinn und Blei und vieles andere. Im Gegensatz zu heute war insbesondere Europa reich an Rohstoffen. Das änderte sich erst mit seiner fortschreitenden Industrialisierung. Bodenschätze wurden nun zügig ausgebeutet, und schon bald kam es zu ersten Engpässen. Europäer – und ihnen nachfolgend Amerikaner und Japaner – machten sich auf, ihren immer größer werdenden Rohstoffhunger in anderen Weltregionen zu stillen. Das gab ihrem Kolonialismus eine neue Wendung: die Welt als industrielle Rohstoffquelle.

Die frühindustrialisierten Länder waren damit die ersten, die der Welt vor Augen führten, wie rasch selbst ergiebige Lagerstätten erschöpft werden können – und dass nichts sie in ihren früheren Zustand zurückzuversetzen vermag. Die Silbermine ist leer, das Flöz ausgekohlt, das Erzlager abgebaut. Auf immer verloren. Nur noch Industriebrache oder bestenfalls renaturiertes Gelände. Und sie führten der Welt vor Augen, dass kein Verlass darauf ist, für jede erschöpfte Lagerstätte alsbald ein ähnlich ergiebiges, günstig gelegenes Vorkommen erschließen zu können. Trotz größter Anstrengungen mussten viele frühindustrialisierte Länder es hinnehmen, von Rohstoffreichtum in Rohstoffarmut zu fallen. Hätten sie richtig bilanziert, hätten sie bemerkt, dass sie reich und arm zugleich geworden waren.

Doch sie hatten Glück. Denn als sie in Rohstoffarmut fielen, gab es genügend Länder und Kontinente, die nicht industrialisiert und deren Bodenschätze daher weitgehend unberührt waren. Auf diese stürzten sich nunmehr die Industrieländer und scheuten dabei auch keine blutigen Konflikte. Ging es schon im innereuropäischen Deutsch-Französischen Krieg von 1870/71 nicht zuletzt um lothringisches Eisenerz, so spielten in den beiden Weltkriegen der ersten Hälfte des 20. Jahrhunderts Rohstoffe eine noch viel größere – manche Historiker meinen sogar die entscheidende – Rolle.

Dabei befanden sich die frühindustrialisierten Länder lange in der komfortablen Position, auf den weltweiten Rohstoffmärkten keine ernsthaften Konkurrenten zu haben. Sie konnten die Schätze der Erde weitgehend unter sich aufteilen und verbrauchen. Bis in die neunziger Jahre des 20. Jahrhunderts galt das ungeschriebene Gesetz, dass ein Fünftel der Weltbevölkerung – im Wesentlichen die Völker der frühindustrialisierten Länder – Anspruch auf vier Fünftel der globalen Ressourcen erheben kann, während die übrige Menschheit mit dem verbleibenden Fünftel vorliebzunehmen hat.

Dass eine solche Regelung bei den gewaltigen Verschiebungen im globalen Bevölkerungs- und Wirtschaftsgefüge nicht von Dauer sein konnte, hätten die frühindustrialisierten Länder spätestens seit den siebziger Jahren erkennen können und müssen. Aber sie verschlossen die Augen vor dem Unvermeidlichen, so dass beispielsweise die Europäische Union vor noch gar nicht langer Zeit von der »unvorhergesehen starken Nachfrage nach Mineralien« durch China und Indien überrascht wurde.[71] Hatten sich die Rohstoffpreise von Anfang der siebziger Jahre bis Anfang dieses Jahrhunderts durchschnittlich verdoppelt[72], schossen sie jetzt explosionsartig in die Höhe. Allein zwischen 2002 und 2006 stieg der Preis für Kupfer, Zink und Wolfram auf mehr als das Vierfache, und der Preis für Nickel, Blei, Eisenerz, Zinn und Aluminium verdoppelte beziehungsweise verdreifachte sich.[73] 2007 erhöhten sich die Rohstoffpreise im Durchschnitt um ein weiteres Fünftel[74], ehe sie 2008/09 – rezessionsbedingt – ein wenig zurückgingen.

Seitdem heulen die Sirenen ohne Unterlass: Das dynamische Wachstum der Weltwirtschaft hat zu einer immensen Zunahme des Rohstoffverbrauchs geführt und diese zu einem schwindelerregenden Anstieg der Preise. Obgleich unschwer vorhersehbar, waren und sind die Märkte nicht darauf eingestellt, dass nicht mehr wie noch vor einem Jahrzehnt ein Fünftel, sondern inzwischen mehr als die Hälfte der Weltbevölkerung massiv Rohstoffe nachfragen.[75] Gingen einst fast ausschließlich die Völker der frühindustrialisierten Länder auf Einkaufstour, ziehen heute auch Chinesen, Inder und andere rund um den Globus, um ihren steil steigenden Bedarf zu decken. Dabei kaufen sie nicht nur von anderen Ländern – sie kaufen sich auch bei diesen ein. Waren große Lagerstätten bislang häufig in amerikanischer oder britischer Hand, befinden sie sich jetzt zunehmend auch in chinesischem oder indischem Besitz. Der gezielte Erwerb von Rohstoffreserven ist fester Bestandteil chinesischer Politik. Und China kauft überall, nicht nur in Afrika, Indonesien, Chile oder Peru, sondern auch in den USA oder Australien.[76]

Die ausreichende Verfügbarkeit von Bodenschätzen – Voraussetzung für die Funktionsfähigkeit einer Industriegesellschaft – schwindet. Überall wächst die Sorge vor einem anhaltenden und sich verschärfenden Rohstoffmangel. Da die Nachfrage das Angebot übersteigt und sich der Abstand zwischen beiden weitet, ist zwischen Japanern und Chinesen, Europäern und Amerikanern[77] ein erbitterter Wettbewerb – manche sagen: »Krieg« – um Rohstoffe entbrannt.[78] Er dürfte sich verschärfen, weil für eine Reihe von Metallen, die gegenwärtig für bestimmte Hochtechnologien unverzichtbar sind, das Ende der Verfügbarkeit in den Blick gerückt ist. Einiges wird es schon in einer Reihe von Jahren, anderes in wenigen Jahrzehnten kaum noch geben. Und spätestens um 2030 dürfte die Nachfrage die voraussichtlichen Förderkapazitäten erheblich überschreiten.[79] Insgesamt gelten gegenwärtig 16 Metalle, ohne die technischer Fortschritt nur schwer möglich ist, als knapp oder sehr knapp.[80]

Aber auch bei Rohstoffen, die gegenwärtig noch nicht als knapp gelten, steigen die Preise. Der wichtigste Grund hierfür ist die abnehmende Zugänglichkeit vieler Lagerstätten. Das macht den Abbau von jeder Tonne Eisenerz, Chrom oder Nickel tendenziell teurer. Die Zeiten vergleichsweise preisgünstiger Rohstoffgewinnung gehen zu Ende oder sind schon zu Ende gegangen. Ähnlich wie beim Boden ist das Beste ausgebeutet. Was noch vorhanden ist, ist oft von minderer Qualität. Sind diese Rohstoffe dann auch noch börsennotiert, treiben Spekulationen die Preise mitunter zusätzlich.[81]

Verschärfend kommt hinzu, dass Abbau und Gewinnung von Rohstoffen blühende Regionen nicht selten in Mondlandschaften verwandeln, die Umwelt belasten, Flüsse und Böden vergiften, Menschen heimatlos machen und immer wieder Ursachen ernster Konflikte sind.[82] Das alles schien hinnehmbar, solange im Vergleich zu heute der Bedarf an Rohstoffen mäßig, die Bevölkerungsdichte in den Abbaugebieten oft gering und das Bewusstsein für Natur- und Umweltschutz wenig entwickelt war. Jetzt begehren die bedrängten Menschen auf, und die Wunden, die der Natur geschlagen werden, müssen wenigstens notdürftig versorgt werden. Dadurch steigen die Preise weiter.

Politik, Wirtschaft und Wissenschaft suchen intensiv nach Auswegen aus diesem Dilemma. So wurden zwischen 2002 und 2007 die jährlichen Aufwendungen für Explorationen global vervierfacht und technische Innovationen, die die Abhängigkeit von Rohstoffen verringern sollen, tatkräftig gefördert. Das hat jedoch nicht annähernd ausgereicht, um die Rohstoffschlinge, die sich um den Hals der Industrieländer gelegt hat, zu lockern. Dazu müsste die Wachstumsrate des technischen Fortschritts höher sein als die Wachstumsraten von Weltbevölkerung und materieller Wohlstandsmehrung zusammengenommen. Dass das in vorhersehbarer Zukunft möglich ist, glauben jedoch noch nicht einmal notorische Optimisten.

Neben einer höheren Effizienz beim Materialeinsatz wird deshalb allenthalben für die häufigere Wiederverwendung von Rohstoffen plädiert. Damit ist viel gewonnen, aber das Gewonnene wird nicht ausreichen, um die Probleme zu lösen. Entscheidend ist eine Veränderung der Konsumgewohnheiten in den heutigen Industrieländern. Vor allem die frühindustrialisierten unter ihnen haben sich in Generationen auf Rohstoffmengen eingestellt, die schlechterdings nicht mehr bereitgestellt werden können. Soll ein Kollaps vermieden werden, müssen die Industrieländer sehr schnell und sehr deutlich ihren Appetit auf Rohstoffe zügeln. Schon jetzt, so die EU-Kommission, stehen nämlich die meisten EU-Industrien einer weltweit rückläufigen Versorgung mit Rohstoffen gegenüber.[83]

Das Versiegen heimischer Rohstoffquellen, das vor allem die Europäer im Laufe des 19. und frühen 20. Jahrhunderts erlebten, widerfährt jetzt der ganzen Menschheit. Langsam gehen auch deren Reserven zur Neige. Für eine Industrialisierung des Globus auf dem Niveau der frühindustrialisierten Länder ist die Erde nicht geschaffen.

Auch wenn es weiter Rohstoffe geben wird – der Kampf um sie wird noch erbitterter werden, als er gegenwärtig ist. Denn der Ausweg, den die Europäer suchten und fanden, ist der Menschheit als Ganzes versperrt. Sie kann nicht in andere Länder und Kontinente ziehen, um dort ihren Bedarf zu decken. Was ihr bleibt, ist der Meeresboden oder der Mond. Pläne, die dort lagernden Ressourcen zu nutzen, gibt es. Doch niemand bezweifelt, dass die bisherigen Methoden einfacher und erheblich preisgünstiger waren. Rohstoffe in scheinbarem Überfluss – das war lange ein kraftvoller Wachstumsmotor. Doch das ist Vergangenheit.

Energie

Das Fundament der Industriegesellschaft sind nicht-erneuerbare und mithin endliche Rohstoffe, deren Abbau und Verbrauch unterschiedlich weit fortgeschritten ist. Einige unter ihnen ragen allerdings besonders hervor: die fossilen Energieträger Kohle, Erdöl und Erdgas sowie das Schwermetall Uran. Sie bilden gewissermaßen das Rückgrat der Industrialisierung und sind zugleich ihr Spezifikum. Denn während zahlreiche andere Rohstoffe vom Menschen schon jahrtausendelang genutzt wurden, treten Kohle, Erdöl und Erdgas sowie Uran erst mit der Industrialisierung in Erscheinung: im 19. Jahrhundert zunächst die Kohle, zu Beginn des 20. Jahrhunderts zusätzlich Erdöl und Erdgas und seit den fünfziger Jahren Uran. In der Zeit davor verfügte der Mensch ausschließlich über erneuerbare Energien, vor allem seine eigene Muskelkraft und diejenige von Zug- und Lasttieren. Hinzu kamen Wind, Wasser und Holz und, wo es sich anbot, ein wenig Torf.

Die Erschließung und Nutzung von fossilen Energieträgern und Uran bedeutete für den Menschen eine gigantische Vergrößerung der ihm zur Verfügung stehenden Energiemenge. In den frühindustrialisierten Ländern dürfte sich der Pro-Kopf-Verbrauch allein seit Mitte des 19. Jahrhunderts reichlich versechsfacht haben, global verachtfachte er sich.[84] Und da zugleich die

Zahl der Menschen zunahm, ist heute der globale Energieverbrauch rund vierzigmal so hoch wie vor 150 Jahren[85], wobei
achtzig Prozent dieser Energie aus Kohle, Erdöl und Erdgas gewonnen werden, im Bereich kommerzieller Nutzung sogar
88 Prozent.[86] Der Rest stammt aus erneuerbaren Energiequellen, von Wasserkraftwerken über Großwindanlagen bis hin zu
Brennholz und getrockneten Kuhfladen. Ein Endpunkt des
wachsenden Energieverbrauchs ist damit allerdings nicht markiert. Aufgrund des weiterhin dynamischen Bevölkerungswachs-
tums, verbunden mit einer raumgreifenden Elektrifizierung und
Motorisierung der Menschheit, steigt er weiter, derzeit – rezes-
sionsgedämpft – mit einer Rate von 1,4 Prozent im Jahr.[87]

Dieser massenhafte Einsatz von Energie aus zumeist fossilen
Energieträgern ist der Schlüssel zum wirtschaftlichen und technischen Fortschritt, der mit der Industrialisierung einhergegan-
gen ist und weiter einhergeht, sowie zum hohen materiellen
Wohlstand eines Teils der heutigen Menschheit. Wissenschaftler haben errechnet, dass der Wertschöpfungsbeitrag der Energie im industriellen Bereich bei etwa fünfzig Prozent liegt und
damit ebenso hoch ist wie der Beitrag von Arbeit und Kapital zusammengenommen.[88] Und weiter haben sie errechnet, dass –
gleichnishaft – jedem Einwohner eines industrialisierten Landes
zehn bis dreißig »Energiesklaven« zur Seite stehen, von denen
jeder die Leistung eines körperlichen Schwerarbeiters erbringt.
Wird auch die Energie einbezogen, die zur Erzeugung von
Raum- und Prozesswärme verbraucht wird, verdreifachen sich
diese Zahlen sogar.[89]

Was dem freien Bürger der Antike Haus-, Feld- und Galee-
rensklaven waren, das sind dem Wohlstandsbürger des Industriezeitalters Steckdosen, Verbrennungsmotoren und Heizkraft-
werke. Dabei sind die Energiesklaven der Moderne spottbillig im
Vergleich zu den Muskelsklaven der Antike. Sie sind so billig, dass
sich selbst die wirtschaftlich Schwächsten in den Industrieländern einige von ihnen leisten können. Die Sklaven der Antike
mochten noch so kurzgehalten und menschenunwürdig behandelt worden sein – sie mussten gekauft, gekleidet und ernährt
werden, und auch bei Krankheit und im Alter waren sie irgend-

wie zu versorgen. Die Energie, die sie sowie die Knechte und Mägde, die Arbeiter und Arbeiterinnen der Folgezeit bereitstellten, war deshalb, gemessen am heutigen Aufwand, sehr teuer.

Das relativiert zum einen den Streit um die Frage, welchen Anteil Arbeit und Kapital an der Wertschöpfung in industrialisierten Ländern haben. Den größten Anteil hat offenkundig die Energie, die nur deshalb ein Schattendasein führt, weil sie mit einem willkürlichen Preisschild versehen worden ist. Während sich die Arbeit knapp zwei Drittel und das Kapital annähernd ein Drittel der Wertschöpfung zurechnen, wird die Energie – unwillig und räsonierend – mit läppischen fünf Prozent abgespeist.[90] Weder geht in diese Rechnung hinreichend ein, dass Ersatz für den Verbrauch der nichterneuerbaren Energieträger geschaffen werden muss, noch, dass dieser Verbrauch immense Umweltkosten verursacht. Die Menschen in den Industrieländern haben sich an scheinbar billige Energie gewöhnt, und da es diese in Wirklichkeit bisher nicht gibt, ignorieren sie ganz einfach einen Teil der Kosten. Oder genauer: Wie in anderen Bereichen vertrauen sie auch in diesem darauf, dass künftige Generationen die unbeglichenen Rechnungen übernehmen werden, nicht zuletzt, weil ihnen keine andere Wahl bleibt.

Zum anderen relativiert der massenhafte Einsatz von Energie den Beitrag der heute wohlhabenden Völker zu ihrer Wohlhabenheit. Sie glauben zumeist, diese ihrer eigenen Tüchtigkeit zuschreiben zu können. In Wahrheit ist ihnen ganz unverdient ein riesiges Erbe zugefallen, das sie seit Beginn der Industrialisierung mit vollen Händen ausgeben. Ohne dieses Erbe hätten sie nicht viel auszugeben und sähen ziemlich ärmlich aus. Doch wiederum ist das kein Grund für sie, sorgsam mit ihm umzugehen. Sorgsamer Umgang mit endlichen Energieträgern liegt ihnen ebenso wenig, wie ihnen der sorgsame Umgang mit Luft, Wasser und Boden, mit Nahrungsmitteln und Rohstoffen liegt. Eine Kostbarkeit wie Erdöl zu verbrennen, bloß um ein Süppchen zu kochen – auf eine solche Idee muss man erst einmal kommen. Menschen kommen darauf.

Bis jetzt ist das leidlich gutgegangen. Doch nun beginnt das unsichtbare Heer der Energiesklaven, das in einem Land wie

Deutschland 0,8 bis 2,4 Milliarden antiken Schwerarbeitern entspricht[91], Schwächen zu zeigen. Der Nachschub, der bislang weitgehend problemlos funktionierte, bereitet zunehmend Schwierigkeiten, und darüber hinaus ist sein Ende absehbar. Der Verbrauch von fossilen Energieträgern und Uran schreitet zügig voran. Bei Erdöl als dem derzeit wichtigsten Energieträger wird der Gipfel der Förderung für die Zeit um 2020[92], bei Erdgas für die Zeit um 2035[93] erwartet. Dann werden die Fördermengen nach gegenwärtigem Erkenntnisstand kontinuierlich zurückgehen. Erdöl dürfte in etwa vierzig Jahren[94], Erdgas in voraussichtlich sechzig Jahren[95] keine bedeutsame Rolle mehr bei der Energieversorgung spielen. Ähnliches gilt für Uran.[96] Lediglich die Reichweite von Kohle erstreckt sich noch bis in das nächste Jahrhundert.[97]

Doch lange ehe das letzte Fass Erdöl, der letzte Kubikmeter Erdgas, das letzte Kilo Uran und die letzte Tonne Kohle verbraucht sein werden, werden die Energiepreise steigen – und zwar selbst dann, wenn Aus- und Aufbau erneuerbarer Energiequellen weiterhin zügig voranschreiten. Die Fortschritte, die hier gemacht werden, sind ermutigend und lassen hoffen, dass mit Hilfe solcher Quellen die sich abzeichnende Energielücke eines Tages geschlossen werden wird. Fraglich ist jedoch, wie viel Zeit zwischen dem Ende des Energieflusses aus Kohle, Erdöl, Erdgas und Uran und der vollen Entfaltung alternativer Energieträger liegen wird. Einige Auguren sprechen von einem kaum wahrnehmbaren, gleitenden Übergang, andere von einer längeren Periode knapper und teurer Energie um die Mitte dieses Jahrhunderts oder sogar noch früher. Erst für das Ende dieses Jahrhunderts wird mit einiger Verlässlichkeit damit gerechnet, dass der Umstieg auf erneuerbare Energien weitgehend gelungen sein wird.[98]

Bis dahin ist ein langer, mit Unwägbarkeiten gepflasterter Weg zu gehen. Unwägbar sind vor allem die Bevölkerungsentwicklung und die Entwicklung des materiellen Lebensstandards, der technische Fortschritt und nicht zuletzt der politische und gesellschaftliche Wille, erforderliche Maßnahmen nicht auf die lange Bank zu schieben. Letzteres ist besonders fraglich, weil der

Umstieg auf erneuerbare Energien nicht nur viel Zeit, sondern unstrittig auch viel Geld erfordert.[99] Politik, Staat und Gesellschaft müssten erhebliche finanzielle Vorleistungen erbringen, um das Projekt zum Erfolg zu führen. Ob aber zahlenmäßig abnehmende, stark gealterte Bevölkerungen zu solchen Kraftakten bereit und in der Lage sein werden, ist keineswegs ausgemacht. Möglicherweise bescheiden sie sich auch und beschränken ihren Energieverbrauch auf das Niveau von Menschen, die beispielsweise in der Mitte des 20. Jahrhunderts lebten. Das könnte ihnen umso leichter fallen, als heute mindestens ein Drittel der Energie sinnlos vergeudet wird und mithin erhebliche Einsparpotentiale bestehen.

Keineswegs ausgeschlossen werden sollte allerdings auch, dass die gesamte Thematik in den kommenden Jahren und Jahrzehnten überraschende Wendungen nimmt. Gerade im Energiebereich sind spektakuläre technische Neuerungen ebenso möglich wie plötzliche Rückschläge. Lähmende Konflikte in der strategischen Ellipse vom Nahen Osten über den kaspischen Raum bis hin in den Norden Russlands, Umweltkatastrophen, für die der Einsatz fossiler Energieträger mit ursächlich ist, ein schwerer atomarer Störfall in einer dichtbesiedelten Region – das alles sind keine bloßen Hypothesen. Die Völker der industrialisierten Welt sind durch ihre extreme Abhängigkeit von Energie zu Gefangenen von Ereignissen geworden, auf die sie nur bedingt Einfluss haben. Auch deshalb stehen Wirtschaftswachstum, materielle Wohlstandsmehrung und politische Stabilität bei ihnen auf dünnem Eis.

Bevölkerung

Nirgends ist das Stichflammenhafte der Menschheitsentwicklung seit Beginn der Industrialisierung so deutlich wie bei der zahlenmäßigen Zunahme zunächst der europäischen und dann der Weltbevölkerung. Gegen Ende des 18. Jahrhunderts zählte diese noch nicht einmal eine Milliarde. Die erste Milliarde wurde erst 1805, also nach Zehntausenden von Jahren menschlicher

Existenz, erreicht. Dann aber ging es steil aufwärts. Der Wachstumstrend, der im Laufe der Geschichte kaum die Waagerechte verlassen hatte, schwenkte plötzlich in die Senkrechte. Nur 121 Jahre nach Erreichen der ersten Milliarde besiedelten 1926 bereits zwei Milliarden Menschen die Erde, 34 Jahre später, 1960, waren es drei Milliarden und dann kam etwa alle 13 Jahre eine weitere Milliarde hinzu, so dass am Ende des 20. Jahrhunderts die Weltbevölkerung auf sechs Milliarden angewachsen war. Seitdem geht es im gleichen Takt weiter: 2012 wird die Zahl der Menschen voraussichtlich sieben und 2025 acht Milliarden betragen. Von da an, so die derzeitige Erwartung, soll es dann 25 Jahre dauern, bis die neunte Milliarde erreicht ist, und ab 2050 oder einige Zeit danach soll, so die derzeitige Hoffnung, die Zahl der Menschen wieder allmählich zurückgehen – vorausgesetzt, es ist nicht vorher zu einem Kollaps der Weltbevölkerung gekommen. Falls nicht, wird ihre Zahl am Ende dieses Jahrhunderts schätzungsweise reichlich eine Milliarde größer sein als heute.

Am Ende des 18. Jahrhunderts nahm diese Entwicklung in den frühindustrialisierten Ländern Europas ihren Anfang, ehe sie zu Beginn, insbesondere aber gegen Mitte des 20. Jahrhunderts auf den größten Teil der Welt übersprang. Im 19. Jahrhundert stieg die Zahl der Europäer um 135 Prozent von 170 auf 400 Millionen. Die übrige Menschheit nahm hingegen mit 64 Prozent noch nicht einmal halb so stark zu. Noch deutlicher wird die europäische Bevölkerungsdynamik, wenn alle diejenigen den Europäern zugerechnet werden, die aus Abenteuerlust oder wegen Arbeits- und Perspektivlosigkeit ihren Kontinent aufgegeben und sich in anderen Erdteilen niedergelassen haben. Dann verdreifacht sich im 19. Jahrhundert die Zahl der Europäer, während die übrige Menschheit nur um vergleichsweise bescheidene fünfzig Prozent wächst.[100]

Im 20. Jahrhundert änderten sich die Verhältnisse grundlegend. Nunmehr wuchs die übrige Weltbevölkerung um reichlich 450 Prozent, während die Zahl der Europäer nur noch um achtzig Prozent stieg. Und noch extremer dürften sich die Trends im 21. Jahrhundert entwickeln. Bis 2050 wird die Zahl der Europäer um voraussichtlich siebzig Millionen, das ist ein Zehntel der Bevölkerung, abnehmen, die übrige Menschheit aber um annähernd vier Milliarden wachsen. Diese Gegenläufigkeit dürfte allerdings in der zweiten Jahrhunderthälfte enden. Dann dürfte sich die übrige Weltbevölkerung in die gleiche Richtung bewegen wie die Europäer, das heißt an Zahl abnehmen.

Das Muster, das hier erkennbar wird, ist überall gleich. In einer ersten Phase facht die mit der Industrialisierung einhergehende Erhöhung des materiellen Lebensstandards das Bevölkerungswachstum kräftig an. Die Säuglingssterblichkeit sinkt, immer mehr Menschen erreichen das Erwachsenenalter und haben selbst wieder Kinder. Die Folge hiervon ist, dass der materielle Wohlstand pro Kopf der Bevölkerung nur mäßig steigt. In Europa beispielsweise wurde die Hälfte des dynamischen Wirtschaftswachstums im 19. Jahrhundert vom Bevölkerungswachstum wieder aufgezehrt. Pro Kopf stieg der materielle Wohlstand in dieser Periode nur um 0,8 Prozent im Jahr.[101] Ähnliches lässt sich heute in einer Reihe von Entwicklungsländern beobachten, wo sich ebenfalls das Wachstum der Wirtschaft niederschlägt in Bevölkerungswachstum. Der Wohlstand pro Kopf verändert sich nur wenig. Mitunter sinkt er sogar.

In einer zweiten Phase entkoppeln sich das Wachstum der Wirtschaft und das der Bevölkerung. Während die Wirtschaft weiter expandiert, verlangsamt sich das Wachstum der Bevölkerung. Entsprechend steil steigt der individuelle materielle Wohlstand. Für Völker und Nationen, aber auch für jeden Einzelnen ist dies die angenehmste Periode. Es gibt viel zu verteilen und umzuverteilen, große Bevölkerungsteile steigen wirtschaftlich auf, und auch die wirtschaftlich Schwachen werden auskömmlich mitversorgt. Die Europäer durchliefen diese Phase im 20. Jahrhundert, auch wenn sie in dessen erster Hälfte einen erheblichen Teil ihres Wohlstands in Kriegen vernichteten. Umso spürbarer wurden die materiellen Wohlstandsgewinne in der zweiten Jahrhunderthälfte. Die am weitesten fortgeschrittenen Entwicklungsländer wie China schließen jetzt hier an. Ihre Wirtschaft wächst ebenfalls erheblich schneller als ihre Bevölkerung.

Hierauf folgt eine dritte Phase, in die vor wenigen Jahrzehnten die Völker der frühindustrialisierten Länder eingetreten sind. In dieser Phase wächst die Wirtschaft zwar weiter, aber deutlich verhaltener als in der zweiten Phase, der individuelle Wohlstand stagniert und die Geburtenraten sinken unter ein bestandserhaltendes Niveau, so dass die Bevölkerung ohne Zuwanderungen zahlenmäßig abnimmt. In Europa und Japan, wo dieser Prozess bereits weit fortgeschritten ist, werden seit geraumer Zeit nur noch etwa zwei Drittel der Zahl der Kinder geboren, die zur Aufrechterhaltung der Bevölkerungszahlen erforderlich ist.

Die Vereinten Nationen und andere[102] gehen davon aus, dass sich dieser Trend in den kommenden Jahren und Jahrzehnten weltweit durchsetzen wird. Schon für 2050 erwarten sie eine globale Geburtenrate, die nicht mehr sehr viel höher ist als die derzeitige europäische, wobei die Faustregel gilt: Je entwickelter eine Region, desto geringer die Zahl der Kinder. Europa, aber auch Nordamerika und Teile Asiens werden deshalb als künftig besonders kinderarm, Afrika hingegen als noch immer vergleichsweise kinderreich eingeschätzt.[103]

Nun wird viel darüber räsoniert, ob großer materieller Wohlstand beziehungsweise die Bemühungen, diesen zu erhalten und weiter zu steigern, eine wesentliche oder gar die einzige Ursache für den Bevölkerungsschwund in den wirtschaftlich hochentwickelten Ländern ist.[104] Doch darauf kommt es gar nicht entscheidend an. Denn empirisch eindeutig sinkt die Bevölkerungszahl, sobald ein bestimmtes materielles Wohlstandsniveau erreicht ist, und auch innerhalb wohlhabender Gesellschaften sind nicht die wirtschaftlich Stärkeren, sondern oft die wirtschaftlich Schwächeren diejenigen, die die meisten Kinder haben.[105]

Empirisch eindeutig ist ferner, dass anders als in der vorindustriellen Zeit mit dem Voranschreiten der Industrialisierung nicht mehr nur Individuen, sondern ganze Völker altern – und schließlich die ganze Menschheit. Die Zahlen sind beeindruckend. Von 1950 bis heute erhöhte sich die durchschnittliche Lebenserwartung der Weltbevölkerung von 46 auf 66 Jahre, und bis 2050 dürfte sie um ein weiteres Jahrzehnt auf dann 76 Jahre steigen. Die Weltbevölkerung würde damit im Durchschnitt älter werden als die Europäer heute. Dabei marschieren die Völker der wirtschaftlich entwickeltsten Länder wieder ganz vorne. Die Chancen, dass die große Mehrheit in diesen Ländern in wenigen Jahrzehnten weit älter als achtzig Jahre werden wird, stehen gut.[106]

Entsprechend steigen Durchschnitts- und Medianalter.[107] Nach und nach werden alle Völker im Laufe dieses Jahrhunderts altern und am Ende alt sein. Wie sollte es auch anders sein? Wenn – nicht zuletzt wohlstandsbedingt – die individuelle Lebenserwartung steigt und zugleich die Geburtenrate fällt, müssen die Menschen zunächst älter werden und eines Tages an Zahl abnehmen. Diese zwangsläufige Entwicklung durchlaufen wir jetzt. Was aber bedeutet sie für die künftige wirtschaftliche Dynamik?

Schon die bloße Frage erregt bei vielen Widerwillen. Wie sie nicht bereit sind, sich mit den Wirkungen ihres eigenen Alterns auseinanderzusetzen, obwohl sie ständig mit individuellem Altern konfrontiert werden, so sind sie noch viel weniger bereit, sich mit den Wirkungen des historisch neuartigen Phänomens kollektiven Alterns eines Volkes oder gar der Menschheit zu befassen. Stattdessen ergehen sie sich in Träumereien von zwar gealterten, aber dennoch physisch und psychisch junggebliebenen Bevölkerungen, die vor Lebenslust sprühen und die Herausforderungen von Leben und Welt mit dem gleichen Schwung und der gleichen Zuversicht annehmen wie Völker, die zu großen Teilen noch nicht das Erwachsenenalter erreicht haben – wie die Europäer um 1900 oder die Afrikaner heute. Dabei verdrängen sie beharrlich, wie sie sich bereits als Vierzigjährige nach Überschaubarkeit, Vorhersehbarkeit und Verlässlichkeit sehnen und ihnen wenig so verhasst ist wie das steile Auf und Ab, die scharfen Knicke und das massenhafte Scheitern, das dynamische Wirtschaftsverläufe kennzeichnet. Und was für die Vierzigjährigen gilt, gilt verstärkt für die Fünfzig- und Sechzigjährigen.[108]

Völker mit einem Medianalter von weit über vierzig Jahren – die baldige Wirklichkeit in den frühindustrialisierten Ländern – mögen noch eine Weile das Stück von der immer frischen Jugendlichkeit spielen. Doch das ist nur eine theatralische Inszenierung. Tatsache ist, dass Phasen hoher wirtschaftlicher Dynamik in aller Regel zeitgleich verlaufen mit den Sturm-und-Drang-Phasen, gerade auch den biologischen Sturm-und-Drang-Phasen von Völkern. Sind diese einmal alt geworden, werden sie betulich und ängstlich und schätzen nichts höher als ihre Sicherheit – ganz ähnlich wie die meisten Individuen.

Wieder scheint hier jener Mechanismus zu wirken, der die Bäume nicht in den Himmel wachsen lässt. Der Wind wirtschaftlicher Expansion, der überall, wo er wehte, ein historisch beispielloses Bevölkerungswachstum entfachte, scheint nun – zum Sturm gesteigert – dieses wieder auszublasen. Dass die Menschheit in gar nicht ferner Zukunft zahlenmäßig schrumpfen und stark altern wird, ist ziemlich sicher. Dadurch dürfte aber auch das wirtschaftliche Wachstum stark gedämpft werden. Wirtschafts- und Bevölkerungswachstum haben sich nämlich generationenlang gegenseitig aufgeschaukelt. Es wäre verwunderlich, wenn das eine ohne das andere auf längere Sicht fortbestünde.

Migration

Die Menschheit altert. Die Bevölkerungen der frühindustrialisierten Länder nehmen zahlenmäßig ab. Und viele Menschen sind auf der Suche nach einer neuen Heimat, sind Migranten. Ihre Zahl wird gegenwärtig mit 200 Millionen beziffert[109], womit allerdings nur diejenigen erfasst sind, die dauerhaft in einem Land leben, aus dem sie nicht stammen, in dem sie nicht geboren worden sind. Werden ihre in der neuen Heimat geborenen Kinder hinzugerechnet, erhöht sich die Zahl auf schätzungsweise 300 Millionen.[110] Von ihnen befinden sich etwa 15 Millionen in Deutschland, dem wichtigsten Migrationsland der Europäischen Union. Rund 4,5 Prozent der Weltbevölkerung haben mithin einen Migrationshintergrund, knapp 19 Prozent der Menschen in Deutschland.[111]

Die Menschheit hat nicht nur Luft und Wasser, Böden und Bodenschätze, sie hat sich auch selbst aufgewirbelt. Die Folgen sind schwer abzuschätzen. Manche Länder, wie die USA oder Kanada, haben sich hierauf recht nüchtern, beinahe geschäftsmäßig eingestellt. Ihr eherner Grundsatz lautet: Migration ist erwünscht, wenn sie für uns von Vorteil ist. Ist sie das nicht, wird sie mit allen Mitteln unterbunden. Die meisten Europäer sind da aus weicherem Holz geschnitzt. Zwar stehen ihre Türen nicht mehr ganz so weit offen wie in der Vergangenheit. Aber verbreitet wird Menschen auf der Suche nach einer neuen, lebenswerteren Heimat viel Verständnis entgegengebracht.

Was aber sind das für Menschen: Migranten? Dieser Begriff überwölbt eine Vielzahl höchst unterschiedlicher Sachverhalte. Der Salzburger Spitzenkoch, der seinen Lebensmittelpunkt in ein Münchener Sternerestaurant verlegt und dort seine Gäste verwöhnt, zählt ebenso dazu wie der gesuchte Schweizer Chemiker, den es der Liebe wegen von Basel nach Ludwigshafen zieht. Migrant, das kann aber auch ein mittelloser Anatolier sein, der mit einer rudimentären Schulausbildung und ohne berufliche Qualifikation bessere Lebensbedingungen fern seiner Heimat anstrebt, oder ein Schwarzafrikaner, der aufgrund von Stammesfehden bei sich zu Hause um Leib und Leben fürchten muss.

Das macht es schwierig, einheitliche Ziele zu definieren – für die ansässige Bevölkerung ebenso wie für die zuwandernde. Was soll mit den Migranten dieser Welt geschehen? In Teilen Afrikas und Asiens werden sie nicht selten hin und her getrieben, immer in Angst um ihre Bleibe und ein bisschen Lebensunterhalt. Sie sind eine ständige Anklage an die Völkergemeinschaft. In den frühindustrialisierten Ländern ist das anders, aber eine Benennung von Migrationszielen ist auch hier nicht einfach. Was wollen die Migranten und was sollen sie wollen? Gleiches gilt für die Ansässigen. Was kann, darf und soll im Umgang mit den Migranten von ihnen erwartet werden?

Die Spannweite von Wünschen, Hoffnungen und Erwartungen ist auf beiden Seiten groß. Unter den Migranten finden sich solche, die ihre Koffer am liebsten gar nicht auspacken möchten und nur auf ein Zeichen warten, dass sie in ihre Heimat zurückkehren können. Andere haben ganz bewusst alle Brücken hinter sich abgebrochen und sich mit Haut und Haaren dem Zielland verschrieben. Wieder andere sind Migranten auf Probe. Sie testen ihr neues Zuhause für eine Weile, ohne ihre bisherigen Vernetzungen aufzugeben. Und eine vierte Gruppe will das eine und tut das andere. Sie kommt in der festen Absicht, so bald wie möglich wieder zu gehen, und bleibt dann, ohne je ihre Absicht zu ändern, bis ins dritte und vierte Geschlecht.

Die Ansässigen beäugen die Zuwanderer zunächst mit Argwohn und Neugier, ehe sie sich ihnen – vielleicht – öffnen. Ist deren Zahl gering und sind sie darüber hinaus anstellig und anpassungsfähig, bereitet ihre Integration in der Regel kaum Schwierigkeiten. Steigt ihre Zahl, kann es jedoch Probleme geben. Im schulischen Bereich beispielsweise wird Integration bei einem Ausländeranteil von zwanzig Prozent schwierig, bei vierzig Prozent beinahe unmöglich.[112] Abgesehen davon sind die Erwartungen der Ansässigen an die Zuwanderer nicht selten widersprüchlich. Einerseits sollen diese zu einer kulturell vielfältigen facettenreichen Gesellschaft beitragen. Andererseits soll sich ihr Lebenswandel so wenig wie möglich von dem der Ansässigen unterscheiden. Abgrenzungen oder gar die Herausbildung von Subkulturen will die Mehrheit nicht. Und nicht zuletzt werden die Zuwanderer von den Ansässigen mitunter als eine Art Steinbruch angesehen, dem die guten Partien entnommen werden und das Übrige als Abraum zurückbleibt.

Nicht minder groß ist ferner auf beiden Seiten die Spannweite individueller und kollektiver Neigungen und Fähigkeiten, grundsätzlich auf die Herausforderungen von Migration einzugehen. Diese Neigungen und Fähigkeiten hängen ab von – natürlicher oder erworbener – Weltoffenheit, Sprachvermögen, Bildungsgrad, vom Grad kultureller Nähe beziehungsweise Ferne, dem sozialen Klima, der jeweiligen Geschichte, von tradierten Verhaltensweisen und anderem mehr. Dabei sind die Kombinations-, aber auch Komplikationsmöglichkeiten von Ausgangsbedingungen und Folgen von Migration so verschieden und zahlreich, dass von *der* Migration oder *den* Migranten kaum die Rede sein kann. Zum Teil ist Migration derart unauffällig, dass sie von Außenstehenden überhaupt nicht als solche wahrgenommen wird und die Betroffenen mitunter selbst überrascht sind, wenn sie erfahren, dass auch sie zu den Migranten oder zur Bevölkerung mit Migrationshintergrund zählen.

Umso nachdenklicher müssen die vielen Untersuchungen über Status und Perspektiven von Migranten stimmen, die trotz beachtlicher nationaler, regionaler und selbst lokaler Unterschiede in den meisten Ländern zu dem Schluss kommen: Migranten haben es im Allgemeinen schwer. Ihre Herkunft behindert ihre schulische, berufliche und gesellschaftliche Entwicklung, und oft pflanzen sich die Probleme der ersten Generation bei der zweiten und dritten Generation fort.

So hinken in der Europäischen Union Migrantenkinder den Kindern Einheimischer im Durchschnitt zwei volle Schuljahre hinterher, in Deutschland sogar fast drei.[113] Ebenfalls in Deutschland – wobei Deutschland hier nicht allein steht – gelten vierzig Prozent der Kinder mit Migrationshintergrund als »Risikoschüler« gegenüber zwölf Prozent bei den Deutschstämmigen.[114] Zwei Drittel der Kinder türkischer Eltern können auch am Ende des vierten Schuljahres noch nicht ausreichend lesen, und der Anteil derjenigen, die keinen Schulabschluss erreichen, ist mit dreißig Prozent weit überproportional. Weit unterproportional ist hingegen mit vier Prozent der Anteil von Migrantenkindern in Gymnasien. Erlangen etwa dreißig Prozent der Deutschen die Hochschulreife, so sind es bei den Migranten nur 14 Prozent.[115]

Das ist kein guter Start ins Erwerbsleben, zumal reichlich jeder dritte Migrant beruflich nicht qualifiziert ist.[116] Entsprechend ist in den meisten Ländern das Beschäftigungsniveau Zugewanderter niedriger, die Arbeitslosenrate höher und sind die Einkommenschancen geringer als bei Einheimischen.[117] Zu den Bildungs- und Qualifikationsdefiziten gesellen sich häufig noch Sprachprobleme, durch die viele Migranten nicht nur im Erwerbsleben benachteiligt sind, sondern auch beim Knüpfen sozialer Kontakte.

Untersuchungen zeigen, dass beispielsweise in Deutschland in der ersten Generation nur 18 Prozent und in der zweiten erst 75 Prozent der Migranten im erwerbsfähigen Alter als integriert angesehen werden können. Dabei gilt als integriert, wer – nach eigenem Bekunden – deutsch sprechen kann, das gleiche Bildungsniveau wie die einheimische Bevölkerung aufweist und soziale Kontakte zu ihr hat. Gemessen hieran sind derzeit in

Deutschland nur 38 Prozent der ausländischen Bevölkerung integriert. Die übrigen sind weniger integriert, nicht integriert – oder der Grad ihrer Integration ist nicht bestimmbar.[118]

Die Risiken, die dieser Zustand birgt, sind mittlerweile erkannt. Fast alle Staaten haben Aktionsprogramme aufgelegt, durch die das Erlernen der jeweiligen Sprache erleichtert, Bildung gefördert und die Integration der Migranten verbessert werden soll. Denn nur so lassen sich ihre Beschäftigungs- und Einkommenschancen erhöhen und ein dauerhaft gedeihliches Miteinander von Alt- und Neubürgern gewährleisten. Doch solche Programme sind teuer. In Deutschland, so wurde errechnet, müssten allein in den Bereichen Schule und berufliche Qualifikation jährlich mindestens fünf, besser aber elf Milliarden Euro zusätzlich aufgewandt werden, um Kinder und Jugendliche aus Migrantenfamilien auf das Niveau ihrer einheimischen Altersgruppen zu heben. Das aber ist nötig, wenn qualitative Einbrüche bei der Erwerbsbevölkerung vermieden werden sollen. Schon in zwanzig Jahren werden nämlich in Deutschland dreißig Prozent der Erwerbstätigen und vierzig Prozent der Berufseinsteiger Menschen mit Migrationshintergrund sein, die die hochqualifizierte Baby-Boom-Generation ablösen.[119]

Spätestens bis dann muss – nicht nur in Deutschland, sondern in zahlreichen frühindustrialisierten Ländern – eine umfassende Integration der Migranten gelungen sein. Oder die Völker dieser Länder werden nicht nur altern und zahlenmäßig abnehmen, sondern auch in ihrem Bildungs- und Qualifikationsniveau tiefe Einbrüche erleiden. Bisher sind die Ergebnisse ihrer Migrations- und Integrationsbemühungen nicht überzeugend. Auch hier wurde offenbar erst spät begriffen, was in den zurückliegenden Jahrzehnten in Bewegung geraten ist. Die Welt, die einst Jahr für Jahr beständig Wirtschaftswachstum generierte, hat sich auch in dieser Hinsicht von Grund auf verändert. Die Völker der Welt, insbesondere aber die Völker der frühindustrialisierten Länder, sind nicht mehr, was sie einst waren, weder quantitativ noch qualitativ. Viele sind auf-, andere jedoch abgestiegen.

Zerbrechliche Gesellschaft

Es ist noch gar nicht so lange her, da erforderte es Mut, öffentlich zu erklären, dass die von vielen verinnerlichte Wirtschafts- und Lebensweise frühindustrialisierter Länder die natürlichen Ressourcen der Erde – Luft, Wasser, Boden und Bodenschätze – nicht nur gebrauche, sondern verbrauche und deshalb nicht von Dauer sein könne. Zwar gibt es auch jetzt noch beachtliche Bevölkerungsgruppen, denen sich bei einer solchen Aussage die Haare sträuben. Aber das gesellschaftliche Klima hat sich gewandelt, die Sprachlosigkeit ist überwunden. Mussten sich früher nur diejenigen rechtfertigen, die einen Kurswechsel forderten, so müssen heute auch die anderen, die meinen, weitermachen zu können wie bisher, überzeugend dartun, wie das gehen kann und soll. Zwischen Befürwortern und Bezweiflern des Überkommenen besteht ein argumentatives Patt, was nicht heißt, dass der Verbrauch, der Raubbau an der Natur, gestoppt würde. Ein möglicher Wendepunkt liegt nach wie vor in weiter Ferne. Dennoch: Die Beweislast für richtig und falsch, für vertretbar und unvertretbar ist, wenn schon nicht umgekehrt, so doch gleichmäßiger verteilt als früher.

Damit ist in den frühindustrialisierten Ländern die Debatte über die Lebensgrundlagen der Menschen weiter gediehen als die nicht minder gebotene Debatte über den Zustand ihrer Gesellschaften. Denn wie die westliche Wirtschafts- und Lebensweise Umwelt und Natur existentiell gefährdet, gefährdet sie auch die Stabilität des gesellschaftlichen Gefüges. Doch davon wollen viele nichts wissen. Das betrifft sie ja selbst, rührt an ihr Eigenverständnis und ihre Identität. Die Vorstellung, ein selbst- und gesellschaftsgefährdendes Leben zu führen, ist – nur allzu verständlich – schwer erträglich. Was nicht wahr sein darf, kann nicht wahr sein. Gegen eine solche Unterstellung setzen sich die meisten zur Wehr. Wer sich dennoch darauf einlässt, sieht sich unverzüglich dem Vorwurf ausgesetzt, zumindest kulturkritisch, wahrscheinlich aber fortschrittsfeindlich zu sein, die großen Errungenschaften der Moderne zu ignorieren und das Rad der Geschichte zurückdrehen zu wollen. Das Argumentationsmuster weist dabei die gleiche Abfolge auf wie einst bei der Diskussion um die Zerstörung von Umwelt und Natur: Alles Hirngespinste ... Das hat es schon immer gegeben ... Ist doch nicht so schlimm ... Wird sich schon wieder einrenken ... Es werden sich schon Lösungen finden ...

Eine vernunftgesteuerte Debatte ist schwierig. Die Gesellschaft schützt nämlich ihr Eigenverständnis, das sie über Generationen hinweg entwickelt hat, durch Tabus. Nicht nur durch das der politisch korrekten Sprache. Es gibt einen ganzen Wald von Tabus. Und sich in diesem Wald zu bewegen bedeutet fast unvermeidlich, Zweigberührung zu haben – als da sind Themen wie: die Stellung und Rolle von Männern und Frauen, Selbstbestimmungs- und Entfaltungsrechte Einzelner und gesellschaftlicher Gruppen, Gleichheitsansprüche und vor allem soziale Gerechtigkeit. Auf Schritt und Tritt lauern in diesem Wald die Fallstricke von Sexismus und Rassismus, Homophobie und Islamophobie, von Behinderten- und Obdachlosenabwertung und manches andere. Wer sich in der Öffentlichkeit zu äußern gedenkt, schickt seine Rede deshalb am besten zuvor durch ein Computerprogramm, das alle verfänglichen Begriffe herausfiltert. Ansonsten ist es klüger, zu schweigen oder Phrasen zu dreschen, ohne Rücksicht darauf, ob sie einem Abgleich mit der Wirklichkeit standhalten oder nicht.

Doch trotz dieser Risiken sei es wiederholt: Die von den westlichen Gesellschaften verinnerlichte Wirtschafts- und Lebensweise ist dazu angetan, ihre Existenz auszulöschen – wohlgemerkt die Existenz eines spezifischen Gesellschaftsmodells, nicht die der Menschheit. Diese Feststellung ist weder Panikmache oder Alarmismus noch Schwarzmalerei, sondern das Ergebnis einer einfachen mathematischen Reihe. Wenn über einen längeren Zeitraum hinweg die Kinderjahrgänge einer Bevölkerung zahlenmäßig kleiner sind als die Elternjahrgänge, dann stirbt diese Bevölkerung irgendwann aus, es sei denn, sie absorbiert ständig Menschen aus anderen Bevölkerungen, die fruchtbarer sind als sie selbst, oder sie gibt ihre Lebensweise eines Tages auf und hat selbst wieder mehr Kinder.

Doch was immer eine solche Bevölkerung unternimmt: Ihr

tradiertes Gesellschaftsmodell geht dabei zu Bruch. Schrumpft sie immer weiter, kommt der Zeitpunkt, wo nicht mehr genügend Menschen da sind, um den Fortbestand zu sichern.[120] Füllt sie hingegen entstehende Lücken ständig durch Zuwanderer, ist es nur eine Frage der Zeit, bis diese ihr eigenes Gesellschaftsmodell durchsetzen und andere Modelle an den Rand drängen. Gibt sie schließlich ihre überkommene Lebensweise auf und erhält sie sich biologisch wieder selbst, erledigt sich ihr Gesellschaftsmodell ebenfalls. Alle diese Optionen sind in der Praxis erprobt. Nicht oder nur ansatzweise erprobt ist diese: Immer neue Zuwandererscharen gehen in der Lebensweise und im Gesellschaftsmodell ihrer neuen Heimat auf. Dann allerdings stehen sie über kurz oder lang vor den gleichen Herausforderungen wie die Ursprungsbevölkerung. Sie nehmen so lange zahlenmäßig ab, bis auch sie wieder marginalisiert werden.

Der Befund ist überwältigend: In keinem einzigen frühindustrialisierten Land – gleichgültig ob in Europa, Nordamerika oder dem Fernen Osten – ist die Geburtenrate auf längere Sicht hoch genug, um den Bestand der Bevölkerung zu erhalten, und wo immer der westliche Lebensstil übernommen wird, stürzt sie steil ab. Das war in Europa gegen Ende des 19. Jahrhunderts so[121] und setzt sich jetzt allenthalben fort. Westlich-industrieller Lebensstil und bestandserhaltende Kinderzahlen – das geht offenbar nicht zusammen. Der letzte Jahrgang, der sich beispielsweise in Deutschland in der Zahl seiner Kinder ersetzte, war der Geburtsjahrgang 1881. Viele haben versucht, das zu ändern, und dabei die verschiedensten Mittel angewandt. Sie sind alle gescheitert: das Kaiserreich, die Weimarer Republik, das Dritte Reich und auch die Bundesrepublik Deutschland und die DDR.

Werden Menschen in frühindustrialisierten Ländern gefragt, warum sie kein oder allenfalls ein Kind haben, lässt sich aus ihren Antworten ein treffliches Psychogramm ihrer Gesellschaft zeichnen. Wir sind kinderlos, so erklären sie, erstens, weil wir keinen geeigneten Partner, keine geeignete Partnerin haben; zweitens, weil wir auch ohne Kinder zufrieden sind; und drittens, weil Kinder unsere Konsummöglichkeiten und Karrierechancen beeinträchtigen. Andere Gründe wie fehlende Betreuungsmöglichkeiten oder zu wenig Geld finden sich erst auf unteren Rängen.[122]

Das ist sie, die westliche Gesellschaft: an der Oberfläche bunt und glänzend, darunter aber morsch und zerbrechlich. Auch in ihren kleinsten Einheiten, den Familien, zeigt sich das. Gewiss gibt es viele, deren Mitglieder unverbrüchlich zusammenstehen. Aber es gibt eben auch viele, in denen sich keiner auf keinen verlassen kann: Frauen nicht auf Männer und Männer nicht auf Frauen, Mütter nicht auf Väter, und Väter nicht auf Mütter und Kinder nicht auf Eltern. Die Frage: Kann ich dem, kann ich der trauen?, ist deshalb nur allzu verständlich. Denn auf jede gelungene Partnerschaft kommt in zahlreichen frühindustrialisierten Ländern eine – formell oder informell – gescheiterte. Und die Zahl derer, die zur anderen, zum anderen laut und vernehmlich Ja sagt und daran mindestens so lange festhält, wie Kinder dies für ihre Entwicklung brauchen, schwindet weiter. In einem Land wie Deutschland werden jährlich rund 150 000 Kinder zu Scheidungswaisen, wobei diejenigen, die nicht in einer Ehe geboren worden sind, gar nicht mitgezählt sind. Und ihre Zahl ist hoch. Fast jede fünfte Familie mit Kindern ist unvollständig. 2,2 Millionen Kinder wachsen derzeit in Deutschland zumeist ohne Vater, mitunter ohne Mutter auf – 17 Prozent aller Kinder in West- und 26 Prozent in Ostdeutschland.[123]

Leicht haben es diese Ein-Eltern-Familien nirgendwo. Die Trennung vom Partner oder der Partnerin, vom Vater oder der Mutter ist für Erwachsene wie für Kinder eine nicht selten traumatische Erfahrung, unter der sie lange leiden. Experten und viele Betroffene sind sich darin einig. Doch da das nicht zum Selbstverständnis der westlichen Gesellschaft passt, wird es nur ungern thematisiert, genauso wenig wie die Tatsache, dass Scheidungs- und Trennungswaisen weit überdurchschnittlich oft schulische Probleme haben, krank sind oder psychische Auffälligkeiten zeigen.[124] Hinzu kommt, dass solche Familien häufig in Armut fallen. Das Armutsrisiko von Kindern Alleinerziehender ist mit vierzig Prozent viermal so hoch wie das Armutsrisiko von Kindern, die mit Vater und Mutter aufwachsen.[125] Arme Kinder – das sind in den frühindustrialisierten Ländern neben den Kindern von Migranten in erster Linie die Kinder Alleinerziehender. Unter derartigen Bedingungen ist es kaum verwunderlich, wenn viele Männer und Frauen sagen: Ich will kein Kind (mehr), denn ich habe keinen vertrauenswürdigen Partner. Ohne einen solchen kann diese Entscheidung durchaus Ausdruck von Verantwortungsbewusstsein sein.

Die Zerbrechlichkeit der Familie, in der sich die Zerbrechlichkeit der Gesellschaft widerspiegelt, wird gesteigert durch die Fülle von Optionen, die diese Gesellschaft dem Einzelnen bietet. Noch nie standen Menschen so viele Wege offen, konnten sie unter so vielen Lebensentwürfen wählen. Das ist zweifellos eine ihrer ganz großen Attraktionen. Doch dauerhaften Bindungen oder gar Familien mit Kindern ist dies abträglich. Zwar bekundet noch immer eine überwältigende Mehrheit der Deutschen, dass die Familie das von ihnen erstrebte Lebensmodell sei.[126] Aber wenn es ernst wird, lockt jenseits von Babybrei und Wickeltisch, von Schulranzen und Pausenbrot eine farbige, aufregende Welt. Und nicht wenige stellen bei sich oder Freunden und Verwandten fest, dass Elternschaft auch anstrengend und monoton sein kann und auf jeden Fall mit Verzicht, ja Selbstverleugnung verbunden ist.[127] Was liegt da näher, als sich zu sagen: Kein oder nur ein Kind zu haben ist doch auch recht angenehm. Wozu Kinder? Es gibt doch so viel anderes Schöne auf der Welt!

Wo Menschen solche Optionen haben, haben es Kinder schwer. In materiell bedürftigen, wenig gebildeten und deshalb optionsarmen Gesellschaften haben Kinder ein gewisses Monopol bei der Gestaltung von Lebensentwürfen. Was sollen die Menschen sonst tun, als zu arbeiten und Kinder großzuziehen? In materiell wohlhabenden, gebildeten Gesellschaften haben sie dieses Monopol nicht. Da stehen sie im Wettbewerb mit alternativen Lebensentwürfen und ziehen dabei oft den Kürzeren. Der Zusammenhang ist eindeutig: Je weniger Optionen Menschen in einer Gesellschaft haben, seien es Völker oder Bevölkerungsgruppen, umso mehr Kinder haben sie.[128] Wobei auch in diesem Fall Ausnahmen die Regel bestätigen.

Freilich gibt es diese farbige, aufregende Welt jenseits von Babybrei und Pausenbrot ebenfalls nicht anstrengungsfrei. Um zu ihr vorzustoßen, müssen Prioritäten gesetzt sowie Mittel und Kräfte gebündelt werden. Auch das wird in den Antworten auf die Frage deutlich: Warum haben Sie kein oder nur ein Kind? Weil Kinder Konkurrenten im Kampf um eine schickere Wohnung, ein größeres Automobil, eine glanzvollere Karriere oder zumindest einen sicheren Arbeitsplatz sind. Schließlich leben wir in einer erwerbsarbeit- und konsumfokussierten Gesellschaft! Da mögen Kinder ja ganz nett sein. Aber so nett sind sie nun auch wieder nicht, um ihretwegen Konsummöglichkeiten und Karrierechancen zu schmälern.

Vor diesem Hintergrund wirken die Bemühungen von Staaten und gesellschaftlichen Gruppen beinahe rührend: mehr Kindergeld, Krippenplätze und Ganztagsschulen, verbilligte Fahrscheine für öffentliche Verkehrsmittel, Freikarten für den Zoo oder Ferien für Mutter und Kind. Das alles ist gut und recht, und jeder, der dies vermag, sollte solche Aktivitäten nach Kräften fördern. Nur ändern sie nichts daran, dass hochproduktive, hochmobile, hochflexible und auf Erwerbsarbeit, materielle Wohlstandsmehrung und Wirtschaftswachstum fokussierte Gesellschaften ganz einfach kein geeignetes Biotop für Kinder sind. Kinder brauchen Verlässlichkeit, Ruhe, Rituale und vor allem Zeit, viel Zeit. Das heißt, sie brauchen das Gegenteil dessen, was Gesellschaften frühindustrialisierter Länder aufgrund ihrer Maximen zumeist bieten.

Deshalb kann auch der immer wieder erschallende Ruf nach mehr Kinderfreundlichkeit nichts bewirken. Italiener, Spanier, Griechen – sie alle gelten als besonders kinderfreundlich, haben aber noch weniger Kinder als die Bevölkerungen anderer frühindustrialisierter Länder.[129] Das braucht nicht zu verwundern. Denn würden sich die westlichen Gesellschaften Kindern wirklich öffnen, dann wären sie nicht länger die westlichen Gesellschaften. Diese dürfen nicht rasten und ruhen, müssen mit den Besten in der Welt mithalten und sollen möglichst an der Spitze stehen. Vor allem aber sollen sie wirtschaftlich wachsen, wachsen, wachsen. In Gesellschaften, die solchen Maximen anhängen, gibt es nur wenig Raum für Kinder. Sie sind strukturell kinderarm, gleichgültig, wie viele Krippenplätze und Ganztagsschulen sie bereitstellen. Diese können nicht mehr als Krücken sein. Doch weil sich die Gesellschaft das nicht eingestehen will, gibt sie mit bescheidensten Ergebnissen Unsummen für die Förderung ihres Nachwuchses aus. Ausgaben, die sie sich sparen könnte, wenn sie ihre Lebensweise änderte. Doch dazu ist die Mehrheit bislang nicht bereit.

Unmündige Gesellschaft

Änderte die Gesellschaft ihre Lebensweise, könnte sie mit geringerem materiellen Aufwand besser leben. So aber muss sie erhebliche Anstrengungen und Kosten auf sich nehmen, um Herausforderungen zu bewältigen, die sich früheren Generationen entweder gar nicht erst stellten oder die sie ohne größere Schwierigkeiten meisterten. Menschen in den frühindustrialisierten Ländern mögen wahre Rastellis im Umgang mit allem möglichen technischen Gerät sein. In anderen überlebenswichtigen Bereichen sind sie hingegen oft Analphabeten, die für jede kleine Lese- und Schreibhilfe zahlen müssen.

Die Schar professioneller und auch ehrenamtlicher Schriftkundiger, sprich Ratgeber und Coaches, ist riesig. Ein nicht unbedeutender Teil der Erwerbsbevölkerung ist mit nichts anderem beschäftigt, als den vielen Unmündigen mitunter guten, stets aber teuren Rat zu verkaufen. Dass sich Menschen in einer hochkomplexen Wirklichkeit in Steuer- und Rechtsangelegenheiten gelegentlich beraten lassen müssen, spricht zwar nicht unbedingt für die Transparenz dieser Systeme, ist aber einsichtig. Schon weniger einsichtig ist es, wenn sie auch in Fragen ihrer Gesundheit nicht selten völlig hilflos sind. Selbst Ärzte, die ja hieran durchaus verdienen, klagen, dass allzu viele Patienten nichts von sich und ihrem Körper wissen und deshalb bei jeder Bagatelle das Gesundheitssystem in Anspruch nehmen und dadurch unnötige Kosten verursachen.

Die Liste der Ratgeber ist lang. Vermögens- und Anlageberater buhlen um die Gunst der Betuchten, Renten- und Sozialhilfeberater um die Aufmerksamkeit der wirtschaftlich Schlechtergestellten. Ernährungs-, Diät-, Mode- und Lifestyleberater wiederum haben sich auf eine vorwiegend weibliche Klientel spezialisiert. Aus eigenem Erkennen vermag diese Gesellschaft immer weniger. Überall greift sie nach helfenden Händen. Wo diese fehlen, wird sofort der Ruf nach dem Staat laut. Er soll immer und überall einspringen, auch da, wo Menschen sich durchaus selbst helfen könnten. Doch das haben sie nie gelernt – und wenn doch: längst wieder verlernt.

Frauen finden nicht mehr zu Männern, diese nicht zu jenen. Um dem abzuhelfen, bedürfen sie zunehmend professioneller Anleitung. Haben sie sich schließlich gefunden, hapert es an Partnerschafts- und Familienkompetenz, die wiederum aufwendig vermittelt werden muss. Kündigt sich Nachwuchs an, gibt es für werdende Eltern »Überlebenshilfen« (Triple-P-Kurse und Videos)[130] oder wenigstens »institutionalisiertes Elterntraining«[131]. Da dies jedoch nicht immer erfolgreich ist, stehen zusätzlich Erziehungsberater, Konfliktberater, Einschulungsberater und ähnliche Berater bereit, um eventuell fehlende Familien- und Erziehungskompetenz zu ersetzen. Doch da viele auch dann noch nicht die »komplexeste Aufgabe der Welt«[132] im Griff haben, müssen Partnerschafts- und Eheberater aktiv werden, um zu retten, was zu retten ist. Ist nichts mehr zu retten, steht eine »Scheidungsfolgen-Infrastruktur« bereit. Oder sollte zumindest nach Meinung Berufener bereitstehen, ist es doch »skandalös, dass ein so reiches Land wie die Bundesrepublik nicht in die Infrastruktur für ein professionelles Trennungsmanagement investiert«.[133]

Noch vor gar nicht langer Zeit wäre das alles Stoff für Satire gewesen. Jetzt aber ist es bitterernst. Immer mehr Menschen können nicht mehr miteinander um- und aufeinander eingehen. Diese Erfahrung haben sie nicht gemacht. Vielleicht haben sie in einem frühkindlichen Förderkurs als Dreijährige eine erste und als Vierjährige eine zweite Fremdsprache nahegebracht bekommen.[134] Aber miteinander spielen, lachen, Spaß haben oder traurig sein – das blieb ihnen nicht selten fremd. Kinder- und Jugendeinrichtungen schlagen Alarm. Sie halten mittlerweile jedes fünfte Kind für psychisch auffällig und die Hälfte davon für längerfristig behandlungsbedürftig.[135] Die Rede ist von einer »ermordeten Kindheit«, die Kinder zu seelischen Krüppeln werden lässt.[136]

Die Zahl der Eltern, die sich von ihren Kindern überfordert fühlen, steigt ebenso wie die Zahl der Kinder, die sich von ihren Eltern vernachlässigt fühlen. Das mag subjektiv sein. Objektiv messbar ist hingegen, dass in Deutschland und anderen Ländern die Fälle staatlicher Inobhutnahme deutlich zunehmen[137] und ebenso die Fälle, in denen das elterliche Sorgerecht mehr oder minder dauerhaft entzogen wird.[138] Betroffen hiervon sind keineswegs nur Kinder und Jugendliche aus wirtschaftlich bedrängten Verhältnissen, obwohl sie die gefährdeteren sind. Wachsende Bedeutung hat in Gesellschaften mit hohem materiellen Wohlstand auch die sogenannte Verwöhn- und Wohlstandsverwahrlosung.[139] Da nicht wenige Eltern ihren Kindern nicht geben, was diese brauchen: Zuwendung und Zeit, geben sie ihnen, was sie haben: Geld und materielle Güter. 13 Prozent der Acht- bis Elfjährigen beklagen in Deutschland, dass ihre Eltern zu wenig Zeit für sie haben, bei den Kindern erwerbstätiger Alleinerziehender sind es sogar 35 Prozent.[140]

Gedopte Gesellschaft

Nun lässt sich sicher einwenden, dass in einer Gesellschaft, in der jedes fünfte Kind psychisch auffällig ist, umgekehrt vier von fünf Kindern das offenbar nicht sind; oder dass bei einem Anteil von 13 Prozent der Acht- bis Elfjährigen, die den Zeitmangel ihrer Eltern beklagen, 87 Prozent offenbar die nötige Zuwendung erfahren. Mit der großen Mehrheit scheint also alles in Ordnung zu sein, und bei genauerer Prüfung zeigt sich, dass auch alles in Ordnung ist. Die meisten jungen Menschen wachsen in intakten Elternhäusern auf, in einer interessanten und anregenden Umgebung, vernünftig umsorgt, sind nicht zu dick und nicht zu dünn sowie geistig und körperlich aktiv. Für sie sind die Weichen für ein gelingendes Leben gestellt. Doch welche Schlüsse erlaubt das für die Gesellschaft?

Oder anders gefragt: Wie hoch darf in einer Klasse der Anteil renitenter Schüler sein, ehe fruchtbares Unterrichten nicht mehr möglich ist? Wie viele Mitarbeiter einer Abteilung können blaumachen, ehe die Kollegen aufbegehren? Wie viele Müllwerker müssen streiken, ehe das öffentliche Leben beeinträchtigt wird? In der Regel genügen recht kleine Minderheiten, um das Wohlergehen einer Gemeinschaft empfindlich zu stören. Menschliche Gemeinschaften sind wie lebende Organismen. Weder diese noch jene sind jemals frei von Mängeln, denn Mängel sind Teil des Lebens. Leben ist defizitär. Und es ist auch gut möglich, dass viele in den westlichen Gesellschaften und diese selbst in einem übertriebenen Streben nach Perfektion auf solche Defizite überempfindlich reagieren. Was zu anderen Zeiten und in anderen Gesellschaften vielleicht als belanglose Abweichung von einer Norm angesehen wurde, gilt in westlichen Gesellschaften nicht selten als gravierende Fehlentwicklung. Da können durchaus ein paar Tage trüber Stimmung zu psychischen Verhaltensstörungen aufgeblasen werden, von denen angeblich 32 Prozent der Frauen und 15 Prozent der Männer mindestens einmal im Jahr befallen sind.[141]

Aber selbst wenn von solchen Überempfindlichkeiten und Übertreibungen abgesehen wird, kommen die westlichen Gesellschaften nicht umhin, sich eingestehen zu müssen: Von einer inneren Balance sind wir weit entfernt. Zwar bekundeten 2008 77 Prozent der europäischen und sogar 82 Prozent der deutschen Bevölkerung, mit ihrem Leben sehr zufrieden oder zumindest zufrieden zu sein[142], und auf einer Skala, die sich von »1 = sehr unzufrieden« bis »10 = sehr zufrieden« erstreckt, verorteten sich die Deutschen bei immerhin 6,62, also bei »recht zufrieden«.

Doch sie dürfen nicht zufrieden sein, weder mit sich noch mit dem von ihnen Erreichten. Sie dürfen nicht innehalten und zurückblicken, das Leben für eine Weile an sich vorbeiziehen lassen. Immer muss es weitergehen. Stillstand wäre ja Rückschritt. Gipfel um Gipfel gilt es zu erklimmen, wenn es sein muss, bis zur Erschöpfung. Viele leben wie auf der Flucht und treten dennoch auf der Stelle. Sie sehnen sich nach Ruhe, nach dem »einfachen« Leben, und sind durchaus bereit, auf einige Segnungen der technischen Zivilisation zu verzichten. Das aber ist im Programm der westlichen Gesellschaften nicht vorgesehen. Dem steht ihr Fortschrittsgebot entgegen.

Die Völker der frühindustrialisierten Länder befinden sich in einem Zustand, den sie vor einigen Jahrzehnten noch gar nicht kannten: Sie sind frustriert, als Einzelne und als Gesellschaft. Und weil sie frustriert sind, greifen sie zu Aufputsch- und Beruhigungsmitteln und dröhnen sich zu mit allem, was ihnen hierfür tauglich dünkt. Schon fragen Wissenschaftler: »Ist der gedopte Mensch der Mensch der Zukunft?«[143] Und was eigentlich ist noch normal: gedopt oder nicht gedopt? Hält der Mensch das moderne Leben überhaupt noch ohne irgendeine Form von Drogen aus? Sind nicht längst alle suchtkrank, die einen mehr, die anderen weniger? Ist Sucht nicht ein »kulturspezifischer Verhaltensexzess«, die »Krankheit unserer Zeit«?[144]

Die Erscheinungsformen dieser Krankheit sind vielfältig, und es dürfte in der Tat schneller gehen, diejenigen zu identifizieren, die unter keiner von ihnen leiden, als die an ihr Erkrankten. Da sind die manifest Drogensüchtigen, die, obwohl eine insgesamt noch immer überschaubare Gruppe, die Öffentlichkeit am meisten beschäftigen. Ungleich größere Kontingente stellen die Nikotin- und Alkoholsüchtigen, gefolgt von den Ess- und Magersüchtigen, den Vergnügungs- und Mobilitätssüchtigen, den Arbeits- und schließlich den Kaufsüchtigen, zu denen heute in Deutschland immerhin neun Prozent der Bevölkerung gezählt werden.[145]

Und wieder heißt es beschwichtigend: Die hat es doch immer gegeben, die Hascher und Heroinsüchtigen, die Menschen mit quittegelben Fingern, die Trunkenbolde, die von der Flasche nicht lassen konnten, die Spieler, die sich und andere ins Elend stürzten. Ja, es hat sie gegeben, und die Romanliteratur ist voll von solchen Gestalten. Aber die Literaten nahmen sich ihrer an, nicht weil sie die Regel, sondern weil sie die Ausnahme waren. Über welchen Süchtigen lohnt es sich heute noch zu schreiben? Über Kettenraucher? Über Alkoholiker in einer Gesellschaft, in der ein Viertel der 17-jährigen Männer und Frauen mindestens einmal im Monat betrunken bis sturzbetrunken sind?[146] Über regelmäßige Konsumenten von Beruhigungs- oder Aufputschmitteln, die meinen, nur so ihren Tag meistern zu können – im Beruf, beim Sport, beim Vergnügen? Möglicherweise lohnt es sich noch, über Kaufsüchtige zu schreiben, vor allem dann, wenn sie in ihrem Rausch einen Türsteher zu Tode trampeln. Aber sonst? Alle diese Süchtigen sind keine Randgruppen. Sie bilden die Gesellschaft, als Selbständige und Freiberufler, abhängig Beschäftigte und Beamte, Studenten und Künstler. Über sie zu schreiben lohnt nicht. Dazu fallen sie in westlichen Gesellschaften zu wenig auf, sind sie zu normal. Doch diese Normalität wiederum ist extrem aufwendig. Bei einer anderen Lebensweise entfiele dieser Aufwand.

Hilflose Gesellschaft

Der Zustand einer Gesellschaft offenbart sich nicht zuletzt in den Anforderungen, die sie an den Staat und seine Einrichtungen stellt. Auch hieran gemessen steht es nicht gut um die westlichen Gesellschaften. Denn sie erwarten vom Staat wahre Wunderdinge. Und da diese Erwartungen zwangsläufig enttäuscht werden müssen, sind viele Bürger verdrossen. Staat, warum handelst du nicht? Siehst du nicht, dass ich deine Hilfe brauche?

Was von den kleinen Lebenskreisen, von Eltern, Großeltern, Verwandten, Bekannten, Religionsgemeinschaften oder kurz: der Gesellschaft unterlassen wird, soll der Staat tun. Er soll massenhaft Versäumtes nachholen. Ein besonders markantes Beispiel hierfür ist die Vermittlung der wohl elementarsten und zugleich wichtigsten Kulturtechnik, der Sprache. Diese Vermittlung gelingt abnehmend. Die Folge: grassierende Sprachmängel. In westlichen Gesellschaften lernen viele Kinder zu Hause nicht mehr altersgemäß sprechen. Wie das deutsche Kinderhilfswerk unlängst feststellte, »weisen immer mehr deutsche wie auch nicht-deutsche Kinder erhebliche sprachliche Rückstände in ihrer Entwicklung auf«.[147] Der gleichen Quelle zufolge muss die Hälfte aller Kinder mit Deutsch im Zweitspracherwerb – in der Regel also Migrantenkinder – sogar als »sprachgestört« eingestuft werden.

Doch wer nicht richtig sprechen kann, dem fällt häufig auch das Lesen schwer. Fast jeder vierte deutsche wie nicht-deutsche 15-Jährige hat »ein ausgesprochen schwach ausgeprägtes Leseverständnis«.[148] Bereits die Lektüre weniger Sätze bereitet diesen Jugendlichen erhebliche Schwierigkeiten. Daran ändert sich auch in späteren Lebensjahren nichts. Von den Erwachsenen erklärt ebenfalls jeder Vierte, er lese kaum oder gar nicht, denn »Lesen strengt zu sehr an«.[149] Und wer nicht richtig sprechen und nur mühsam lesen kann, der kann sich im Allgemeinen auch schriftlich nicht ausdrücken.

Was aber bedeutet das für die Fähigkeit eines Menschen, klar zu denken, logische Entscheidungen zu treffen, nachvollziehbar zu argumentieren oder überzeugend Standpunkte zu vertreten? Manche mögen ihre sprachlichen Unzulänglichkeiten durch überdurchschnittliche Intelligenz oder außergewöhnliche nichtverbale Kommunikationsfähigkeiten ein Stück weit ausgleichen können. Für die meisten bedeutet es jedoch, dass sie in das Ghetto des funktionalen Analphabetismus geraten. In diesem Ghetto sind die Horizonte eng, die Erwerbschancen gering und die gesellschaftlichen Aufstiegsmöglichkeiten begrenzt. Nicht selten sind hiervon noch Kinder und Kindeskinder betroffen.

Da ist es verständlich, wenn viele fordern: Staat, das musst du verhindern! Das aber ist leichter gesagt als getan. Die Defizite späterer Jahre gründen nämlich oft in einer Lebensphase, in der die Einwirkungsmöglichkeiten des Staates nicht ohne Grund beschränkt sind. Warum weisen immer mehr Kinder sprachliche Rückstände in ihrer Entwicklung auf? Die Antwort der Experten ist banal und erschreckend zugleich: Weil mit ihnen zu wenig gesprochen worden ist. Vielen wurde nur selten oder nie etwas vorgelesen. Zum selbständigen Lesen wurden die wenigsten ermuntert.[150] Für alles das fehlt in den westlichen Gesellschaften oftmals Zeit, Neigung und Gelegenheit. Die Eltern sind berufstätig und am Abend müde, die Großeltern wohnen weit entfernt und wollen ihre Ruhe haben, das Zeitbudget der Erzieherinnen ist rationiert. Da fallen Langsamere leicht zurück. Denn der Mensch ist ein Nachahmer. Wen aber sollen sie nachahmen? Während wenige Privilegierte schon in jungen Jahren Zweit-

und Drittsprachen erlernen, schlagen sich viele ein Leben lang mit den sprachlichen Versäumnissen in ihrer frühkindlichen Entwicklung herum.

Wird in vielen Familien zu wenig gesprochen und gelesen, so wird in noch mehr Familien zu wenig gesungen und musiziert. Dabei ist sich die Wissenschaft darin einig, dass eine frühe und anhaltende künstlerisch-musische Bildung schöpferische Kräfte im Menschen freisetzt, die nicht nur diesen selbst, sondern die ganze Gesellschaft unschätzbar bereichern. Auf diese Bereicherung wird jedoch weithin verzichtet. Wenn überhaupt, dann heißt es auch hier: Staat, mach du! Und der Staat macht, so gut er kann. Jedem Kind ein Instrument, heißt die Forderung.[151] Das aber kommt spät, und die Umsetzung gelingt nur sporadisch. Spielte einst fast jedes Dorfschulmeisterlein ein Instrument – und das meist nicht schlecht[152] –, fristen heute die künstlerisch-musischen Aktivitäten zumeist ein Schattendasein. Wie in so vielen anderen Bereichen zehrt auch hier die westliche Gesellschaft vom Erbe der Vergangenheit.

Staat, mach du! Biege die krummen Rücken der Kinder wieder gerade und lockere ihre verspannten Muskeln. Denn nicht selten klagen sie schon im Vorschulalter über ständige Kopf- und Rückenschmerzen, haben sie gravierende Haltungsschäden, können sie ihre Bewegungsabläufe nicht altersgemäß steuern und sind sie außerstande, sich auf etwas zu konzentrieren.[153] Die Therapie ist einfach, wirkungsvoll und kostenlos: viel körperliche Bewegung. Aber auch darauf verstehen sich viele nicht mehr – weder Eltern noch Kinder. Die Fitnessstudios und gelegentlichen Jogger können darüber nicht hinwegtäuschen: Die Mehrheit vermeidet körperliche Bewegung. Die Bevölkerungen frühindustrialisierter Länder sind körperlich hochgradig immobil. Das hat sie dermaßen geschwächt, dass sie beispielsweise fremder Hilfe bedürfen, um ihre Ernten einzubringen. Das ist nicht nur eine Frage der Bezahlung, sondern auch der verlorengegangenen Fähigkeit, sich zu bücken oder Lasten zu heben. Ärzte raten: im Grundschulalter pro Tag mindestens 12 000 Schritte für Mädchen und 15 000 Schritte für Jungen.[154] Die Eltern mögen einmal nachzählen und dann mit gutem Beispiel vorangehen.

Der Staat in Gestalt der Schule soll aber nicht nur nachholen, was die Gesellschaft in ihren Familien und kleinen Lebenskreisen bei der sprachlichen Entfaltung, künstlerisch-musischen Erziehung und körperlichen Ertüchtigung des Nachwuchses versäumt hat. Er soll ihm auch zeigen, wie man sich gut und richtig ernährt, Messer und Gabel handhabt, geschickt mit Geld umgeht, ein »kompetentes, selbstbewusstes Kaufverhalten« entwickelt und bestmöglich für die Fährnisse des Lebens – Krankheit, Alter oder Pflegefall – vorsorgt. Schließlich soll er die Kinder und Jugendlichen auch noch zu Umgangsformen und einem fairen, partnerschaftlichen Miteinander anhalten. Mit einem Wort: Der Staat in Gestalt der Schule soll dem Nachwuchs geben, was die Gesellschaft in ihren Familien und kleinen Lebenskreisen ihm immer öfter nicht mehr geben kann, weil sie selbst nicht mehr darüber verfügt: Sozialverhalten, Kinderstube. Hinzu kommt dann das Übliche: die Unterrichtung von Fremdsprachen, Mathematik, Naturwissenschaften, Geschichte, Geographie und Computerkenntnissen.

Wie ein roter Faden zieht sich durch die Fülle einschlägiger Untersuchungen[155], dass große Teile der Bevölkerung merkwürdig hilflos, beinahe lebensuntüchtig geworden sind. Dass Schulkinder keinerlei Übung darin haben, Konflikte gewaltfrei auszutragen, sie vor dem Schulbesuch kein Frühstück bekommen oder den Jüngeren nie gezeigt worden ist, wie Schnürsenkel gebunden werden – all das sind keine Ausnahmen. Den Älteren ergeht es kaum anders. Ein Formular ausfüllen, eine Bagatellerkrankung behandeln, einen Streit schlichten, ein Kind betreuen – für viele sind das hohe, mitunter unüberwindbare Hürden.

Die Gesellschaft betrügt sich selbst, wenn sie diese Befunde verdrängt und sich mit dem Gedanken tröstet, die ältere Generation habe doch zu allen Zeiten sorgenvoll auf die nachwachsende geschaut. Denn erstens ist dies nicht richtig. Neben historischen Phasen, die von Friktionen zwischen den Generationen geprägt waren, gibt es lange Perioden eines harmonischen Miteinanders von Jung und Alt. Zweitens wird das vernehmliche Knirschen im gesellschaftlichen Gefüge ja keineswegs durch besondere Spannungen zwischen den Generationen hervorgerufen, sondern vielmehr durch Sicht- und Verhaltensweisen, die von Jung und Alt geteilt werden. Und drittens sollte es keine Gesellschaft als normal erachten, wenn aus Sicht der Wirtschaft jeder vierte Schulabgänger nicht ausbildungsfähig ist.[156] Denn das hieße, dass viele Schulen und Schüler den gesellschaftlichen Anforderungen nicht genügen, also ein Zerfallsprozess mit unabsehbaren Folgen im Gange ist. Dass dieser im Gange ist, dafür spricht, dass in allen hochentwickelten Industriegesellschaften immer mehr Menschen in der einen oder anderen Weise nicht mehr mithalten können und folglich auf der Strecke bleiben.

Überforderte Gesellschaft

Überforderte Menschen, Systeme, Gesellschaften. Um das zu erfahren, genügt es, am täglichen Berufsverkehr in einer beliebigen Großstadt eines beliebigen Industrielandes teilzunehmen. In den Vorortzügen drängen sich die Menschen, die Zufahrtsstraßen sind verstopft, Fahrpläne werden eingehalten oder auch nicht. Im Durchschnitt verbringen die Erwerbstätigen in Deutschland eineinhalb Stunden, um zu ihrem Arbeitsplatz und wieder nach Hause zu gelangen.[157] Dabei legten 2002 zwei von fünf abhängig Beschäftigten mindestens zwanzig und jeder siebente mindestens sechzig Kilometer mit dem Auto zurück. Hinzu kommen die Benutzer öffentlicher Verkehrsmittel sowie Mitfahrer.[158] Nur eine Minderheit vermag diesem Pendeln etwas Positives abzugewinnen. Sie nutzen es zur Entspannung. Für die große Mehrheit ist es hingegen eine erhebliche Beeinträchtigung ihres allgemeinen Wohlbefindens. Nur Arbeitslosigkeit und körperliche Behinderungen sind für sie ähnlich belastend.[159] Doch sie weiß keinen Ausweg aus diesem Dilemma. So ist diese Gesellschaft nun einmal organisiert.

Am Arbeitsplatz angekommen, freuen sich viele nicht auf das bevorstehende Tagewerk. Sie sehnen sich nach dem Feierabend und dem Wochenende.[160] Ab Donnerstagmittag ist das ihr wichtigstes Thema. Bloß raus aus dieser Mühle. Fragt man die Erwerbsbevölkerung Deutschlands, in welchem Alter sie am liebsten in Rente gehen möchte, liegt der Wunschwert bei durchschnittlich 61,1 Jahren. Keine Alters- oder Einkommensgruppe wünscht sich auch nur annähernd ein gesetzliches Rentenalter von 65, geschweige denn 67 Jahren.[161] Mit solchen Zeithorizonten können sich nur Einzelne anfreunden. Für die Übrigen ist das viel zu spät. Sie fügen sich notgedrungen. Denn sie haben keine Wahl.

Vielen ist ihr Berufsalltag zu stressig. Sie fühlen sich müde, lustlos und ausgebrannt. Von den vierzig Millionen Erwerbstätigen Deutschlands stehen 0,8 Millionen ihr Tagewerk nur bei regelmäßiger Einnahme von Psychopharmaka durch. Weitere zwei Millionen benutzen sie gelegentlich und acht Millionen finden es in Ordnung, hin und wieder zu ihnen zu greifen.[162] Hinzu kommen während und nach der Arbeit große Mengen Alkohol, die helfen sollen, Arbeitsstress abzubauen.

Doch nicht selten reichen Psychopharmaka, Alkohol und auch meditative Übungen nicht aus. Die Gestressten leiden dennoch unter Essstörungen, Angstzuständen, Zwangsvorstellungen oder Depressionen. Nach Untersuchungen der Techniker Krankenkasse[163] litten 2006 7,2 Prozent der bei ihr versicherten Erwerbspersonen unter Depressionen, 4,6 Prozent unter Reaktionen auf schwere psychische Belastungen und acht Prozent unter somatoformen Störungen.[164] Besonders betroffen sind Frauen, die fast dreimal so oft erkranken wie Männer. Die gängige Erklärung: Frauen sind intensiver der Mehrfachbelastung von Erwerbsarbeit, Haushalt und Familie ausgesetzt. Und die Zahl Behandlungsbedürftiger steigt sprunghaft. Immer mehr Menschen scheitern – beruflich, privat oder auf der ganzen Linie.[165]

Diesen Gescheiterten stehen die überaus Erfolgreichen gegenüber, die Jungen, Gesunden, Gutausgebildeten, Belastbaren und nicht zuletzt Beziehungsreichen, die bereit sind, ihre Möglichkeiten konsequent zu nutzen. Ihnen bietet die westliche Gesellschaft Chancen, wie sie kaum jemals Menschen geboten worden sind. Sie können interessanten, lukrativen Tätigkeiten nachgehen, materielle Güter anhäufen, sich bilden, die Welt bereisen und ihre Kontakte pflegen. Sie leben zunehmend in ihrem eigenen Kosmos, scheinbar losgelöst nicht nur von den mehr oder minder manifest Gescheiterten, sondern auch von der Mehrheit der Bevölkerung, die zwischen den Extremen steht.

Diese Mehrheit ist bislang noch gesellschaftsprägend, verliert aber in praktisch allen frühindustrialisierten Ländern an Bedeutung. Wird nämlich Bedeutung – wachstums- und wohlstandsfokussierten Gesellschaften gemäß – ökonomisch definiert und am Einkommen bemessen, zeigt sich, dass diese Gesellschaften wie Zentrifugen wirken, welche Masseteilchen aus der Mitte an den Rand schleudern. Was die Mitte verliert, kommt den Rändern zugute. Übersetzt: Noch Mitte der achtziger Jahre zählten in Deutschland fast zwei Drittel der Bevölkerung zu den Beziehern mittlerer Einkommen.[166] Rund 16 Prozent bildeten die Einkommensoberschicht und reichlich zwanzig Prozent die Einkommensunterschicht. Zwanzig Jahre später war die Einkommensoberschicht auf deutlich mehr als zwanzig Prozent und die Einkommensunterschicht auf deutlich mehr als 25 Prozent angewachsen. Entsprechend stellten mittlere Einkommensbezieher nur noch reichlich die Hälfte der Bevölkerung mit weiter fallender Tendenz. Die westlichen Gesellschaften driften einkommens- und vermögensmäßig auseinander. Die Flügel werden stärker, die Mitte dünnt aus.

2008 erklärten in Deutschland 56 Prozent der Bevölkerung, ihnen gehe es wirtschaftlich gut oder sogar sehr gut, wobei insbesondere die letztere Gruppe in neuerer Zeit stark zugelegt hatte.[167] Die verbleibenden 44 Prozent meinten hingegen, ihnen gehe es weniger gut beziehungsweise schlecht oder sehr schlecht. Bei einer derartigen Ungleichverteilung materieller Glücksgüter ist es einsichtig, wenn auch die Steuerlasten ungleich verteilt sind. Und in der Tat: In Deutschland trägt rund ein Zehntel der Lohn- und Einkommensbezieher die Hälfte und die Hälfte der Lohn- und Einkommensbezieher fast die Gesamtlast direkter Steuern. Die andere Hälfte ist solcher Lasten ledig.[168]

Doch wie immer einsichtig diese Lastenverteilung sein mag – dem gesellschaftlichen Zusammenhalt eines demokratisch verfassten Gemeinwesens ist es nicht zuträglich, wenn die eine Bevölkerungshälfte gewissermaßen Brotherr und die andere Kostgänger ist. Das muss Irritationen erzeugen, und zwar sowohl bei den wirtschaftlich Starken als auch bei den Schwachen. Nicht überraschend erklärten deshalb 2009 77 Prozent der Bevölkerung in Deutschland, es gebe große Konflikte zwischen Reich und Arm.[169] Erstere fühlen sich geschröpft: der Staat nimmt uns zu viel, Letztere sich vernachlässigt: der Staat gibt uns zu wenig.

Die gesellschaftlichen Spannungen, die hieraus erwachsen, ließen sich unschwer vermindern, wenn ein von Starken und Schwachen gemeinsam gebackenes Brot nur gleicher verteilt werden müsste. Das wäre ein bloßer Akt sozialer Gerechtigkeit. Die Ausgangslage ist jedoch vertrackter. Im Grunde wird nämlich in den frühindustrialisierten Ländern von einem zwar immer noch kleinen, aber ständig wachsenden Teil der Erwerbsfähigen ein substantieller Beitrag zum Brotbacken nicht mehr erbracht und auch nicht mehr ernsthaft erwartet. Aus unterschiedlichen Gründen sind sie nicht produktiv genug, um mit den anderen mithalten zu können. Diese machen das Brotbacken unter sich aus. Die Geringproduktiven werden dafür nicht mehr gebraucht. Für sie sucht die Politik händeringend Beschäftigung, die sie aber nur findet, wenn sie selbst die Arbeitsplätze ganz oder teilweise finanziert oder es hinnimmt, dass nur sehr niedrige Löhne gezahlt werden. An den gesellschaftlichen Spannungen ändert sich dadurch nichts.

Auch das gehört zu den Tabus westlicher Gesellschaften: Ihre zentrifugalen Kräfte drängen Menschen nicht nur von der Mitte an den Rand, sondern nicht wenige auch darüber hinaus. Das bedeutet für einige, dass sie innerhalb kurzer Zeit auf legale Weise Reichtümer anhäufen, die das gesellschaftliche Gefüge sprengen, und für andere, dass sie aus ebendiesem Gefüge herausgeschleudert werden. Im Produktionsprozess gibt es für sie keine Verwendung mehr. Hier werden sie allenfalls noch geduldet. Und ständig droht ihnen der »Ausschluss«.[170]

In einer Wirtschaftsform, die auf permanente Hochproduktivität zielt, ist an sich nur Platz für permanent Hochproduktive. Die weniger Produktiven werden von deren Sog mitgerissen, traben hinterher oder bleiben zurück. Das macht die Frage so spannend, warum die Erfolgreichen erfolgreich sind. Harte Arbeit? Wichtig, aber nicht entscheidend, meint die Bevölkerung. Wichtiger sind Ausgangsbedingungen wie Elternhaus, Schule oder Freunde. Noch wichtiger sind jedoch nach Volkesmeinung gute Beziehungen. Zur rechten Zeit am rechten Ort mit dem richtigen Hintergrund zu sein – das ist entscheidend. Kommt dann noch ein Schuss Begabung hinzu, sind die Weichen gestellt, die Wege geebnet.[171] Wer nicht mit solchen Pfunden wuchern kann, muss sich oft mühsam durchbeißen, und viele schaffen es nie.

Trotz gegenteiliger Rhetorik sind die westlichen Gesellschaften keine Gemeinschaften Gleicher. Chancengerechtigkeit und Chancengleichheit sind für sie bestenfalls Leitsterne. In Wirklichkeit bestehen sie aus recht deutlich voneinander abgegrenzten Gruppen, die sich weniger ethnisch und kulturell, als vielmehr sozial und beinahe ständisch definieren. Um den Zusammenhalt unter ihnen zu gewährleisten, hat der Staat Solidarität verordnet. Dennoch werden die Risse breiter, der Zusammenhalt schwächer. Immer bedeutsamer wird hingegen die Frage: Zu welcher Gruppe gehörst du? Und schlimm, wer darauf nicht die passende Antwort hat. Das ist in Deutschland nicht anders als in Frankreich, dem Vereinigten Königreich, Japan, den USA und vielen anderen Ländern.

Bilanz des Scheiterns

Die Bilanz von gut 200 Jahren industriell geprägten Wirtschaftens ist widersprüchlich. Einerseits spiegelt sie eine menschheitsgeschichtlich einzigartige Erfolgsgeschichte wider. In dieser Zeit haben die frühindustrialisierten Länder Höhen erklommen, die noch zu Beginn des 19. Jahrhunderts unerreichbar schienen. Träume wurden wahr. Menschen, die heute in diesen Ländern geboren werden, erreichen nicht nur das Erwachsenenalter, sie werden auch alt. Sie können sich bilden, materiell auskömmlich und nicht selten opulent leben, Freiheitsrechte beanspruchen, sich in demokratisch verfasste Gemeinwesen einbringen, kurz: Sie können in einem Maße ihre Lebensführung gestalten, wie dies in früheren Zeiten selbst kleinen Minderheiten nur bedingt möglich war. In den frühindustrialisierten Ländern führen die meisten Bürger heute materiell und immateriell reichere Leben als Burgherren von einst. Kein Wunder, dass mittlerweile große Teile der Menschheit auf diesen Pfad eingeschwenkt sind und weitere zu folgen versuchen.

Andererseits ist diese Bilanz ein Dokument dramatischen Scheiterns. 200 Jahre industriell geprägten Wirtschaftens haben die Menschheit in die größte Bedrängnis ihrer bisherigen Geschichte gebracht. Weiter wie bisher voranzuschreiten ist nicht möglich. Aber auch Rückzugsgebiete sind nicht leicht auszumachen. Manche der angerichteten Schäden sind irreversibel. Polkappen und Gletscher schmelzen, der Meeresspiegel steigt, die Weltmeere sind so vergiftet, dass gestrandete Wale teuer als Sondermüll entsorgt werden müssen, Quellen versiegen, Seen trocknen aus, Böden versteppen und Rohstoffe, allen voran Energieträger, werden knapp und teuer.

Und nicht zuletzt hat ihre Art, zu leben und zu wirtschaften, die Menschen selbst und ihre Gemeinschaften zermürbt. Auf paradoxe Weise sind diese zerbrechlicher, unmündiger, hilfloser und überforderter denn je. Die physischen Entlastungen, die ihnen der technische Fortschritt brachte, wurden durch psychische Belastungen, durch Lärm, Stress und Hektik mehr als wettgemacht. Waren Menschen früher glücklicher? Wohl kaum, wenn sie Zahnschmerzen oder Blinddarmentzündungen plagten. Doch jenseits dessen ist diese Frage unmöglich zu beantworten, lebt doch jeder in seiner Zeit. In unserer Zeit bekundet die Mehrheit, wenn schon nicht glücklich, so doch zufrieden zu sein.[172] Vielleicht war sie das immer. Vielleicht kann der Mensch gar nicht anders leben, als mit einem gewissen Quantum an Zufriedenheit. Dennoch sollte diese Bekundung nicht geringgeschätzt werden: Eine alles in allem zufriedene Bevölkerung – das ist viel.

Doch so vordergründig zufrieden die Bevölkerung auch ist – mehrheitlich spürt sie, dass der Zenit dieser historischen Epoche überschritten ist und diese wie alle vorangegangenen ihrem Ende entgegenstrebt. Zwar lässt sich dieses Ende immer noch ein Stückchen in die Zukunft verschieben. Aber abgesehen davon, dass der Aufwand hierfür fortwährend wächst, ist irgendwann Schluss. Keine Ordnung, kein System, keine Kultur und keine

Zivilisation haben je die Zeiten überdauert. Das ist gewiss. Und ebenso gewiss ist, dass auch am Ende dieser historischen Epoche nicht das stets aufs Neue in Aussicht gestellte Paradies entstanden sein wird. Die Umstände sind zu widrig. In den frühindustrialisierten Ländern sinkt nicht nur der materielle Lebensstandard beachtlicher Bevölkerungsteile, sondern auch deren Bildungsniveau. Lohn- und Gehaltserhöhungen stehen für viele nur noch auf dem Papier. Soziale Spannungen wachsen, und immer mehr fühlen sich an den Rand der Gesellschaft gedrängt, vereinsamt[173], ausgemustert.

Vor allem aber beunruhigt die Menschen, dass sie keine überzeugenden Antworten auf brennende Zukunftsfragen zu geben vermögen. Was ist, wenn sich das Klima in den kommenden Jahrzehnten tatsächlich so verändert, wie die Mehrheit der Experten das voraussagt? Was ist, wenn in nicht sehr ferner Zukunft Millionen und Abermillionen, vielleicht sogar Hunderte von Millionen aus aller Welt die frühindustrialisierten Länder berennen – und vielleicht gar nicht einmal, weil diese materiell wohlhabend sind, sondern weil sich dort die Schäden des Klimawandels noch halbwegs in Grenzen halten und es dort öfter regnet? Was ist, wenn die Leistungsfähigkeit der Bevölkerungen frühindustrialisierter Länder schwindet, weil hohe Anteile alt, hinfällig und pflegebedürftig sind? Was die Menschen zu diesen und zahlreichen weiteren Fragen zu hören bekommen, ist oft ausweichend, wirklichkeitsfern, beschwichtigend oder bizarr.[174]

Abermals fühlt sich die Mehrheit überfordert. Am liebsten würde sie dort weitermachen, wo sie meint, irgendwann in den siebziger oder achtziger Jahren des 20. Jahrhunderts den Faden verloren zu haben. Große Teile der Politik bestärken sie darin. Ähnlich wie nach dem Zusammenbruch des real existierenden Sozialismus in den ostdeutschen Bundesländern annähernd zwei Drittel und 2006 sogar drei Viertel[175] der Bevölkerung meinten, der Sozialismus sei eine gute Idee, die leider schlecht ausgeführt worden sei, so heißt es jetzt: An sich sei das Bestehende in Ordnung, doch bedauerlicherweise seien Fehler gemacht worden. Finanzjongleure hätten über die Stränge geschlagen, die staatliche Bankenaufsicht sei zu lasch gewesen, im Bildungsbereich oder bei der Integration von Migranten habe es Versäumnisse gegeben und nicht zu bestreiten sei auch, dass auf Bevölkerungsentwicklungen nur unzulänglich und auf Natur- und Umweltfragen erst spät eingegangen worden sei. Aber das alles, so heißt es weiter, könne im Rahmen des bestehenden Systems geheilt werden. Voraussetzung hierfür seien allerdings hohe wirtschaftliche Wachstumsraten. Durch sie würden die Mittel generiert, die für eine bessere Bildung und Migrantenintegration, die Bewältigung demographischer Herausforderungen oder die Aufgaben des Natur- und Umweltschutzes benötigt würden.

Dass das, was da als bedauerliche Fehlentwicklungen apostrophiert wird, keine Fehlentwicklungen sind, sondern vorhersehbare Folgen der in den frühindustrialisierten Ländern dominierenden Wirtschafts- und Lebensformen, kommt vielen nicht in den Sinn. Sie verhalten sich wie Menschen, die den Standpunkt vertreten, zwischen Rauchen und Raucherhusten oder zwischen übermäßigem Alkoholkonsum und Leberschäden gebe es keinen Zusammenhang. Eines habe mit dem anderen nichts zu tun. Raucherhusten und Leberschäden seien unvorhersehbare Entgleisungen des Organismus.

Nicht wenige gehen sogar noch einen Schritt weiter, indem sie erklären: Die in den frühindustrialisierten Ländern dominierenden Wirtschafts- und Lebensformen verursachen Probleme? Dann lasst uns diese Art, zu wirtschaften und zu leben, intensivieren! Sie argumentieren, als ließe sich Raucherhusten am besten durch mehr Zigaretten und Leberzirrhose durch mehr Bier, Schnaps und Wein behandeln. Das Diktum Albert Einsteins, dem zufolge Probleme niemals mit derselben Denkweise gelöst werden können, durch die sie entstanden sind, ficht sie nicht an. Unerschütterlich halten sie daran fest, dass es immer mehr vom Gleichen sein müsse, um die Probleme von Wirtschaft und Gesellschaft zu lösen: immer mehr Wachstum.

In ihrem Wachstumswahn haben sich zunächst die Völker der frühindustrialisierten Länder und mittlerweile große Teile der Menschheit heillos übernommen. Nicht nur verbrauchen sie unersetzliche Rohstoffe, Natur und Umwelt in rasender Geschwindigkeit, auch die nachwachsenden Ressourcen reichen nicht mehr aus, um die Gier zu befriedigen. Bis Mitte der achtziger Jahre des letzten Jahrhunderts bestand noch ein Gleichgewicht zwischen dem Verbrauch solcher Ressourcen und ihrer globalen Erneuerungsfähigkeit. Jetzt ist bereits im September aufgezehrt, was bis Silvester hätte reichen müssen: Overshoot Day. Das ist der Tag im Jahr, an dem verbraucht ist, was eine sich selbst erhaltende Natur binnen zwölf Monaten liefern kann. Und dieser Tag liegt in jedem Jahr früher.[176] Was von nun an geschieht, ist Raubbau. Die Erde wird von Mal zu Mal ärmer.

Was heute als Wohlstandsgewinne ausgegeben wird, sind in Wahrheit immer häufiger Hypotheken auf die Zukunft. Kurt Biedenkopf hat schon vor einiger Zeit vor der »Ausbeutung der Enkel« gewarnt.[177] Seitdem hat sich deren Lage weiter verschlechtert. Nicht nur die Bilanzen von Umwelt und Gesellschaft sind in noch größere Schieflage geraten, sondern auch die Generationenbilanz[178], also die finanziellen Lasten, die die Älteren an die Jüngeren weitergeben: Haben und Soll im weitesten Sinne. Alle blicken voller Wohlgefallen auf die materielle Wohlstandsmehrung und sonstige Errungenschaften der zurückliegenden 200, vor allem aber der letzten sechzig Jahre. Aber nur wenige sind sich der enormen Lasten bewusst, die durch soziale Sicherungssysteme[179], öffentliche und private Schulden[180], Umweltschäden, Ressourcenverzehr und vieles andere den nachwachsenden Generationen aufgehalst werden.

Die hemmungslose Verschuldung von Staaten, Unternehmen und Privathaushalten ist zum Normalverhalten westlicher Gesellschaften geworden. Sich zu verschulden gilt als Ausdruck von Lebensfreude, Fortschrittsglauben und Vertrauen in die Zukunft. Nur Hasenfüße und Zukunftsmuffel verschulden sich nicht.[181] Macht mehr Schulden! Wären die Marktakteure schuldenfreudiger, gäbe es mehr Wachstum! Die Amerikaner haben doch der Welt gezeigt, wie es geht. Dank ihres auf Schulden gegründeten Konsums konnte die Weltwirtschaft ein Weilchen brummen.

So weit hat es die westliche Welt gebracht: Sie hat ihren Wohlstand in erheblichem Maße auf einem Schuldenberg errichtet! Und was wird aus diesen Schulden? Dazu der österreichische

Bundeskanzler Faymann ganz untypisch für einen Politiker, aber gerade deshalb ehrlich: »Die europäische Verschuldung … wird in zwei, drei Jahren um ein paar Prozent höher sein. Ich glaube nicht daran, dass irgendein Staat das zurückbezahlt.«[182] Der Mann dürfte recht behalten. Das Wachstum der Wirtschaft, das die Völker der frühindustrialisierten Länder und mittlerweile auch andere einst materiell wohlhabend und frei gemacht hat, ist dabei, zu einer Blüte im Sumpf von Schulden, zu einer Sumpfblüte zu werden. Die dominierende Wirtschafts- und Lebensform frühindustrialisierter Länder hat sich damit ad absurdum geführt.

WIE WIR BESSER LEBEN KÖNNEN

Wachstum und Wohlstand

Schieden sich einst die Geister an der Frage: »Nun sag, wie hast
du's mit der Religion?«[1], so scheiden sie sich heute an der Wachs-
tumsfrage. Vertreten die einen die Auffassung, die Wirtschaft
müsse wachsen, um den Wohlstand zu mehren, Stillstand sei
Rückschritt und Schrumpfen hieße Verarmen, ist für andere
Wachstum keineswegs gleichbedeutend mit Wohlstandsmehrung. Es könne ihn mehren, aber auch mindern.

Der eigentliche Gegenstand der Wachstumskontroverse ist
also nicht Wachstum, sondern Wohlstand. Wachstum ist nur ein
Vehikel, bei dem die einen unbesehen davon ausgehen, dass es
Wohlstand geladen habe, während die anderen die Ladung erst
einmal in Augenschein nehmen wollen, ehe sie sich zu ihr äußern. Deshalb ist Wachstum für Erstere grundsätzlich gut, für
Letztere hingegen allenfalls neutral.

Wer hat recht? Dass der Bau von Wohnungen Wachstum bedeutet, ist unbestritten. Und unbestritten ist auch, dass dieses
Wachstum den Wohlstand mehrt, wenn die Bevölkerung nicht
ausreichend mit Wohnraum versorgt ist. Was aber ist, wenn es
bereits genügend Wohnungen gibt und durch den Bau weiterer
der Bestand an Wert verliert? Und welchen Einfluss auf den
Wohlstand der Menschen hat die Zersiedlung und Versiegelung
von Fläche, der Verbrauch von Ackerland, die Denaturierung
von Landschaft oder der Lärm entlang der zusätzlichen Ver-
kehrswege, die mit dem Wohnungsbau einhergehen? Wird alles
das in die Betrachtung einbezogen, kann sich herausstellen, dass
durch den Bau der Wohnungen zwar Wachstum, aber kein
Wohlstand erzeugt worden ist.

Nicht zuletzt gewitzt durch die Erfahrungen, die in Deutschland mit dem Aufbau Ost gemacht wurden[2], verbreitet sich langsam die Erkenntnis, dass Wirtschaftswachstum und Wohlstandsmehrung viel lockerer miteinander verbunden sind, als bislang von vielen unterstellt worden ist. Selbst eingefleischte Wachstumsverfechter vermeiden mittlerweile eine allzu krude Verwendung des Wachstumsbegriffs und plädieren für ein Wachstum mit Vernunft.[3] Doch noch ist diese Erkenntnis kein Gemeingut. Wäre sie es, würden beispielsweise Parteien ihre Programme nicht mit pauschalen Wachstumsversprechen spicken und weitaus seltener Wachstumsparolen plakatieren.

Wie groß der Abstand zwischen Wachstum und Wohlstand ist, veranschaulicht bereits eine einzige Zahl. Danach wird heute in Deutschland pro Kopf der Bevölkerung reichlich fünfmal so viel erwirtschaftet wie 1950. Das spiegelt das Wachstum wider. Aber zu behaupten, damit habe sich auch der Wohlstand oder gar das Wohlbefinden der Menschen verfünffacht, wäre abwegig. Denn jedem materiellen Zugewinn stehen in der Regel Verluste gegenüber, die die Bevölkerung empfindlich treffen können, über die allerdings in einer wachstumsfokussierten Gesellschaft nicht gerne gesprochen wird. Wie beispielsweise steht es um den Wohlstand eines Menschen, der nach dem wachstumsträchtigen Ausbau seiner ehedem ruhigen Wohnstraße nachts kein Auge mehr schließen kann?

Wachstum und Wohlstand – eine echte Symbiose hat es zwischen diesen beiden nie gegeben. Wachstum ist nicht Wohlstand, sondern enthält allenfalls Wohlstandselemente. Um diese zu ermitteln, ist zu klären, wie sich Aufwand und Ertrag, Verlust und Gewinn von Wachstum zueinander verhalten. Kann, darf und muss der Schlafentzug jenes lärmgeplagten Bürgers samt möglicher Folgeerkrankungen gegen die Vorteile einer ausgebauten Straße aufgerechnet werden? Oder wie geht das Versiegen einer Quelle in die Rechnung ein oder die zunehmende Zahl verwahrloster Kinder? Es ist illusorisch, derartige Kosten auf Euro und Cent beziffern zu wollen. Aber das öffentliche Bewusstsein muss dafür geschärft werden, dass ein zweiprozentiges Wirtschaftswachstum nicht gleichbedeutend ist mit einer zweiprozentigen

Wohlstandsmehrung. Die Wirtschaft kann wachsen, gleich bleiben oder schrumpfen, ohne dass sich das in der Wohlstandsentwicklung niederschlagen muss.

Bislang haben es die einschlägigen Wissenschaften versäumt, handhabbare, verlässliche und anerkannte Indikatoren für die Messung von Wohlstand zu entwickeln. Stattdessen operieren sie seit Generationen mit dem schlichten Instrument des BIP, mit dem zumindest in wirtschaftlich hochentwickelten Ländern Aussagen über Wohlstand und Befinden der Bevölkerung nicht möglich sind. Dennoch wird unverdrossen so getan. Wissenschaft und Politik ähneln Ärzten, die mit Hilfe von Thermometern den Blutdruck zu bestimmen versuchen.

Um die Wohlstandselemente von Wirtschaftswachstum wenigstens annäherungsweise festzustellen, bedarf es weiterer Informationen. Zu ihnen gehören: Erstens, welchen Wert haben die nichterneuerbaren Ressourcen, die durch das jeweilige Wachstum für alle Zeiten verbraucht werden, und hält sich der Einsatz erneuerbarer Ressourcen im Rahmen regionaler und globaler Regenerationsfähigkeit? Zweitens, was sind die Kosten für die Beseitigung aktuell wachstumsbedingter Schäden an Umwelt und Natur? Drittens, was sind die Kosten für die Beseitigung wachstumsbedingter Beeinträchtigungen, die Individuen und Gesellschaft erleiden? Und viertens, wie viel wird von dem jeweiligen Wachstum benötigt, um Altlasten früheren Wirtschaftens, mit denen natürliche Ressourcen, Umwelt und Natur sowie Menschen und Gesellschaft befrachtet sind, abzutragen? Nur wenn das Wachstum höher ist als die Summe dieser Aufwendungen, steigt der materielle und vielleicht auch immaterielle Wohlstand der Bevölkerung. Anderenfalls stagniert oder sinkt er. Auf eine Formel gebracht: Materielle Wohlstandsmehrung ist Wirtschaftswachstum abzüglich aller Kosten, die es in der belebten und unbelebten Natur verursacht. Und die summieren sich.

Weil die Völker der frühindustrialisierten Länder diese Kosten über Generationen hinweg systematisch zu gering veranschlagt haben, sind sie in eine Wachstumsfalle getappt. Wie schlechte Kaufleute haben sie ihre Umsätze für Gewinn gehalten und entsprechend gewirtschaftet. Und um die Absurdität auf die Spitze zu treiben, haben sie auch gleich noch den Aufwand für kaputte Familien, das mühselige Pendeln zwischen Wohnung und Arbeitsplatz, die Behandlung stressbedingter Krankheiten oder die Eindämmung von Umweltschäden ihrer Erfolgsrechnung zugeschlagen. Denn das alles war Teil des Wachstums und hatte damit die Vermutung der Wohlstandsmehrung auf seiner Seite.

Fast nirgendwo wurden Rückstellungen für Umweltschäden oder ausgebeutete Rohstoffquellen gebildet[4], wurde auch nur der Versuch unternommen, Transportkosten zutreffend auszuweisen oder den Aufwand zu beziffern, den der Zerfall von Familien verursacht. Wie abenteuerlich die Buchführung war und verbreitet noch immer ist, veranschaulichen nicht zuletzt die Billionenbeträge, gleichgültig ob in Euro, US-Dollar oder britischen Pfund, die in den kommenden Jahren und Jahrzehnten für Klimamaßnahmen, die Sanierung von Gewässern und Ackerland, die Wiederbelebung verwüsteter Landschaften und anderes mehr benötigt werden. Die Wohlstandsgewinne, die die Wachstumsraten der Wirtschaft in der Vergangenheit vorgespiegelt haben, sind in erheblichem Umfang auf diese Art der Buchführung zurückzuführen, bei der der Aufwand so weit wie möglich vernachlässigt wurde. Sofern er überhaupt Beachtung fand, sollte sich die Zukunft um ihn kümmern.

Diese Zukunft ist jetzt. Weiter wie bisher zu wirtschaften wird zunehmend schwierig und in absehbarer Zeit unmöglich. Dann wird sichtbar werden, dass zumindest die frühindustrialisierten Länder schon seit geraumer Zeit kein wohlstandsmehrendes Wirtschaftswachstum mehr haben und die goldenen Jahre billiger Rohstoffe, fast kostenfreier Umweltnutzung, tragfähiger Gesellschaften und geringer Altlasten vorüber sind.

Diese Erkenntnis braucht niemand zu vermitteln. Sie vermittelt sich selbst. Die Menschen werden im täglichen Leben, an der Tankstelle, im Supermarkt, am Bankschalter oder wo auch immer lernen, dass die Kaufkraft ihrer Einkommen eher sinkt als steigt, ihre Vermögen – groß oder klein – abschmelzen, ihre Abgaben steigen und sie zugleich immer größere Verantwortung für sich und andere übernehmen müssen. Der Staat hingegen wird sich zurückziehen. Er kann nicht anders, selbst wenn er wollte. Nochmals: Niemand braucht das zu verkünden und sich dafür prügeln zu lassen. Niemand braucht Verzicht zu predigen oder seine Mitbürger aufzufordern, den Gürtel enger zu schnallen. Diese werden schon selber merken, wenn die Hose rutscht.

Richtungswechsel

Die Menschen werden von selber merken, wenn ihre Hosen rutschen, aber viele werden dagegen aufbegehren. Selbst diejenigen, die gut und gerne auf einige Pfunde verzichten könnten, wollen an ihrer Leibesfülle festhalten. Abstriche machen? Zum Beispiel ein geringeres Einkommen erzielen? Freiwillig könnten sich dazu in Deutschland ganze zwei Prozent bequemen.[5]

Die menschheitsgeschichtlich beispiellose Wachstumsorgie der zurückliegenden Jahrzehnte hat die Völker der frühindustrialisierten Länder in einen Rauschzustand versetzt, in dem sie möglichst verharren möchten. Sie fürchten die Ernüchterung, den Kater. Deshalb versuchen sie, mit Aufputschmitteln wie Geldillusion, öffentlichen und privaten Schulden und Ähnlichem den Rausch aufrechtzuerhalten und vielleicht sogar noch ein wenig zu steigern. Denn nur im Rausch, so die Mehrheitsmeinung, ist der Mensch zufrieden und das Gemeinwesen funktionsfähig. Und nur im Rausch, soll heißen, nur bei dynamischem Wirtschaftswachstum, sind nach Ansicht vieler Politiker freiheitliche Demokratien regierbar.[6]

Diese Sichtweisen haben sich tief in das individuelle und kollektive Bewusstsein eingegraben. Gilt es irgendeine Aufgabe zu lösen, sei es im privaten oder öffentlichen Bereich, ist der erste Reflex: Geld. Eine höhere Geburtenrate, bessere Kindergärten, Schulen und Universitäten, schönere Theater und Museen, größere Sicherheit auf den Straßen? Die nächstliegende Antwort, die diese Gesellschaft auf solche und tausend weitere Fragen zu geben weiß, lautet: Geld. Immer wieder Geld, viel Geld. Kaum ein Bereich ist hiervon ausgespart. Von der Entbindung bis zur Beerdigung und bei allem, was dazwischen liegt: Ohne einen ständig anschwellenden Geldstrom geht fast nichts mehr. Darauf ist die Gesellschaft eingestellt. Mehr Geld muss sein, und das heißt immer weiteres Wachstum.

Und jetzt der Schock: Es gibt kein »mehr«. Weder Geld noch Wachstum. Zwar sprudeln die Quellen noch immer reichlich, aber nach und nach nimmt ihre Ergiebigkeit ab. Die Völker der frühindustrialisierten Länder haben sich an den Schätzen der Erde bereits so reichlich bedient, haben Luft, Wasser und Böden so ausgiebig beansprucht, dass sie ihren Zugriff nicht weiter erhöhen können und erhöhen dürfen. Im Gegenteil: Milliarden von Menschen sind gerade mit großem Erfolg dabei, ihnen ihre derzeitigen Anteile streitig zu machen. Das aber versuchen die Völker der frühindustrialisierten Länder zu verdrängen. Wie der verarmende Landadel im Europa des 19. Jahrhunderts wollen sie von ihren tradierten Gewohnheiten nicht lassen. Weil diese jedoch immer substanzloser sind, flüchten sie sich in Rituelles. Die Bevölkerung fordert, wie sie es immer gefordert hat: höhere Einkommen, Renten, Sozialleistungen – und die Politik stellt das in Aussicht, wie sie es immer in Aussicht gestellt hat. Wirklich bewegt wird dadurch schon lange nichts mehr.

Keine materiellen Zugewinne mehr zu erzielen, fällt den meisten schwer. Noch schwerer fällt ihnen jedoch, Verluste hinzunehmen. Die Kaufkraft ihrer Einkommen, den Wert ihrer Vermögen wollen sie auf keinen Fall geschmälert sehen. Das ist verständlich, aber nicht realistisch. Denn die drastischen Verschiebungen im Bevölkerungsaufbau der frühindustrialisierten Länder erzwingen ständig höhere Abgaben – Steuern und Sozialbeiträge – für die Versorgung von immer mehr Alten, Kranken und Pflegebedürftigen. Und die weltweit rapide steigende Nachfrage nach Rohstoffen, Energie und Nahrungsmitteln heizt die Inflation kräftig an. Darüber hinaus schlagen die Aufwendungen für die Eindämmung bereits entstandener Schäden an Umwelt, Mensch und Gesellschaft sowie für die Vermeidung künftiger Schäden zu Buche. Verschleiert spielen sie schon heute eine erhebliche Rolle in öffentlichen und privaten Haushalten. Beim ersten größeren Umweltdesaster werden sie explodieren. Das alles zehrt zwangsläufig an den Geldbeuteln der Bürger. Aber auf einen Kaufkraftausgleich können sie nicht hoffen. Den kann es schlechterdings nicht geben.

Der Aufschrei ist programmiert. Solche Gedanken zu hegen, so heißt es schon heute, liefe auf den perfiden Versuch hinaus, mit dem Verweis auf Sachzwänge wirtschaftlich Schwache ruhigstellen zu wollen nach dem Motto: Was wäre es schön, wenn ihr mehr bekommen könntet, aber ihr seht ja selbst, dass das nicht geht. Wer mit materiellen Gütern reich gesegnet sei, so weiter, könne leicht von künftigen Steigerungen seines Einkommens und Vermögens absehen. Aber doch nicht die Armen! Denen geht es doch noch längst nicht gut! Die haben doch Nachholbedarf!

Dass es solche Bevölkerungsschichten auch in frühindustrialisierten Ländern gibt und diese keineswegs klein sind, steht außer Frage. Trotzdem geht diese Argumentation ins Leere. Denn auch wenn sich viele eine Fortsetzung und möglichst sogar eine Steigerung der bisherigen Entwicklung wünschen: Es geht nicht. Die Erschöpfung von Ressourcen, Umwelt, Mensch und Gesellschaft ist zu weit fortgeschritten. Zumindest in den frühindustrialisierten Ländern ist die Mehrung materiellen Wohlstands an Grenzen gestoßen, die zu überwinden einen physischen und psychischen Aufwand erfordern, den zu erbringen sie weder willens noch in der Lage sind. Die große Sause ist vorüber, die Bar geschlossen. Unter solchen Bedingungen nicht noch einen Drink zu nehmen, ist kein Akt freiwilliger Zurückhaltung. Da macht es dann auch keinen Unterschied, ob der Einzelne noch durstig ist oder nicht. Für Durstige wie Nichtdurstige steht auf dem Schild: »Geschlossen«.

Das aber heißt: Die westlichen Gesellschaften können ihr bisheriges Glücks- und Heilsversprechen der immerwährenden Mehrung materiellen Wohlstands nicht länger einlösen. Sie teilen das Schicksal früherer Gesellschaften und ganzer Kulturen, die mit der Einlösung der von ihnen gegebenen Versprechen ebenfalls an Grenzen gestoßen waren. Steuerten sie um und verfolgten neue Ziele, florierten sie weiter, wenn auch anders als zuvor. Erwiesen sie sich jedoch als dazu unfähig und beharrten sie auf dem einmal eingeschlagenen Kurs, scheiterten sie. Mitunter sind Richtungswechsel überlebenswichtig – für Gesellschaften wie für Individuen.

Vor einiger Zeit sendete das Fernsehen eine kurze Sequenz aus einem Amateurfilm. Zu sehen waren an steilem Berghang eine riesige Lawine und vor ihr zwei kleine, dunkle Punkte, die in halsbrecherischer Fahrt talwärts rasten. Kurz bevor sie von der Lawine verschluckt wurden, scherte einer von ihnen abrupt zur Seite aus. Er erschien wenig später als glücklich Überlebender in einem Interview. Für den anderen bestand wenig Hoffnung. Ähnlich die Reaktionen von Menschen beim todbringenden Tsunami im Jahre 2004. Als sich das Meer über weite Strecken zurückzog, folgten ihm etliche neugierig und die meisten blieben am Strand sitzen. Nur einige begannen zu rennen – landeinwärts. Sie taten das am wenigsten Einsichtige. Warum vor einem Meer wegrennen, das sich zurückzieht? Aber genau das war das Richtige.

Die westlichen Gesellschaften befinden sich in einer ähnlichen Lage. Die eingeschlagene Richtung beizubehalten oder den sich zurückziehenden Wassermassen, sprich: den zügig abnehmenden globalen Versorgungs- und Entsorgungskapazitäten hinterherzulaufen, ist existenzbedrohlich. Und nicht minder bedrohlich ist es, weiter auf die Mehrung materiellen Wohlstands als den Seinsgrund dieser Gesellschaft zu setzen, so gerne dies auch viele täten. Wohlstand, das wird, das muss künftig etwas qualitativ anderes sein als vorrangig materielle Güter und kommerzielle Dienste. Nochmals: Dieser Richtungswechsel ist nicht nur wünschenswert, er ist geboten. Denn der bisherige Weg endet. Sich über diese Erkenntnis hinwegzusetzen führt zu unvertretbaren Belastungen für Erde und Mensch.

Auch wenn Materielles weiterhin eine große Rolle im Leben der Menschen spielen wird – Lebenssinn wird von ihm immer weniger ausgehen können. Bei einer Befragung im Jahre 2008 wünschten sich 55 Prozent der Bevölkerung in Deutschland ein höheres Einkommen und 49 Prozent mehr Geld und Vermögen.[7] Auf die Erfüllung dieser Wünsche, davon ist auszugehen, werden sie lange warten müssen. Aber das wissen sie auch. Denn die große Mehrheit erklärt: Nein, wirklich wichtig ist uns das mit der Einkommens- und Vermögensmehrung nicht. Unser Lebensglück hängt jedenfalls nicht davon ab.[8]

Erneuerung

Die westlichen Gesellschaften und alle, die ihnen nacheifern, müssen entweder ihre Richtung ändern und aus der Wachstumsfalle herauskommen, oder sie werden scheitern. Dabei gibt es etliche Hürden zu überwinden – eine von ihnen: die Erneuerung der tradierten ökonomischen Anreiz- und Verteilungsmechanismen. Die derzeitigen entstammen einer Epoche, in der die Menschen trotz einer Vielzahl von Knappheitserfahrungen im tiefsten Innern von der Unerschöpflichkeit natürlicher Ressourcen und der eigenen Fähigkeiten überzeugt waren. Die Welt schien alles im Überfluss zu bieten, die menschliche Fähigkeit, Probleme zu lösen, schien grenzenlos zu sein.

Entsprechend wurde der Auffassung gehuldigt, jeder könne und solle so viel an sich raffen, wie er vermochte. Bei unerschöpflichen Ressourcen erlitt dadurch niemand Schaden. Vielmehr stieg der Wohlstand aller, wenn sich möglichst viele bückten, um die Schätze der Erde einzusammeln. Dies war der Geist des amerikanischen Westens, als dort endlose Büffelherden durch die Prärie zogen und es ziemlich gleichgültig war, wie viele Tiere der einzelne Siedler oder Indianer erlegte. Für die anderen Jäger blieb immer noch genug.

Zwar war das Ganze von Anfang an eine Fiktion. Denn wie die Geschichte zeigt, war binnen weniger Jahrzehnte der letzte Büffel geschossen, und noch ehe er fiel, gerieten sich die Jäger in die Haare. Trotzdem war diese Fiktion nicht unplausibel, zumal die Menschen sie für plausibel halten wollten. Dafür waren sie angetreten, das war das Versprechen, das man ihnen gegeben hatte: eine immerfort anschwellende Flut materieller Güter und kommerzieller Dienste für eine wachsende Zahl von Menschen. Materieller Wohlstand für alle. Es gibt von allem genug. Jeder kann es schaffen. Vom Tellerwäscher zum Millionär.

Diese Gewissheit latenter Fülle und Überfülle schwingt bis heute nach im Traum vom Schlaraffenland, in dem Milch und Honig fließen und gebratene Tauben durch die Lüfte fliegen, oder modern gewendet: im Traum von einem bedingungslosen Einkommen. Menschen brauchen nicht zu arbeiten, wenn sie das nicht wollen oder es ihnen schwerfällt. Sie sollen das tun, was sie können und worauf sie Lust haben. Ist es nicht Ausdruck menschlicher Freiheit, nein sagen zu können, nein auch zu Arbeit und nützlichen Tätigkeiten? Das gehört doch zur Würde des Menschen: ein Einkommen ohne Gegenleistungen![9]

Nach Ansicht der Verfechter eines bedingungslosen Grundeinkommens leben wir längst in paradiesischen Zuständen, die wir annehmen und nutzen müssen. Das klingt dann so: »Wir können es noch nicht fassen …, dass erstmalig alles immer verfügbar ist und dass für alle genug da ist: genug zu essen allemal, aber auch genügend Kleider, Autos, Fernseher, Computer, iPods. Und vor allem genug Geld! Fortschritt und Rationalisierung haben uns einen Überfluss beschert, den es in dieser Form noch nie gab.«[10] Dem bleibt nur hinzuzufügen: Was für eine herrliche Welt!

Doch diese Welt ist ein Traum, weil der Wohlstand, der hier so freigebig verteilt werden soll, in erheblichem Umfang durch den rücksichtslosen Raubbau an Natur und Umwelt, den Verschleiß von Mensch und Gesellschaft und durch die Befrachtung der Zukunft mit ungelösten Gegenwartsproblemen zustande kommt und deshalb keinen Bestand hat. Der bedauerliche Befund ist, dass die Zeiten, in denen die Menschen nur »paradiesische Zustände« anzunehmen brauchten, in sehr weiter Ferne liegen und sie sich bis auf Weiteres mit anderem herumschlagen müssen: existenzbedrohenden Knappheiten.

Um solchen Knappheiten zu wehren und sie möglichst gar nicht erst entstehen zu lassen, haben namentlich die frühindustrialisierten Länder fast ausschließlich materielle Anreize gesetzt. Wer sich anstrengt, soll etwas davon haben, und wer sich sehr anstrengt, soll entsprechend mehr haben. »Leistung muss sich lohnen« ist bis heute ein eingängiger Slogan. Doch welche Leistung ist welchen Lohn wert? Beim tüchtigen Jäger früherer Zeiten war diese Frage recht einfach zu beantworten. In einer hochgradig arbeitsteiligen Gesellschaft ist die Beantwortung hingegen schwierig, wenn nicht unmöglich. Was ist der richtige Lohn?[11]

Das Postulat von der Leistung, die sich lohnen muss, ist deshalb seit geraumer Zeit gepaart mit dem Postulat von der gerechten Verteilung des Geschaffenen. Die Crux dabei ist, dass sich die Gesellschaft von Anfang an nicht auf den Gerechtigkeitsbegriff verständigen konnte. Pochen die einen auf Leistungsgerechtigkeit, fordern die anderen Verteilungsgerechtigkeit. Hieraus ist ein bis heute ungelöster Konflikt erwachsen. Er bildet die Essenz aller Politik: Wie kann die Leistungsbereitschaft von Menschen erhalten und erhöht und zugleich die Beteiligung aller an der Wertschöpfung gewährleistet werden?

Die Antwort der westlichen Gesellschaften ist zweigeteilt. Jeder kann im Verteilungsgeäst aufsteigen, gegebenenfalls bis ganz zur Spitze. Und durch die fortwährende Mehrung materiellen Wohlstands wird so viel Masse geschaffen, dass beides signalisiert werden kann – »Leistung lohnt sich« und zugleich: »Niemand ist von Wohltaten ausgeschlossen«. Die Folgen dieser Strategie sind bekannt: Einer menschheitsgeschichtlich beispiellosen Menge an Gütern und kommerziellen Diensten steht eine beispiellos erschöpfte Welt und Menschheit gegenüber. An die Stelle von Güterknappheit ist die Knappheit an natürlichen und menschlichen Ressourcen getreten.

Damit ist der zweite Teil der Antwort auf die zentrale gesellschaftliche Frage obsolet geworden. Künftig wird es immer weniger möglich sein, durch die ständige Mehrung materieller Güter und kommerzieller Dienste Leistungen zu honorieren und gleichzeitig Teilhabe zu gewährleisten. Zwar wird es auch weiterhin Einkommens- und Vermögensunterschiede geben. Aber anders als bisher wird der Aufstieg des einen mit einer gewissen Automatik den Abstieg des anderen nach sich ziehen. Das einmal erreichte materielle Niveau zu halten wird bereits beachtliche Anstrengungen erfordern.

Wer genauer hinschaut, wird erkennen, dass diese Entwicklung bereits in vollem Gange ist. Die einen empören sich, dass sich Leistung immer weniger lohne, und die anderen, dass der Sozialstaat immer mehr ausgehöhlt werde und die Verwirklichung sozialer Gerechtigkeit zunehmend zu wünschen übriglasse. Und wieder einmal haben alle recht. Denn es stimmt ja, dass der materielle Wohlstand auf breiter Front sinkt. Die wirtschaftlich Schwachen spüren das ganz unmittelbar. Aber auch die wohlhabenderen Schichten werden meist nur noch virtuell wohlhabender. Hinter ihrem Rücken schwinden ihre Vermögen.[12]

Wie aber werden Menschen dazu gebracht, durch ihre Leistungen zu materiellem Wohlstand beizutragen, wenn sie meinen, dass sich das für sie nicht lohne? Die Brisanz dieser Frage erschließt sich am Schicksal des einstmals real existierenden Sozialismus. Er ging unter, weil er die wirtschaftlichen Erwartungen der Bevölkerung dauerhaft enttäuschte. Und er enttäuschte sie, weil er die Menschen nicht zu motivieren vermochte, die dafür notwendigen Leistungen zu erbringen. Zwar überschüttete er sie mit Titeln, Orden und Ehrenzeichen. Aber das genügte ihnen nicht. Sie wollten Substantielleres, und das vermochte der Staat ihnen nicht zu bieten.

Anders im Westen. Dessen Problem war und ist, dass seine Völker einen materiellen Lebensstandard einfordern, der ihre Leistungen übersteigt und nur durch tiefe Einschnitte in die Substanz von Natur und Gesellschaft sowie durch Berge von Schulden ermöglicht werden kann. Das Leben, das sie führen, muss permanent subventioniert werden. Zu welchen Exzessen diese Entkopplung von Leistung und Gegenleistung, Leistung und Lebensstandard führen kann, demonstrieren die Bezieher jener Riseneinkommen, die sachlich nicht zu begründen sind. Hier werden Einzelne mit irdischen Gütern überschüttet, die in keinem Verhältnis zu dem stehen, was sie in die Welt eingebracht haben.

Dabei geht es gar nicht so sehr um den Einzelfall und auch nicht um deren Summe. Viel bedeutsamer ist, dass durch solche Exzesse offenbar wird, welche Monstrositäten ein System fast ausschließlich monetär-materieller Anreize hervorbringen kann. Ein solches System hat keine immanenten Begrenzungen. Es wuchert so lange weiter, bis es seine Grundlagen zerstört hat – spätestens dann, wenn Umwelt und Natur, Mensch und Gesellschaft erschöpft aufgeben.

Wahre Bedürfnisse

Was kann, was soll das goldene Kalb ersetzen, das den Völkern der frühindustrialisierten Länder während vieler Generationen zwar große Opfer abverlangte, sie zugleich aber auch zu Höchstleistungen anspornte und ihrem Leben Sinn gab? Die Auseinandersetzung mit dieser Frage wird die westlichen Gesellschaften in den kommenden Jahren und Jahrzehnten intensiv beschäftigen. Für eine Weile werden sie versuchen, weiterzutanzen wie bisher. Doch nach und nach werden sie die Sinnlosigkeit ihres Tuns erkennen und die zunächst frustrierende Erfahrung machen, dass in ihren Ländern Wohlstand, der auf Wirtschaftswachstum gründet, unter den Bedingungen des 21. Jahrhunderts schwerlich zu mehren ist.[13] Denn während der große Kuchen, bedingt durch die Grenzen, die Umwelt, Natur und Menschen selbst setzen, nur langsam größer wird, nimmt der Appetit von Milliarden von Menschen kräftig zu – und deren Zahl schwillt weiter an. Da bleibt den Völkern der frühindustrialisierten Länder kaum mehr, als sich am Erreichten zu erfreuen und dies vielleicht ein wenig aufzuschäumen. Für ein neues goldenes Kalb reicht dies jedoch nicht.

Von Jahr zu Jahr wird deutlicher werden, dass der auf Wirtschaftswachstum gegründete Wohlstand die Wohlstandsform einer historischen Epoche war, die mit dem 20. Jahrhundert endete. Der Wohlstand des 21. Jahrhunderts ist ein anderer. Zwar wird auch er bedeutende materielle Komponenten enthalten. Sie werden aber nicht groß genug sein, um die bisherigen Wirtschafts- und Lebensformen fortführen zu können. Vielmehr wird dieser Wohlstand in höherem Maße immateriell sein. Das zwingt zu Veränderungen bisheriger Denk- und Handlungsweisen so wie überkommener Gefühlswelten. Bewährtes hat ausgedient, bislang Gültiges gilt nicht länger. Neues, Unerprobtes tritt an seine Stelle. Es ist eine Zeit des Experimentierens, der Niederlagen und Erfolge. Hierauf muss sich der Westen einstellen.

Vordringlich muss er die Frage beantworten, was Wohlstand für ihn künftig sein soll. Bisher bestand er vornehmlich aus einer möglichst großen Menge materieller Güter. Nachdem sich dieses Konzept erschöpft hat, ist die naheliegende Alternative, möglichst wenig von solchen Gütern zu brauchen, also der Maxime zu folgen: Wohlstand heißt nicht, viel zu haben, sondern wenig zu benötigen. Dies ist kein verkappter Verzichtsappell. Denn wer seine Lebensführung darauf eingestellt hat, wenig zu benötigen, der verzichtet auf nichts, wenn er das Wenige hat. Im Gegenteil. Er hat Zeit und Kräfte frei für anderes. Er bindet seine Energie nicht mit Dingen. Für die meisten, die sich hierauf einlassen, ist dies nicht selten eine positive Erfahrung, mitunter sogar ein Akt der Befreiung: der Ausbruch in die Welt materieller Bedürfnislosigkeit, der in vielen Religionen eine wichtige Rolle spielt. Und auch in der Sehnsucht vieler, ab und zu in das »einfache Leben« einzutauchen, schwingt dieser Akt der Befreiung mit.

Was aber benötigt der Mensch? Die Antworten auf diese Frage sind so unterschiedlich wie Menschen unterschiedlich sind. Sie lassen sich nicht über einen Kamm scheren. Das Problem ist, dass die meisten gar nicht zu sagen vermögen, was sie – ganz individuell – benötigen und worauf sie leichten Herzens verzichten könnten. Ihnen wurde das, was sie für ihre Bedürfnisse halten, in jungen Jahren übergestülpt, und sie hatten nie Gelegenheit, für sich selbst herauszufinden, was ihnen gemäß ist und was nicht. Ihnen geht es wie denen, die seit frühester Kindheit nur geschmacklich verfälschte Nahrungsmittel verzehrt haben – zu süß, zu salzig, »geschmacksverstärkt« – und die nunmehr die feinen Nuancen naturbelassener Produkte nicht mehr schmecken können. Für sie gibt es nur ein grobschlächtiges »Schmeckt« oder »Schmeckt nicht«. Ehe sie ihr geschmackliches Differenzierungsvermögen wiedererlangt haben, vergehen oft Jahre. Manche schaffen es nie. Es ist ein langwieriger, mühevoller Prozess.

Einen ähnlichen Prozess müssen diejenigen durchlaufen, die auf den Verbrauch großer Gütermengen und kommerzieller Dienste getrimmt worden sind. Sie wissen zunächst nicht, ob sie diese wirklich benötigen. Ihr Konsumverhalten – das »was« und das »wie viel« – wurde ihnen anerzogen. Sie sind das Produkt von Prägungen, die sie von Dritten erhalten haben und die so oder anders hätten sein können. Wer nicht nur das Produkt solcher

Prägungen sein will, muss für sich selbst entscheiden: Wofür will ich Kraft, Zeit und Leben einsetzen? Was ist mir persönlich wichtig? Wie viel ist mir dieser oder jener materielle Besitz und sozialer Status wert? Und nicht zuletzt: Welche Schäden an Natur, Umwelt, Mensch und Gesellschaft bin ich bereit, für meinen materiellen Wohlstand in Kauf zu nehmen? Nur wer diese und ähnliche Fragen reiflich bedacht und ehrlich beantwortet hat, wird zum mündigen Verbraucher. Bisher sind diese selten. Unter den Bedingungen des 21. Jahrhunderts wird sich das ändern müssen.

Dabei lohnt es, der Frage nachzugehen, warum die Völker der frühindustrialisierten und zunehmend weiterer Länder so konsequent auf massenhaften Konsum ausgerichtet sind, selbst wenn sie dadurch ihre Lebensgrundlagen beeinträchtigen oder sogar zerstören. Vordergründig überwiegt Banales. Konsum, der über Nötiges und Nützliches hinausgeht, soll Freude bereiten, Spaß machen, Lustgewinn sein. Er soll Status und Prestige verleihen sowie Einfluss und Macht demonstrieren. Schaut her, was ich alles vermag!

Dahinter steht jedoch – vielen sicher nicht bewusst – der Dienst an der Religion wachstums- und wohlstandsfokussierter Gesellschaften, die darauf angelegt sind, ein Höchstmaß materieller Güter und kommerzieller Dienste entstehen und vergehen zu lassen. Wie Sandwürmer sind sie auf massenhaften Durchsatz eingestellt. Ohne diesen würden sie ihr Wesen verändern, wären sie nicht mehr, was sie bisher waren. Deswegen hat es auch wenig Sinn, auf Konsumismus, Konsumterror oder Werbeexzesse einzuschlagen. Sie sind nur Säcke auf dem Rücken des Esels »Konsumgesellschaft«, und deren Seinsgrund ist nun einmal ein möglichst grenzenloser Konsum. Auch wenn es diesen nie gegeben hat und nie geben wird, bleibt er die Fata Morgana, der die westlichen Gesellschaften so lange wie möglich entgegenziehen. Die Individualbedürfnisse der Menschen treten dahinter zurück.

Die Fokussierung auf Materielles, auf Massenwohlstand und -konsum ist westlichen Gesellschaften aber auch deshalb wichtig, weil sie dadurch egalitärer und formal demokratischer sein können als Gesellschaften, die beispielsweise Kunst, Gelehrsamkeit,

Redlichkeit, Weisheit oder Bildung zu ihren Zielen erkoren haben. Das erscheint zunächst wenig einsichtig, sind doch in den meisten frühindustrialisierten Ländern die Einkommens- und Vermögensunterschiede beträchtlich und zuweilen extrem. Dennoch ist die Forderung nach sozialer Gerechtigkeit, mit der westliche Gesellschaften ihr Postulat materieller Gleichheit ummanteln, noch immer ungleich einsichtiger als die Forderung nach gleichen künstlerischen Leistungen oder gleicher Gelehrsamkeit. Materiell aufsteigen kann selbst der unbedarfteste Lottospieler, und auch den Millionär, der einst Tellerwäscher war, gibt es wirklich. Durchschnittsbegabungen, die sich eines Tages als Hochbegabungen entpuppen, oder Stümper, die sich zu großen Könnern entfalten, sind hingegen selten. Im Kaufhaus oder Supermarkt unterscheiden sich Menschen nur wenig. Umso mehr auf großer Bühne. Und da sich im materiellen Bereich Unterschiede eher einebnen lassen als im immateriellen, setzt die Politik, aber auch die Gesellschaft als Ganzes, alles daran, wenigstens den Schein massenhaften materiellen Durchsatzes aufrechtzuerhalten.

Unter den Bedingungen des 21. Jahrhunderts wird das nicht länger möglich sein. Die Grundlagen des überkommenen Gesellschafts-, Wirtschafts- und Lebensmodells schwinden. Sich hinter hohen Güterbergen zu verschanzen oder alle Probleme mit Geld zuzuschütten – das geht nicht mehr. Die Menschen müssen sich entscheiden, was ihnen wichtig ist und was nicht, wie ihr künftiger Wohlstand beschaffen sein soll. Die Erfolgreichen, die Wissenden, die Wohlhabenden, diejenigen, die gelernt haben, weiter zu sehen und tiefer zu schürfen, müssen hierbei vorangehen. Ihre ersten Schritte dürfen klein und tastend, die dann folgenden müssen jedoch groß und mutig sein.

Zur Einübung: Darf es ein Thema sein, wenn die Bundeskanzlerin auf internationalen Konferenzen mehrfach dasselbe Kostüm trägt? Wie oft ist einer Frau zuzumuten, dieselbe Festrobe zu tragen? Ist es imageschädigend, wenn sich Begüterte gelegentlich in Second-Hand-Shops umtun? Muss das Auto wirklich so viele Kilowatt haben? Verdient der Fernreisende größere Bewunderung als derjenige, der nahe gelegene Urlaubsziele ansteuert?

Die Beantwortung dieser Fragen beeinflusst öffentliches Bewusstsein. Stehen in einer Elternversammlung auch nur zwei Mütter oder Väter – möglichst die Begütertsten – auf und erklären, diese Klassenfahrt sei ihnen zu teuer, kann das Wunder bewirken. Andere Eltern warten nur auf ein solches Signal. Denn in vielen solchen Bereichen sind unter den früheren Wohlstandsvorstellungen Standards gesetzt worden, die unter den Bedingungen des 21. Jahrhunderts nicht zu halten sind. Oder die wackere Frau, die in ihrem Stadtviertel Dutzende ausgedienter Schulranzen zusammenträgt und mit einem Lastwagen nach Pakistan schickt. Warum Pakistan? Die Antwort: Versuchen Sie doch einmal in Deutschland, einen gebrauchten Schulranzen (oder sonst etwas Gebrauchtes) unter die Leute zu bringen! Gewiss, es gibt hierfür eine Klientel, und sie nimmt an Zahl zu. Aber noch ist die Weiterverwendung von Gebrauchtem keine Selbstverständlichkeit. Nur Arme oder Kenner richten sich mit Großvaters Mobiliar vom Dachboden ein. Das meiste landet auf dem Sperrmüll, um wenig später in einem östlichen Nachbarland fröhliche Urständ zu feiern.

Oder wie oft müssen Häuserfassaden frisch gestrichen werden? Dort, wo am häufigsten gepinselt wird, nehmen die Menschen oft große Strapazen auf sich, um in Länder zu reisen, wo dies recht selten geschieht. Hier lassen sie sich dann verzaubern vom Charme des Alten, Ursprünglichen, Echten. Oder die Milliardenwerte vergammelnder Lebensmittel in westlichen Kühlschränken und Tiefkühltruhen. Immer vorsorgen! Man kann nie wissen. Vielleicht kommt irgendwann überraschend Besuch. Oder das einst christliche Weihnachtsfest mit seinen ganz und gar unchristlichen Materialschlachten. Was ginge verloren, wenn die Geschenkberge einen halben Meter niedriger wären?

Die Menschen sollen leben, wie sie das für richtig halten – ihre Häuser streichen, ihre Kühlschränke füllen und ihre Weihnachtsgeschenke kaufen. Doch sollten sie sich nicht wundern und erst recht nicht klagen, wenn ihr materieller Wohlstand künftig nicht mehr wächst und voraussichtlich sogar abnimmt. Das ist in der Vergangenheit so programmiert worden. Die Wirtschaft mag wachsen, stagnieren oder schrumpfen, die BIP-Zahlen steigen oder fallen – der materielle Wohlstand breitester Bevölkerungsschichten wird so oder so nur in eine Richtung gehen: abwärts.[14] Viele werden davon wenig spüren, denn ihre Puffermasse ist beträchtlich. Allerdings gilt das nicht für alle. Dem zu begegnen, sind große, mutige Schritte erforderlich.

Umverteilung

Wenn die Völker der frühindustrialisierten Länder nicht mehr nur ahnen oder fühlen, sondern erkennen und anerkennen, dass die Karte materieller Wohlstandsmehrung ausgereizt ist, ist die Zeit für große, mutige Schritte gekommen. Diese werden den wenigsten leichtfallen. Die Gralshüter des Überkommenen – Verbände, Gewerkschaften, vor allem aber zahlreiche Politiker – werden sich jedoch besonders schwertun. Sie sind daran gewöhnt, sich von einem gemächlich dahinziehenden Strom von Wirtschaftswachstum und materieller Wohlstandsmehrung treiben zu lassen. Was geschieht, wenn dessen Wasser fallen, haben sie nie bedacht. Warum auch? Sie haben sich ohne nachzudenken auf die Kraft des Stromes verlassen. Er fließt immer, und wenn nicht, dann muss dem nachgeholfen werden!

Das ist auch jetzt die Devise, und die Politik versucht zusammen mit großen Teilen der Gesellschaft, alle Hebel in Bewegung zu setzen, um zumindest für die Bevölkerungsmehrheit die gewohnten Zustände noch für einige Zeit aufrechtzuerhalten. Allerdings kann das nach Lage der Dinge nur Umverteilung bedeuten. Folgerichtig heißt es dann, die Reichen seien doch so reich, dass bei einer gerechteren – sprich: gleicheren – Verteilung für die meisten alles weitergehen könne wie bisher.[15] Viele hören das gerne. Parteien, die ihren Wählern in Aussicht stellen, den Reichen zu nehmen, um den Armen zu geben, erfreuen sich wachsender Beliebtheit.[16] Allein die Enttäuschung ist unvermeidlich. Denn auch die Reichen sind nicht mehr, was sie einst waren und in den Vorstellungen vieler noch immer sind.

Gewiss, es gibt ihn noch, jenen märchenhaften Tausend-und-eine-Nacht-Reichtum, der manche Medien nährt und die Phantasie der Massen beflügelt. In Abu Dhabi, Katar oder Singapur ist er zu besichtigen. Doch bei genauerem Hinsehen zeigt sich, dass es immer wieder dieselben sind, die die Aufmerksamkeit auf sich lenken: wenige Dutzend Milliardäre, die der Menschheit vor Augen führen, welche absonderlichen Wege materielle Wohlstandsmehrung mitunter gehen und zu welchen Monsterwellen sie sich aufschaukeln kann.

Gerade diese Monsterwellen veranschaulichen aber auch, dass Reichtum zu Beginn des 21. Jahrhunderts zu einem Jo-Jo-Reichtum geworden ist. Eben noch steigt er steil nach oben, so dass die Medien 2007 vermelden können: »Die Zahl der Millionäre steigt sprunghaft.«[17] Und schon im nächsten Moment stürzt er ebenso steil ab, so dass es 2008 heißt: »Zahl der Millionäre um 14,9 Prozent geschrumpft.«[18] 2009 ging es wieder aufwärts. Aktienkurse und Immobilienpreise zogen erneut an. Aber es bedarf keiner hellseherischen Fähigkeiten, um zu erkennen, dass wiederum nur ein Ballon bis zum Platzen aufgeblasen wird. Reichtum: das war einmal mehr als nur ein aufgeblasener Ballon.

Zwar ist das kein Grund, die Nöte der Reichen ganz oben auf die kollektive Sorgenliste zu setzen. Dennoch ist bemerkenswert, dass selbst sie nicht vor der sich ausbreitenden Erosion materiellen Wohlstands gefeit sind. Ihr Reichtum wird immer virtueller, substanzloser. Mit genau denselben Unternehmensanteilen oder Immobilien sind sie heute Millionäre, morgen sogenannte Mid-Tier-Millionäre[19], übermorgen vielleicht Superreiche – und wenig später bankrott. Auf- und Abstieg liegen dichter beieinander denn je, und je größer der Schaum des Reichtums, desto luftiger ist er oft geschlagen.

Doch wie groß ist die Schar der Reichen überhaupt, und was sind ihre Besitztümer wert? Folgt man der Definition, nach der Menschen als reich angesehen werden, die neben selbst genutztem Wohneigentum, Hausrat und langlebigen Konsumgütern mindestens eine Million US-Dollar oder rund 0,7 Millionen Euro ihr Eigen nennen, dann gab es 2008 weltweit 8,6 Millionen derart Reicher. Mehr als die Hälfte von ihnen lebte in den USA, Japan und Deutschland. Die knappe andere Hälfte wurde angeführt von Chinesen, Briten und Franzosen. Von diesen Reichen hatten rund 80 000, das war etwa ein Prozent, ein Vermögen von mindestens dreißig Millionen US-Dollar oder reichlich zwanzig Millionen Euro, womit sie als »super-« oder »ultra-reich« galten. Das Gesamtvermögen aller wurde im gleichen Jahr mit 32,8 Billionen US-Dollar oder etwa 23 Billionen Euro beziffert. Davon befanden sich 21,4 Billionen US-Dollar (14,8 Billionen Euro) in den Händen der Reichen und 11,4 Billionen US-Dollar (7,9 Billionen Euro) in den Händen der Superreichen. Im Durchschnitt hatten die Reichen ein Vermögen von etwa 2,5 Millionen US-Dollar (1,75 Millionen Euro) und die Superreichen eines von 147 Millionen US-Dollar (101 Millionen Euro).[20]

Ist das nun viel oder wenig? Mit 32,8 Billionen US-Dollar hatten jene 8,6 Millionen Menschen, die 2008 über mindestens eine Million US-Dollar verfügten, ein Gesamtvermögen, das der Jahreswirtschaftsleistung der USA, Japans, Deutschlands, Frankreichs, Großbritanniens, Italiens und Kanadas, also der sogenannten G7-Staaten entsprach. Würde dieses Vermögen gleichmäßig über die Weltbevölkerung verteilt, erhielte jeder Erdenbürger – einmalig – rund 4800 US-Dollar beziehungsweise knapp 3400 Euro. Für den indischen Tagelöhner, der abends mit dem Gegenwert von zwei US-Dollar nach Hause geht, oder den afrikanischen Kleinbauern, der am Ende des Jahres 1200 US-Dollar erwirtschaftet hat, wäre dies sicher ein enormer Wohlstandsschub; für die Völker der frühindustrialisierten Länder würde sich hingegen recht wenig ändern. Ihr Anteil entspräche einer gehobenen Abwrackprämie oder einem etwas opulenteren Urlaub.

Allerdings sind alle diese Betrachtungen müßig, weil sich das Vermögen der Reichen zum größten Teil gar nicht verteilen lässt, jedenfalls nicht real. Es besteht nämlich aus Büros, Hotels, Werkshallen, Maschinen, kurz: es besteht weit überwiegend aus Arbeitsplätzen, sei es in Form von Eigen- oder Fremdkapital. Deshalb befinden sich alle, die meinen, sie könnten den Reichen in großem Umfang etwas wegnehmen, um es den Armen zu geben, auf dem Holzweg. Das Vermögen der Reichen ist weitgehend Produktivkapital, weshalb eine gleichere oder gar gleiche Vermögensverteilung nur heißen kann, dass möglichst vielen Menschen ideelles Miteigentum an diesem Kapital eingeräumt wird. In letzter Konsequenz hieße das den Weg einschlagen, den die Comecon-Staaten[21] mit ihren volkseigenen Betrieben und ähnlichen Einrichtungen gegangen sind. Dass das kein Erfolgsrezept war, hat die Geschichte gezeigt. Die Vergesellschaftung von Produktivkapital hat unter dem Strich den Wohlstand der Massen nicht gehoben, sondern erheblich gesenkt.

Was aber bleibt, wenn der Reichtum der Reichen real nur innerhalb enger Grenzen verteilt werden kann und seine ideelle Verteilung für den Erhalt materiellen Wohlstands eher kontraproduktiv ist? Der ernüchternde Befund ist: Umverteilung ist nicht der Joker, für den sie oft ausgegeben wird. Stagniert oder sinkt der materielle Wohlstand, weil die Grenzen des Wachstums erreicht sind, können die Völker der frühindustrialisierten Länder dem nur in bescheidenem Maße durch Umverteilungsmaßnahmen beikommen.

Das wirft schwierige Fragen auf. Denn wie soll sich Leistung monetär auszahlen und gleichzeitig das Absinken substanzieller Bevölkerungsteile in relative Bedürftigkeit vermieden werden, wenn die Wirtschaft in ihrer Gesamtheit keine Zuwächse materiellen Wohlstands mehr erzeugt, die von der Bevölkerung als solche empfunden werden? Sicher ist die Vermeidung relativer Bedürftigkeit nur dann möglich, wenn sich die Einkommens- und Vermögensschere nicht immer weiter öffnet. Das ist in zahlreichen frühindustrialisierten Ländern in neuerer Zeit geschehen. Noch im Jahr 2000 waren beispielsweise in Deutschland die verfügbaren Nettoeinkommen des wirtschaftlich stärksten Zehntels nur rund 3,4-mal so hoch wie diejenigen des wirtschaftlich schwächsten Zehntels. Heute liegt das Gefälle bei vier zu eins. Doch abermals: Ist das viel oder wenig? Im internationalen Vergleich liegt Deutschland mit einem Gefälle von vier zu eins im Mittelfeld. In Ländern wie den USA oder Portugal liegt es bei etwa sechs zu eins, in den Niederlanden und den skandinavischen Ländern bei etwa drei zu eins. Solche Gefälle erscheinen nicht allzu steil, zumal beispielsweise in Deutschland Einpersonenhaushalte bereits bei einem monatlich verfügbaren Einkommen von rund 2600 Euro, einschließlich aller Transfers sowie Miet-

und Kapitaleinkünfte, und Zweipersonenhaushalte bei einem solchen von 3900 Euro dem wirtschaftlich stärksten Zehntel, also den »Reichen«, zugerechnet werden.[22]

Ungleich steiler als zwischen dem wirtschaftlich stärksten und schwächsten Zehntel der Bevölkerung verläuft das Gefälle innerhalb des stärksten Zehntels. Hier liegt es nicht nur bei drei, vier, fünf oder sechs zu eins, sondern bei fünfzig, hundert und noch mehr zu eins, so dass Monatseinkommen von 2600 Euro neben Monatseinkommen von beispielsweise 130 000 oder auch 260 000 Euro zu stehen kommen.[23] Die Folge: Während sich in Deutschland und vielen anderen Ländern bis zu 99 Prozent der Bevölkerung einkommens- und vermögensmäßig recht dicht beieinander befinden, sticht knapp ein Prozent weit heraus. Zwar sind auch innerhalb dieses Prozentes nicht alle im landläufigen Sinne »reich«, aber wer nach Reichen sucht, wird hier fündig.

Woher kommt ihr Reichtum? Nicht wenige verdanken ihn einer glücklichen Erbschaft, die sie ohne größeres Zutun erlangt haben. Diese Reichen ähneln Lottogewinnern und stehen mit diesen vor der ethischen Herausforderung, ihr unverdientes Glück mit anderen zu teilen. Die meisten sehen sich jedoch nicht als bloße Glückspilze, sondern als Menschen, die ihre hohen Einkommen und Vermögen durch Geschick, Weitblick, Klugheit und nicht zuletzt harte Arbeit erworben haben. Ihren Reichtum betrachten sie als Frucht herausragender Leistungen. Das mag seine Richtigkeit haben. Das Problem ist nur, dass die Skala für die Entlohnung solcher Leistungen nach oben offen ist und sehr viele Menschen den Wert dessen, was sie schaffen, überschätzen – mitunter sogar maßlos. Wer ist schon bereit einzuräumen, dass seine Leistung das von ihm erzielte Einkommen nicht rechtfertigt. Manche zögern noch nicht einmal, für eklatante Fehlleistungen horrende Summen einzustreichen.

Damit ist eine der empfindlichsten Schwächen wachstums- und wohlstandsfokussierter Gesellschaften angesprochen. Sie können Leistung kaum anders als materiell/monetär honorieren, überindividuelle Wertschätzung kaum anders zum Ausdruck bringen. Ihr Anreiz- und Belohnungssystem ist äußerst beschränkt und im Grunde denkbar primitiv. Wurden einst großar-

tige Leistungen in den Wissenschaften, Künsten und anderen Bereichen bei kargem Lohn zur größeren Ehre Gottes erbracht, so
zählt heute fast ausschließlich Materielles. Wenn das nicht fließt,
erlahmt auch der Leistungswille. Welche Gefahren das birgt,
wird langsam offenkundig. Nach der Wachstumsfalle drohen die
wachstums- und wohlstandsfokussierten Gesellschaften jetzt
auch in eine von ihnen selbst gestellte Armutsfalle zu tappen.

Ethische Fragen

Mit der weitgehenden Monetarisierung fast aller Lebensberei-
che haben sich die westlichen Gesellschaften auf dünnes Eis
begeben. Ständig müssen sie ihre Finanz- und Wirtschaftskreisläufe künstlich aufblähen, um sie auch nur einigermaßen funktionsfähig zu halten. Dennoch drohen sie immer wieder zusam-
menzubrechen. Das zeigt sich im Großen an der sich erhöhenden
Schlagzahl von Krisen, und im Kleinen an Erscheinungen wie
der Entwicklung von Top-Manager-Gehältern. Sie müssen steigen und steigen, sonst – so die kühne Unterstellung – kommt
alles zum Stillstand.

Für ein Land wie Deutschland heißt das: In der zweiten Hälfte
der achtziger Jahre erhielt der Vorstand eines Dax-Unterneh-
mens[24] im statistischen Mittel etwa 14-mal so viel wie ein durch-
schnittlicher Einkommensbezieher. Zwei Jahrzehnte später war
es das 52fache. Damit erhöhte sich sein Einkommen von etwa
446 000 Euro im Jahre 1987 auf 3,33 Millionen Euro im Jahre
2007.[25] Selbst unter Berücksichtigung der Tatsache, dass sich in
diesem Zeitraum der Geldwert beinahe halbierte, bedeutet das,
dass sich die Kaufkraft von Dax-Vorständen innerhalb von zwanzig Jahren annähernd vervierfachte. Da sich das Güter- und
Diensteaufkommen, das BIP, in dieser Zeit jedoch nur um vierzig Prozent erhöhte, konnten sich Dax-Vorstände zusammen mit
Männern und Frauen in ähnlichen Positionen ein knapp dreimal
so großes Stück von ihm abschneiden wie 1987. Sie hatten die
Verteilung des BIP massiv zu ihren Gunsten verschoben.

Begründet wird dies erstens mit internationalen Gepflogenheiten. Dies seien nun einmal die weltweit etablierten Einkommen für Top-Führungskräfte, die gezahlt werden müssten, um die fähigsten zu gewinnen und zu halten. Wer da nicht mitmache, sei schnell aus dem Spiel. Das klingt bedrohlich, bedeutet aber im Ergebnis, dass viele frühindustrialisierte Länder, mit den USA an der Spitze,[26] einen Weg eingeschlagen haben, der schon vor geraumer Zeit in Absurdistan angelangt war. Ein einziger Mensch erhält hier für die Arbeit eines einzigen Jahres so viel wie die ganze Belegschaft eines Großunternehmens mit 20 000 Mitarbeitern: 702 Millionen US-Dollar.[27] Dass mit einem solchen System noch nicht einmal zuverlässig fähige Kräfte gewonnen werden können, sei nur am Rande vermerkt. Wäre es anders, sähen Finanzmärkte, Wirtschaft und Gesellschaft in den frühindustrialisierten Ländern heute besser aus.

Zweitens wird diese Kaufkraftverschiebung begründet mit der in den zurückliegenden Jahren stark gestiegenen Arbeitsbelastung von Führungskräften.[28] Dass diese für viele größer geworden ist, ist unstrittig. Aber eine Vervierfachung? Das ist schlechterdings nicht möglich. Wie einschlägige Untersuchungen zeigen, hat sich die Arbeitsbelastung zwar weithin erhöht, aber für niemanden vervielfacht.[29] Und sie hat auch keineswegs nur bei Führungskräften zugenommen, sondern auch bei vielen anderen Erwerbstätigen. Das Risiko, beispielsweise an einer sogenannten Managerkrankheit zu erkranken – unterschiedliche Überforderungsleiden bis hin zu unzeitigem Herztod – ist heute für Führungskräfte sogar deutlich geringer als für viele andere Tätigkeitsbereiche. Mit einem weit überproportionalen Anstieg der Arbeitsbelastung lassen sich weit überproportionale Einkommenssteigerungen von Top-Managern also ebenfalls nicht begründen.

Begründungen dieser Art sind aber noch aus einem weiteren – entscheidenden – Grund nicht stichhaltig. Da mag es noch so viele Rechtsregeln, Klauseln, internationale Gepflogenheiten oder Vertragsfreiheiten geben – sie alle sind der Grundnorm ethisch-sittlichen Verhaltens unterworfen. In der deutschen Rechtsordnung heißt es hierzu kurz und bündig: Ein Rechtsgeschäft, das gegen die guten Sitten verstößt, ist nichtig.[30] Das kann

Zinsen, Mieten, Makler- und Arbeitslöhne sowie manches andere betreffen. Das Postulat der Verhältnismäßigkeit zieht sich bei aller Vertragsfreiheit wie ein roter Faden durch die gesamte Rechtsordnung. Aus gutem Grund. Denn wo keine Verhältnismäßigkeit mehr gewahrt wird, leiden nicht nur Individuen, es leidet die ganze Gesellschaft. Eine Gesellschaft, die sittlich-ethisches Verhalten nicht mehr einfordert und jedwede Exzesse hinnimmt, gibt sich selbst auf.

Zwar lässt sich die Frage des Verhältnismäßigen und Angemessenen und darüber hinaus der guten Sitten und des sittlich Vertretbaren stets nur auf der Grundlage konkreter Geschichte und Kultur beantworten. Die Maßstäbe sind nicht überall gleich. Aber überall muss sie beantwortet werden. Das gilt umso mehr, wenn künftig in den frühindustrialisierten Ländern soziale Ungereimtheiten und Verwerfungen nicht länger mit der Salbe materieller Wohlstandsmehrung gelindert werden können und unkaschiert zutage treten. Dann wird gefragt werden, ob dies oder jenes stimmig ist und in das gesellschaftliche Gefüge passt. Dabei hat die Gesellschaft ein recht gutes Gefühl für das, was passt und was nicht passt.

Schafft zum Beispiel ein Mensch aus dem Nichts ein Unternehmen und verkauft er dieses Jahrzehnte später für gutes Geld, dann mag das eine Vielzahl von Irritationen und vielleicht Enttäuschungen auslösen – die Höhe des Erlöses dürfte kaum gesellschaftlich thematisiert werden. Anders ist die Lage eines Managers, der für eine Weile ein vorhandenes Unternehmen mehr oder minder erfolgreich führt. Diese Aufgabe ist anspruchsvoll und muss angemessen honoriert werden. Vor zwanzig Jahren galt das Fünfzehnfache eines Durchschnittseinkommens als angemessen. Hierüber bestand weitgehender gesellschaftlicher Konsens. Managergehälter wurden nicht ernsthaft in Frage gestellt.

Heute sind sie ein Dauerbrenner. Ursächlich hierfür ist zum einen die größere Transparenz. Anders als früher hat jetzt die interessierte Öffentlichkeit eine recht gute Vorstellung davon, wer wie viel wofür bekommt. Zum anderen aber werden die Einkommen, ob nun von Top-Managern, Fußballern oder Showstars von vielen nicht mehr als angemessen und verhältnismäßig empfunden. So mancher fragt sich, ob es denn richtig sein könne, dass für das Jahreseinkommen einer dieser Größen er selbst 200 oder auch 300 Jahre lang arbeiten müsste. Dies als bloße Neiddebatte abtun zu wollen ist kurzsichtig und gefährlich. Denn dies ist der Stoff, aus dem gesellschaftliche Sprengsätze entstehen. Auch hierfür bietet die Geschichte reichlich Anschauungsmaterial.[31] Verträge, die Fairness, Anstand und Sitte grob verletzen, verletzen zugleich die gesellschaftliche Stabilität, den gesellschaftlichen Zusammenhalt, selbst wenn sie formaljuristisch korrekt formuliert sind.

Dieser Zusammenhalt ist ein hohes Gut, das sich die westlichen Gesellschaften viel kosten lassen. So gewähren sie allen, die von ihren Leistungen nicht leben können, ein Sozialeinkommen, das sich nicht nach Marktkriterien, sondern soziokulturellen Maßstäben bemisst. Aber auch hier gilt das Gebot der Fairness. Wird ein solches Sozialeinkommen von Menschen in Anspruch genommen, die, wenn sie denn wollten, sehr wohl in der Lage wären, sich selbst zu versorgen, ist dies ebenso unsozial und amoralisch wie der Bezug von Einkommen ohne angemessene Gegenleistung am oberen Ende der wirtschaftlichen Skala. Allerdings begegnen westliche Gesellschaften solchen Sozialschnorrern nicht selten mit bemerkenswerter Nachsicht. Ihre Verfolgung durch staatliche Stellen stößt mitunter auf Unverständnis und sie finden immer wieder eloquente Verfechter ihrer Sache. Doch Moralität ist unteilbar und ohne sie, ohne ethisches, gerade auch arbeitsethisches Verhalten wird das Leben in einer Periode sinkenden materiellen Wohlstands schwierig werden.

Unter den Bedingungen des 21. Jahrhunderts werden sich viele Menschen damit abfinden müssen, für ihre Leistungen nicht in gewohntem Umfang materiell entlohnt zu werden. Nicht wenige machen diese Erfahrung schon heute. Aber der Kreis wird größer werden. Künftig werden sich Eltern ihrem Nachwuchs auch dann fürsorglich zuwenden müssen, wenn Eltern- und Erziehungsgeld gekürzt werden; die gute Versorgung Pflegebedürftiger muss auch bei geringerem Pflegegeld gewährleistet bleiben; Erzieherinnen müssen die ihnen anvertrauten Kinder, Ärzte ihre Patienten auch ohne Einkommenserhöhungen optimal betreuen. Bisher galt: Wir erteilen nur dann qualifizierten Unterricht, sorgen für ein Höchstmaß an öffentlicher Sicherheit oder führen Unternehmen zu den größtmöglichen Erfolgen, wenn wir dafür ein ständig höheres Entgelt, soll heißen: Zugriff auf eine fortwährend wachsende Güter- und Dienstemenge erhalten. Diese Mechanik muss außer Kraft gesetzt werden. Bei stagnierendem oder sinkendem materiellen Wohlstand führt sie nämlich ganz unmittelbar in die Verarmung.

Nach vielen Jahrzehnten eines rasanten wirtschaftlichen Aufstiegs wird es die Völker der frühindustrialisierten Länder schwer ankommen, zunehmend auch ohne »gutes Geld für gute Arbeit«[32] tätig sein zu müssen. So haben die heute Lebenden nie gedacht und gehandelt. Umso dringlicher müssen sie sich jetzt daran gewöhnen. Denn schon bald wird sich zeigen, dass große Anstrengungen erforderlich sind, um das Abgleiten des materiellen Wohlstandsniveaus zumindest so weit abzubremsen, dass es nicht zu tiefen Rissen und Brüchen in der Gesellschaft führt. Dieses Abgleiten mit einer Verminderung oder gar Verweigerung von Leistung zu beantworten würde die Lage nur verschlimmern.

Gefordert sind hierbei vor allem diejenigen, die ohne größere persönliche Einschränkungen vorangehen können. Erfahrungen haben sie damit kaum. Ein gemeinwohlverträglicher und zukunftsfähiger Lebensstil ist oft nicht ihre Stärke. Sie müssen erst noch lernen, dass die Zeiten vorüber sind, in denen es so schien, als könne alles fortwährend wachsen und jeder nach Belieben zulangen. Die Erkenntnis, dass für jeden Erdenbürger nur eine sehr beschränkte Menge an irdischen Gütern zur Verfügung steht, ist für sie schwer erträglich. Denn dadurch erscheint ihr materieller Wohlstand in einem veränderten Licht. Nunmehr heißt es: An sich könnte ich zwar, aber eigentlich darf ich nicht.

In dieser Zwickmühle befinden sich alle Wohlhabenden dieser Welt – Individuen wie Völker: Sie müssen alle ihre Kräfte anspannen und sich dennoch bescheiden, wenn die sich entwickelnden Völker und kommenden Generationen nicht nur eine faire, sondern überhaupt eine Chance haben sollen. Das erfordert abermals ein hohes Maß an ethischem Verhalten. Wird es nicht aufgebracht, werden die Folgen dramatisch sein.

Aufwertung der Arbeit

Mehr Arbeit bei stagnierendem oder sinkendem materiellen Wohlstand: In zahlreichen frühindustrialisierten Ländern hat sich der Zug in diese Richtung in Bewegung gesetzt, und viele werden das als Vertreibung aus dem Paradies ansehen. Doch diese Vertreibung ist nicht nur Verlust. Sie ermöglicht auch Gewinne, die auf mittlere Sicht größer sein können als die Verluste. Denn dieselben Kräfte, die diesen Zug in Bewegung gesetzt haben – zur Neige gehende Ver- und Entsorgungskapazitäten der Erde, globaler Bevölkerungszuwachs und gesellschaftliche Veränderungen –, schieben gleichzeitig Entwicklungen an, die für die Völker frühindustrialisierter Länder durchaus von Vorteil sind. Eine dieser Entwicklungen ist die des Arbeitsmarktes. Vor allem die Geißel der Arbeitslosigkeit dürfte hier künftig eine ungleich geringere Rolle spielen als bisher.

Das erscheint auf den ersten Blick widersinnig. Schon auf den zweiten wird jedoch deutlich, dass die vielen findigen Tüftler, die insbesondere seit Beginn der Industrialisierung mit nichts anderem beschäftigt waren als in großem Umfang menschliche Arbeitskraft aus dem Produktionsprozess herauszudrängen, alles andere als Zauberer waren. Vielmehr riss ihr emsiges Wirken riesige Löcher, die irgendwie gestopft werden mussten. Zum Teil geschah dies durch innovative Ideen, durch die die produktiven Wirkungen eines Handgriffs mitunter vervielfacht wurden. Zumeist wurde menschliche Arbeitskraft jedoch durch den großzügigen Einsatz natürlicher Ressourcen, namentlich fossiler Energieträger, und die schonungslose Befrachtung der Umwelt mit Schadstoffen ersetzt. Und das ist der tiefere Grund vieler heutiger Probleme. Den Völkern der frühindustrialisierten Länder wurde es irgendwann zu mühsam, ihr Boot eigenhändig über den See zu rudern. Also ersannen sie einen Motor und ließen sich schieben. Das schonte Kräfte und war angenehm. Da aber einige weitere Milliarden Menschen die gleichen Annehmlichkeiten genießen wollten, wurde mit der Zeit der Treibstoff knapp, die Luft schlecht und das Wasser schmutzig. Das war die Kehrseite der vielen Annehmlichkeiten.

Diese Kehrseite wird mittlerweile von vielen gesehen. Deshalb bemühen sie sich einerseits, möglichst viele der bisherigen Annehmlichkeiten in die Zukunft hinüberzuretten, und andererseits, die als schädlich erkannten Begleiterscheinungen zu minimieren. Die Bemühungen sind erheblich, und ihre Ergebnisse können sich sehen lassen. Aber es wäre unrealistisch, davon auszugehen, dass der menschliche Ideenreichtum in den kommenden Jahrzehnten ausreichen werde, um erstens: die bereits angerichteten Schäden zu beseitigen, zweitens: das aufgestaute Schadenspotential abzubauen, drittens: dem berechtigten Begehr von Milliarden von Menschen nach einer Verbesserung ihrer derzeit armseligen Lebensbedingungen zu entsprechen, und viertens: die Lebensgrundlagen für weitere Milliarden noch hinzukommender Erdenbürger zu schaffen.

Das alles spricht gegen die Fortsetzung der Strategie massenhafter Ersetzung menschlicher Arbeitskraft durch die rigorose Ausbeutung von Umwelt und Natur. Stattdessen sind alle Produktivfaktoren mit Preisen zu belegen, die nicht nur ihrer gegenwärtigen, sondern auch ihrer künftigen Knappheit Rechnung tragen. Dann wird sich zeigen, dass in den frühindustrialisierten Ländern der Preis für menschliche Arbeit zu hoch, für viele Rohstoffe, aber auch Luft, Wasser und Boden hingegen zu niedrig ist. Sobald die Preise die wirklichen Knappheiten widerspiegeln, werden sich die Wirtschaftsprozesse von Grund auf verändern. Vor allem wird die menschliche Arbeitskraft eine Renaissance erfahren. Im Vergleich zu anderen Produktivfaktoren ist sie dann nämlich wohlfeil. Gleichzeitig werden sich Unternehmen ganz ohne staatlichen Zwang in Maßnahmen des Umweltschutzes überbieten und Rohstoffe einschließlich Energieträgern als das behandeln, was sie sind – endliche Kostbarkeiten. Das aber heißt: Allein schon wegen des Kostengefüges wird das künftige Wirtschaften deutlich arbeitsintensiver sein, als es gegenwärtig ist.

Nachhaltig verstärkt wird dieser Trend durch strukturelle Veränderungen des Arbeitsmarktes. Das gilt für alle drei Wirtschaftsbereiche: die Landwirtschaft, die Industrie und kommerzielle Dienstleistungen. Dabei ist die Landwirtschaft zusammen mit der Forstwirtschaft und Fischerei derjenige Bereich, in dem durch die Einführung industrieller Produktionsmethoden menschliche Arbeitskraft am drastischsten zurückgedrängt wurde. In einem Land wie Deutschland waren 1850 etwa 55 Prozent der Erwerbsbevölkerung in diesem Bereich tätig. Jeder der in der Landwirtschaft Beschäftigten konnte – mehr schlecht als recht – knapp drei weitere Personen mit ernähren. Um 1900 war der Anteil der in diesem Bereich Tätigen auf 38 Prozent gesunken und die Zahl der Mitversorgten auf rund vier gestiegen. Abermals ein halbes Jahrhundert später, um 1950, lagen die entsprechenden Zahlen bei 24 Prozent beziehungsweise zehn. Dann aber vollzog sich der eigentliche Wandel. 2006 waren in Deutschland noch zwei Prozent der Erwerbsbevölkerung in der Landwirtschaft tätig, viele von ihnen nebenberuflich. Und jeder der dort Tätigen versorgte 127 Menschen mit Nahrungsmitteln – viele von ihnen im Übermaß.[33]

Möglich war dies nicht zuletzt durch den Raubbau an Umwelt und Natur. Land- und Forstwirtschaft sowie die Fischerei, zu deren Aufgaben an sich auch die Hege und Pflege menschlicher Existenzgrundlagen gehört, haben durch hochgradig industrialisierte Bewirtschaftungsmethoden maßgeblich dazu beigetragen, dass zwar viel mehr Menschen als früher satt werden, sich die Lebensbedingungen aller jedoch teilweise drastisch verschlechtert haben. Mit dieser Art des Wirtschaftens wurden global Kulturlandschaften zerstört, der Wasserhaushalt beeinträchtigt, die Luft mit Schadstoffen überfrachtet, Meere vergiftet, Wälder krank, Fischbestände dezimiert oder ausgerottet. Und Triebfeder hierfür war neben dem einsichtigen Ziel höherer Erträge das ständige Bestreben, diese mit möglichst wenigen Arbeitskräften zu erreichen. Oder genauer: Die Zahl der in der Landwirtschaft Beschäftigten sollte so weit zurückgeführt werden, dass die Verbliebenen auch bei extrem niedrigen Nahrungsmittelpreisen – nicht selten in Verbindung mit staatlichen Subventionen – angemessene Einkommen erzielen konnten.

Die beklemmendsten Folgen dieser Denk- und Handlungsweise zeigen sich heute in der sogenannten Massentierhaltung. Was hier der Mensch hochentwickelten Lebewesen antut, können die meisten nur schwer verkraften. Deshalb meiden sie solche Stätten geflissentlich. Das aber ist falsch. Erst wenn Eltern und Lehrer davon überzeugt sind, dass es für Zehn- oder Zwölfjährige ein Gewinn ist, solche Betriebe zu besuchen, um zu erfahren, wo ihre Eier oder Schnitzel herkommen, ist Besserung in Sicht. Gegenwärtig werden hochentwickelte Lebewesen faktisch als Teil eines industriellen Fertigungsprozesses behandelt – und das verletzt auch die Würde des Menschen.

Die exzessive Industrialisierung der Landwirtschaft muss nicht nur der Pflanzen und Tiere, sondern auch der Menschen wegen wieder zurückgeführt werden. Das bedarf vielfältiger Maßnahmen. Unverzichtbar ist jedoch, dass sich in den frühindustrialisierten Ländern wieder mehr Menschen der Bereitstellung von Lebensmitteln widmen. Zwar bedeutet das auch höhere Preise. Ein Wohlstandsverlust braucht das jedoch nicht zu sein. Denn gesunde Nahrungsmittel, deren Erzeugung Umwelt und Natur nicht beinträchtigen und die aus der artgerechten Behandlung von Nutztieren hervorgegangen sind, sind ein beträchtlicher Wohlstandsgewinn, auch wenn sie teurer sind. Die Schnitzel auf den Tellern mögen kleiner werden, aber sie können besser sein.

Doch nicht nur die Landwirtschaft wird aufgrund höherer Arbeitsintensität den Wohlstand mehren, sondern auch die Industrie. Steigen die Preise für Rohstoffe und Energie, für Natur und Umwelt und wird zugleich menschliche Arbeitskraft preiswerter, werden immer größere Teile der industriellen Wertschöpfung von der rohstoff- und energieintensiven Neuproduktion in die arbeitsintensiveren Bereiche von Erneuerung und Reparatur wandern. Auf dieser Wanderung werden sich nicht nur Produkte, sondern auch die Sichtweisen der Menschen verändern. Sie werden sich vom Verbraucher zum »Gebraucher«, zum Nutzer entwickeln und nach und nach ihre Ex-und-Hopp-Mentalität ablegen. Und wieder haben sie alle Chancen, dies als Wohlstandsgewinn zu erfahren: das sorgsam gepflegte, solide und mit Erinnerungen verbundene alte Haus, Fahrzeug, Möbel- und vielleicht sogar Kleidungsstück. Diejenigen, die diese Erfahrung bereits gemacht haben, sind darüber in aller Regel nicht unglücklich geworden. Anderen steht diese positive Erfahrung noch bevor.

Den größten Beschäftigungsschub wird der Arbeitsmarkt jedoch durch die Entwicklung kommerzieller Dienste erfahren. Nicht nur hoch- und höchstqualifizierte Dienste werden rege nachgefragt werden, sondern auch einfache, insbesondere menschennahe. Ursächlich hierfür ist vor allem die starke Zunahme des alten Bevölkerungsteils, der auf vielfältige Hilfestellungen von der gelegentlichen Handreichung bis hin zur umfassenden Versorgung und Pflege angewiesen ist. Bisher wurden solche Dienste weitgehend innerhalb des Familienverbandes geleistet. Doch da dieser immer häufiger entweder gar nicht mehr existent oder sozial nicht belastbar ist, werden neue Formen entstehen, die zumindest teilweise mit kommerziellen Diensten verflochten sein dürften.[34]

Der Gesundheits-, Pflege- und Betreuungssektor wird in einem Land wie Deutschland Millionen zusätzlicher Arbeitskräfte binden, von deren Wirken maßgeblich individueller und kollektiver Wohlstand abhängen. Wohlstand – das werden künftig weniger prallgefüllte Konten, Güter oder Reisen sein als vielmehr die Einbindung und Versorgung von wachsenden Bevölkerungsteilen, die der Zuwendung durch Dritte bedürfen: sehr Alte, Kranke und Pflegebedürftige, aber auch die Jungen und sehr Jungen. Wer das bezahlen soll? Da zusätzliche Mittel kaum zur Verfügung stehen, werden viele Dienste auch zu bescheidenem Lohn erbracht werden müssen – oder die Bevölkerung verarmt.

Barrieren abbauen

Welch bittere Ironie! Da wird die Erde bis zur Erschöpfung ausgebeutet und die Umwelt weit über ihre Tragfähigkeit hinaus mit Schadstoffen befrachtet, und trotzdem steigt die Arbeitsbelastung vieler so sehr an, dass eine wachsende Zahl unter ihr zu straucheln droht. Und wofür das alles? Um immer mehr materielle Güter und Dienste zu erwirtschaften, für die es abnehmend Verwendung gibt. Eine Gesellschaft, die sich so verhält, hat ein offenkundig gestörtes Verhältnis zu den materiellen und immateriellen Grundlagen ihrer Existenz. Sie ist aus dem Gleichge-

wicht geraten und hat den Rahmen gesunden, wohlstandsmeh-
renden Wachstums gesprengt. Statt zu wachsen, wuchert sie.

Um unter den Bedingungen des 21. Jahrhunderts zu echtem
Wohlstand zu gelangen, bedarf es deshalb nicht nur eines grundlegend veränderten Umgangs mit Umwelt und Natur, sondern
auch mit dem Menschen. Dass dieser im Mittelpunkt stehe, gehört zum Credo aller westlichen Gesellschaften. Doch im Mittelpunkt wovon? Nüchtern betrachtet steht er im Mittelpunkt
von Sachzwängen – tatsächlichen, konstruierten und eingebilde-
ten –, die er sich zum Teil selbst geschaffen hat, die ihm aber zum
noch größeren Teil durch Dritte auferlegt werden. Durch diese
Zwänge wird er vom denkenden und handelnden Subjekt zum
gesteuerten Objekt. Ganz zu vermeiden ist das wohl kaum. Eine
von jeglichen Zwängen freie Welt ist ein Traum, und nicht unbedingt ein schöner. Aber wie viel Zwang ist in der künftigen Arbeitswelt frühindustrialisierter Länder vermeidbar, und wie viel
ist unvermeidbar?

Auch wenn die Arbeitswelt von morgen arbeitsintensiver sein
wird als die heutige, heißt das nicht, dass sie ungefähr wieder so
sein wird, wie sie gestern war mit fast ausschließlich Vollzeitbe-
schäftigten, einer 48-Stunden-Woche, zwei Wochen Urlaub und
was es sonst noch alles gab. Selbst wenn dies möglich wäre: Es
gibt keinen Grund, das Rad der Geschichte zurückzudrehen. Im
Gegenteil. Die Völker der frühindustrialisierten Länder sind reif
für einen großen Sprung nach vorne. Die heutige Organisation
des Arbeitslebens entspricht nicht länger ihren Möglichkeiten.
Insbesondere auf den Drill und den Zwang, der bei seiner Entstehung im 19. Jahrhundert seine Berechtigung gehabt haben
mag, kann weitgehend verzichtet werden.

Zwar ist schon seit einiger Zeit Bewegung in die Schlachtord-
nung gekommen. Die erste Reihe schießt nicht mehr liegend, die
zweite kniend und die dritte stehend. Doch die morgendlichen
und abendlichen Stoßzeiten im Straßen-, Schienen- und selbst
Flugverkehr gemahnen noch immer fatal an den Aufmarsch der
Truppen vor und ihren Abmarsch nach der Schlacht. Ist das einer
elektronisch vernetzten Gesellschaft gemäß, oder geht es vielleicht auch anders?

Da lässt eine Nachricht aus Großbritannien aufhorchen, wonach die Zahl der Staus auf den Straßen des Königreichs seit Beginn der Wirtschafts- und Finanzkrise um fast ein Drittel abgenommen hat. Die Gründe: Einige Erwerbstätige fahren nicht mehr zur Arbeit, weil sie keine mehr haben. Andere haben, um Kosten zu sparen, Fahrgemeinschaften gebildet. Eine beträchtliche Zahl arbeitet jedoch jetzt von zu Hause aus.[35] Wie ist das möglich? Fahren da etwa jeden Tag Heerscharen von Menschen zu Arbeitsstellen, obwohl sie ihre Tätigkeit ganz ohne Stau, Stress und Mobbing genauso gut im trauten Heim ausüben könnten?

Die Vermutung liegt nahe, dass auch hier wie so oft vor allem aus Gründen der Gewohnheit an Strukturen festgehalten wird, die an sich überholt sind. Nicht immer und überall bedarf es der hohen Barrieren, die in den zurückliegenden 200 Jahren zwischen Wohnung und Arbeitsplatz, Freizeit und Erwerbszeit, Privatem und Beruflichem errichtet worden sind. Zwar wird es Fließbandarbeitern oder Fahrern von Linienbussen, deren Arbeitseinsatz durch Ort und Zeit zwangsläufig fixiert ist, nur sehr beschränkt möglich sein, Grenzen zwischen Beruflichem und Privatem verschwimmen zu lassen. Aber die Zahl derer, die es bei reiflicher Prüfung ihrer Lebens- und Arbeitsbedingungen könnte, ist erheblich größer als die Zahl derer, die es schon heute tut, unter ihnen zahlreiche Politiker und Führungskräfte, Unternehmer und Freiberufler, Wissenschaftler und Künstler. Diese reden gerne von 16-stündigen Arbeitstagen und siebentägigen Arbeitswochen. Doch was sie meinen ist nicht selten ein pralles Leben durchwirkt von Arbeit, gesellschaftlichem Miteinander, Familie, Muße, sportlichen Aktivitäten, Vergnügungen und allem, woraus ein erfülltes Leben besteht. Sie haben für sich jene Barrieren abgebaut und dies zumeist als Gewinn, als Mehrung ihres immateriellen Wohlstands erfahren. Zu den früheren Lebensformen wollen die wenigsten zurückkehren. Deshalb sollte es ein individuelles und kollektives Ziel sein, Erwerbs- und Nichterwerbsarbeitszeit miteinander zu verschränken, wo immer es möglich ist, und die Übergänge fließender zu gestalten, als sie es heute sind.

Vielleicht sinken dadurch Produktivität und Einkommen.

Vielleicht steigen aber auch Kreativität und Motivation. Ziemlich sicher erhöhen sich jedoch Lebensqualität und Lebensfreude und damit immaterieller Wohlstand. Denn wie die vorindustrielle Geschichte des Westens, andere Kulturen und naturnahe Völker zeigen, ist der Mensch mitnichten das zwiegespaltene Wesen, zu dem ihn die Industriegesellschaft hat werden lassen – halb Arbeitssklave und halb Lebemann. Doch ebendiesen Zwiespalt hat der Westen generationenlang kultiviert. Saure Wochen, frohe Feste.[36] Sein Idealtyp ist der Schizophrene. Schon in den siebziger Jahren des letzten Jahrhunderts hat der US-Soziologe Daniel Bell auf die sich hieraus ergebenden Paradoxien aufmerksam gemacht.[37] Als Produzent soll, ja muss der Mensch asketisch, genügsam und rechenhaft sein, als Konsument hingegen hedonistisch, ausschweifend und exzessiv. Diese beiden Torsi müssen künftig wieder zueinanderfinden und sich zu einem vollständigen Menschen fügen.

Arbeitgeberverbände und Gewerkschaften, Unternehmer und Belegschaften, aber auch Politiker und Wissenschaftler spielen hierbei eine Schlüsselrolle. Anstatt sich in fruchtlos gewordenen Tarif- und Arbeitszeitkonflikten zu verlieren, sollten sich alle Betroffenen künftig intensiv mit der Frage befassen, wie neben den materiellen auch die immateriellen Bedürfnisse von Menschen im Arbeitsleben bestmöglich befriedigt werden können. Dabei geht es nicht um zusätzliche Kaffeeautomaten oder Verschnaufpausen. Vielmehr geht es um ein umfassenderes Verständnis vom Menschen als arbeitsames und müßiges, kreatives und imitierendes, lustvolles und leidendes Wesen, über dessen Fähig- und Befindlichkeiten die Wissenschaft in den zurückliegenden Jahrzehnten eine Fülle von Erkenntnissen gewonnen hat. Umso bemerkenswerter ist es, wie sich weiterhin, wie zu Zeiten der Frühindustrialisierung, morgens und abends graue Massen ballen, um zu Arbeitsplätzen zu eilen, an denen sie oft gar nicht mehr benötigt werden. Sie hätten ihren Beitrag zum allgemeinen Wohl auch auf andere Weise erbringen können.

Dabei werden nicht zuletzt die arbeitsstrukturellen Veränderungen des landwirtschaftlichen, industriellen und Dienstleistungssektors dazu beitragen, dass hinfällig gewordene Barrieren zwischen Erwerbsarbeits- und Nichterwerbsarbeitszeit abgetragen werden. Denn mehr Menschen in der Landwirtschaft, im Handwerk und Kleingewerbe sowie in personennahen Diensten heißt gleichzeitig, dass weniger Menschen als bisher von den strengen Scheidungen industrieller und industrienaher Fertigungsprozesse betroffen sind. Viele künftig Erwerbstätige werden recht einfach die unterschiedlichen Anforderungen des Lebens zur Deckung bringen können – wohlstandsfördernd.

Neue Formen der Gleichheit

Zu den unverzichtbaren und zugleich schwierigsten Aufgaben menschlicher Gesellschaft gehört der Brückenschlag zwischen dem Postulat der Gleichheit von Menschen und ihren faktischen Ungleichheiten. Das gilt vor allem für Gesellschaften, die sich, wie diejenigen frühindustrialisierter Länder, mit besonderer Emphase der Verwirklichung von Gleichheit verschrieben haben. Denn in solchen Gesellschaften prallt das Ideal der Gleichheit hart auf die Wirklichkeit faktischer Ungleichheiten. Gleichheit – die gibt es vor Gott und in Maßen vor Wahlurnen und Gesetz. Darüber hinaus gelten Menschenwürde, Menschenrechte und bürgerliche Freiheiten in den westlichen Demokratien des 21. Jahrhunderts im Grundsatz für alle gleichermaßen. Doch jenseits dessen liegt das Reich der Ungleichheiten.

Diese Ungleichheiten sind begründet in der Natur des Menschen oder gesellschaftlich bedingt. Menschen sind jung oder alt, gesund oder krank, begabt oder unbegabt. Sie sind reich oder arm, gebildet oder ungebildet, beziehungsreich oder beziehungsarm. Diese Ungleichheiten können sich positiv oder negativ aufschaukeln oder auch neutralisieren: der begabte Gebildete mit den guten Beziehungen, der ungebildete, kranke Alte oder der ungebildete Begabte. Doch wie auch immer: Im Ergebnis gibt es sie, die Minderheit derer, die vieles besser weiß und kann und ihre Ziele erfolgreicher ansteuert als die Mehrheit, die sich in einer kompliziert gewordenen Lebenswirklichkeit nur mit Mühe und mitunter auch gar nicht mehr zurechtfindet.

Hieraus erwuchs eine existentielle Ungleichheit: auf der einen Seite die wenigen, die in der Lage sind, für sich selbst – und bisweilen auch noch für andere – eine Erwerbsgrundlage zu schaffen, auf der anderen Seite die vielen, denen es nicht gelingt, es den wenigen gleichzutun. Dies ist die wahrscheinlich größte und folgenreichste Ungleichheit in allen entwickelten Gesellschaften – die Ungleichheit zwischen denen, die aufgrund ihrer Phantasie, Findigkeit, Organisationsfähigkeit, Einsatz- und Risikobereitschaft, und was immer noch dazu gehört, diffuse Aufgaben in konkrete marktfähige Arbeitsplätze verwandeln können, und denen, die immer nur darauf hoffen und harren, dass andere und gegebenenfalls der Staat diese Aufgabe für sie erledigen.

Es gibt kaum etwas Pathetischeres als den Appell der vielen an die wenigen: Lasst uns nicht im Stich! Lasst euch etwas einfallen, setzt euch ein, beschafft die Mittel. Wir selbst sind damit überfordert, das können wir nicht. Was heißt es denn, wenn Belegschaften und Gewerkschaften antreten, um für Arbeitsplätze zu kämpfen? Das heißt doch nicht, dass sie diese aus der breiigen Masse amorpher Bedürfnisse zu formen gedenken, sondern dass dies Mitbürger tun sollen. Und sei es, indem diese mittels ihrer Steuerzahlungen Tätigkeiten aufrechterhalten, für die es keinen Bedarf mehr gibt. Für die Zukunft ist dies eine entscheidende Frage: Wie lässt sich bei stagnierender oder sinkender Verteilungsmasse das Postulat der Gleichheit in einer Gesellschaft verwirklichen, in der die Mehrheit existentiell auf eine Minderheit angewiesen ist, die dafür sorgt, dass Erstere einen sinnvollen Beitrag zu individueller und kollektiver Wertschöpfung zu leisten vermag?

Wie heikel diese Frage ist, zeigt die große Zahl sozialer Konflikte, die im Laufe der Geschichte immer wieder zu blutigen Revolutionen geführt hat. Vordergründig ging es hierbei um die Beseitigung von Ausbeutung, die durch den fast exklusiven Zugriff von Minderheiten auf Produktionsmittel möglich war. In der vorindustriellen Phase war dies vornehmlich Boden, in der industriellen waren es Bodenschätze, Maschinen oder kurz: Kapital. Die Eigner der Produktionsmittel nutzten sie nicht selten als Hebel, um die Mehrheit auszubeuten. Deren Aufbegehren verbesserte ihre Lage, löste aber bis heute nicht das eigentliche

Dilemma. Die Mehrheit war und blieb abhängig – zunächst als Sklaven, dann als Leibeigene und in gewisser Weise bis heute als abhängig Beschäftigte. Schlimmer noch: Die Beendigung ihrer Abhängigkeit – wie unterschiedlich diese in den verschiedenen historischen Perioden auch zu definieren sein mag – stürzte die Betroffenen erst recht ins Elend: die »freigesetzten« Sklaven, Leibeigenen und auch abhängig Beschäftigten. Deshalb war es eine epochale, bis heute nachschwingende Verheißung des Sozialismus, nicht nur die Ausbeutung, sondern auch die existentiellen Abhängigkeiten der Massen zu beenden. Umso größer war die Enttäuschung, als sich diese Massen im real existierenden Sozialismus in noch größeren Abhängigkeiten wiederfanden als die Menschen im sogenannten Spätkapitalismus. Doch das ist Vergangenheit.

Im 21. Jahrhundert bietet sich erstmals die wirkliche Chance, dass weitaus mehr Menschen als bisher ihre existentiellen Abhängigkeiten von einem Arbeitgeber ganz oder wenigstens teilweise beenden können, indem sie ihre eigene Erwerbsgrundlage schaffen. Ursächlich hierfür sind vor allem vier Entwicklungen. Erstens ist die Zahl derer, die unmittelbaren Umgang mit klassischen Produktionsmitteln wie Boden und dergleichen haben, klein geworden. Und auch die eigentliche industrielle Produktion benötigt immer weniger Arbeitskräfte, im Durchschnitt der frühindustrialisierten Länder schon heute nicht mehr als 25 Prozent und künftig voraussichtlich noch deutlich weniger. Zweitens ist der Bildungs- und Informationsstand der Bevölkerung in den zurückliegenden Jahrzehnten erheblich gestiegen. Bildung ist zu einem Bürgerrecht geworden, und der Abschied aus abhängiger Beschäftigung braucht für niemanden an Wissens- und Kenntnismängeln zu scheitern. Drittens erlauben neue Kommunikationstechniken und Formen der Arbeitsorganisation selbst in hocharbeitsteiligen Volkswirtschaften einen Grad der Abstimmung und Vernetzung, wie er früher noch nicht einmal bei großer physischer Nähe und hohem Koordinationsaufwand möglich war. Und viertens gibt es, anders als in früheren historischen Perioden, kaum noch Bemühungen, Arbeitsplatzabhängigkeiten zu fördern und zu pflegen. Staat und Gesellschaft sind sogar im

Gegenteil bereit, möglichst vielen den Weg in die berufliche Selbständigkeit zu ebnen.

Dies sollte nicht als Versuch interpretiert werden, aus der Not des Beschäftigungsmangels die Tugend der Selbständigkeit machen zu wollen. Was hier geschieht, geht tiefer. Wie einst Sklaverei und Leibeigenschaft ihre wirtschaftliche Nützlichkeit und gesellschaftliche Einsichtigkeit verloren, so befindet sich jetzt abhängige Beschäftigung im Zustand allmählicher Auflösung. Zwar wird es sie noch lange geben. Aber am Ende dieses Jahrhunderts dürften die westlichen Gesellschaften keine Arbeitnehmergesellschaften mehr sein.

Dass allerdings auch auf diesem Weg Barrieren zu überwinden sind, zeigen wenige Zahlen. So sorgten 2007 von den 38,2 Millionen Erwerbstätigen in Deutschland erst 2,3 Millionen für ihren eigenen und lediglich 1,8 Millionen für mindestens einen weiteren Arbeitsplatz. Damit waren nur knapp fünf Prozent der Erwerbstätigen Arbeitgeber, rund sechs Prozent sonstige Selbständige, die übrigen 89 Prozent jedoch abhängig Beschäftigte.[38] Von ihnen bekundeten fast 70 Prozent, dass für sie die Sicherheit ihres Arbeitsplatzes das wichtigste Arbeitsplatzmerkmal sei.[39] Doch für diese Sicherheit selbst zu sorgen oder zumindest einen substantiellen Beitrag zu leisten, lag den meisten fern. Das war Sache der Bosse oder gegebenenfalls des Staates.

Dies ist umso bemerkenswerter, als in der großen Mehrzahl der Fälle jene arbeitsplatzschaffenden und -sichernden Bosse nicht etwa in fernen Höhen schwebten, sondern Wesen zum Anfassen waren – Nachbarn, Sportsfreunde, Sangesbrüder. 2007 hatte jeder sechste abhängig Beschäftigte in Deutschland höchstens acht Kollegen. Bei vierzig Prozent waren es nicht mehr als 48 und bei weit mehr als der Hälfte weniger als 100.[40] Die Mehrheit abhängig Beschäftigter arbeitete also in Unternehmen, in denen jeder jeden kannte oder doch kennen konnte, so er denn wollte. Und jeder, der wollte, konnte auch sehen, was es verlangt, einen Arbeitsplatz entstehen zu lassen und zu erhalten, und wie leicht er auch wieder vergehen kann.

Unter diesen Bedingungen ist es weder geboten noch einsichtig, einer verschwindend kleinen Minderheit weithin die Verantwortung für die Schaffung und Sicherung von Arbeitsplätzen sowie die Organisation von Erwerbsarbeit zuzuweisen und die große Mehrheit der Erwerbsbevölkerung wie bisher in der Stellung von Suchenden, Bittenden, Abhängigen zu belassen. Eine solche Rollenverteilung mag ihre Berechtigung im 19. und auch noch in der ersten Hälfte des 20. Jahrhunderts gehabt haben. Doch im 21. Jahrhundert können nicht nur die Barrieren zwischen Erwerbsarbeits- und Nichterwerbsarbeitszeit, sondern auch diejenigen zwischen selbständiger und abhängiger Beschäftigung abgesenkt oder auch ganz beseitigt werden. Die Erwerbsbevölkerung muss wissen, dass jeder für sich und alle gemeinsam ganz unmittelbar für die Organisation der Erwerbsarbeit sowie die Entstehung und den Erhalt von Arbeitsplätzen zuständig sind.

Auch das ist für viele zunächst gewöhnungsbedürftig. Sie haben sich in langer Zeit darauf eingestellt, das oft leidige Geschäft der Schaffung und Erhaltung von Arbeitsplätzen anderen zu überlassen. Die Abhängigkeiten, die dadurch entstanden, nahmen sie in Kauf. Hier umzusteuern erfordert Zeit, Kraft und vor allem Einfallsreichtum. Was soll schon ein Polizist, ein Richter oder ein S-Bahn-Fahrer für den Arbeitsmarkt tun können? Nun, zunächst müssen sie sich von der Vorstellung befreien, die gleichzeitige Ausübung von zwei oder drei Erwerbstätigkeiten sei etwas Anormales oder gar Geringwertiges. Denn das wird für große Teile der Erwerbsbevölkerung die Zukunft sein. Und wenn sie sich erst einmal hierauf eingestellt haben, werden sie sie zu schätzen lernen. Wo immer möglich, sollte abhängige Beschäftigung gepaart sein mit profitabler selbständiger Tätigkeit. Menschen sollten typischerweise in beiden Sphären, der der Abhängigkeit und der der Selbständigkeit, denken, fühlen und handeln. Warum sollte ein Polizist nicht als Selbständiger stundenweise einen Verkaufsstand betreiben oder eine Montagearbeiterin mit einer 25-Stunden-Woche Menschen in ihrer Nachbarschaft gegen Bezahlung die Füße pflegen?

Wer hierüber missbilligend den Kopf schüttelt, sollte bedenken, dass dies bereits Wirklichkeit ist, allerdings zumeist im Zwielicht der Halblegalität oder in der Schmuddelecke von

Schwarzarbeit oder »Nachbarschaftshilfe«. Zwar ist es nicht hinnehmbar, wenn der Klempnergeselle am Samstag – vielleicht sogar mit dem Werkzeug des Meisters – loszieht, um dessen Kunden zu Vorzugspreisen die Wasserhähne zu reparieren. Aber es sollte nichts Außergewöhnliches sein, wenn er seinem Arbeitgeber erklärt, von acht bis zwei Uhr für ihn zu arbeiten, danach aber sein eigener Chef zu sein und zwar ohne Wenn und Aber innerhalb der Leitplanken, die die Gesellschaft aus gutem Grund aufgestellt hat: Qualifikation, Haftung, Steuern, Versicherungen und alles, was noch hinzukommt. Wiederum gibt es Berufe, in denen das seit langem gang und gäbe ist: der staatlich besoldete Orchestermusiker, der privat Musikunterricht erteilt, der beamtete Hochschullehrer, der gegen Honorar Gutachten erstellt, der festangestellte Journalist, der sich nebenbei als professioneller Redenschreiber betätigt, die Fernsehmoderatorin, die matten Konferenzen Glanz verleiht.

Das alles ist längst Alltag. Aber es ist noch zu sehr auf Personengruppen begrenzt, die im Allgemeinen überdurchschnittlich gebildet sind und darüber hinaus beruflicher Selbständigkeit ohnehin nahestehen. Sie nehmen im Arbeitsleben eine privilegierte Stellung ein. Doch ihr Kreis lässt sich erweitern. Abhängig beschäftigt und zugleich selbständiger Unternehmer sein – das sollte zum arbeitsmarktpolitischen Leitbild des 21. Jahrhunderts werden. Gewiss werden nicht alle diesem Leitbild folgen können und sich auch weiterhin bereitwillig unter die Fittiche eines anderen begeben. Aber diejenigen, die können, sollten ihre Ängste überwinden und sich auf den Weg machen, nicht zuletzt einer weiteren Wohlstandserfahrung wegen: der Verminderung von Abhängigkeiten und dem Erleben eigener Fähigkeiten und Grenzen. Damit werden die derzeit noch bestehenden Barrieren zwischen Arbeitgebern und Arbeitnehmern weiter an Bedeutung verlieren. Anders als bisher wird nicht die schizophrene, sondern die multiple Persönlichkeit gesellschaftsprägend sein.

Freilich erfordert dies eine Umgestaltung gesetzlicher und gesellschaftlicher Rahmenbedingungen, zuvorderst die der sozialen Sicherungssysteme. Sie entsprechen den Lebens- und Arbeitsbedingungen ihrer Entstehungszeit im ausgehenden

19. und frühen 20. Jahrhundert. Für das 21. Jahrhundert, in dem in den frühindustrialisierten Ländern der materielle Wohlstand eher abnehmen und zugleich abhängige Beschäftigung durch Aktivitäten zurückgedrängt werden wird, bei denen zwischen »beruflich« und »privat« sowie »abhängig beschäftigt« und »selbständig« nicht mehr trennscharf unterschieden werden kann, taugen sie kaum noch. Sofern dies nicht schon geschehen ist, werden sie ihre Verankerung in abhängiger Beschäftigung und der tradierten Dualität von Arbeitgebern und Arbeitnehmern verlieren.

Ferner bedarf das Gesellschafts- und Steuerrecht gründlicher Überarbeitung. In Deutschland beispielsweise sollten die Beschäftigten in den vielen Klein- und Kleinstbetrieben problemlos Gesellschaften bürgerlichen Rechts oder ähnliche Organisationsformen bilden können, und in größeren Unternehmen sollte das Genossenschaftsprinzip verstärkt zum Tragen kommen. Aber auch ganz neue, bisher nicht erprobte Rechtskonstruktionen sind vorstellbar. Das Steuerrecht hingegen muss so gestaltet werden, dass der Bürger in seiner Stellung als abhängig Beschäftigter und gleichzeitig Selbständiger sich nicht in den Fußangeln eines undurchschaubaren Gesetzgebungswerkes verfängt. Die immer wieder beschworene Vereinfachung des Steuerrechts bekommt so eine weitere wichtige Dimension.

Umbau des Sozialstaats

In wenigen Jahrzehnten dürfte die Frage, was bei stagnierendem oder sinkendem materiellen Wohlstand mit dem Typ von Sozialstaat geschieht, der sich im Laufe des 20. Jahrhunderts in den frühindustrialisierten Ländern herausgebildet hat, nur noch von akademischem Interesse sein. Denn dieser Typ von Sozialstaat ist untrennbarer Bestandteil der nunmehr zu Ende gehenden Epoche einzigartiger materieller Wohlstandsmehrung bei gleichzeitiger Beeinträchtigung existentieller Lebensgrundlagen. Wie weniges andere ist er ein Produkt jener Zeit, mit der er erblühte und mit der er jetzt welkt. Doch bis die Mehrheit das begriffen hat, wird die Frage nach seiner Zukunft Politiker, Gelehrte und Öffentlichkeit in Atem halten.

Noch ist der Sozialstaat nämlich ein Riese. Die Geschwindigkeit, mit der er seit Mitte des 20. Jahrhunderts gewachsen ist, stellt das menschheitsgeschichtlich beispiellose Wachstum der Wirtschaft noch in den Schatten. Erhöhte diese in einem Land wie Deutschland die pro Kopf bereitgestellte Güter- und Dienstemenge seit 1950 auf das 5,2fache, so steigerte der Sozialstaat seine Mittelvergabe – bei gleichem Geldwert – auf das 9,3fache. Bis in die siebziger Jahre des letzten Jahrhunderts begnügte er sich mit etwa 23 Prozent des BIP. Heute beansprucht er rund 32 Prozent. Pro Bundesbürger liegt damit der jährliche Sozialaufwand bei durchschnittlich 9000 Euro.[41]

Große Bevölkerungskreise sehen nach langer Gewöhnung das alles als gegeben an. Weniger geht nicht. Mehr darf es hingegen schon sein. Das haben sich stimmmächtige Parteien und Organisationen zu eigen gemacht und den immerwährenden Ausbau des Sozialstaats zu ihrem Daseinszweck erkoren. Viele quittieren das dankbar, denn nichts beschäftigt sie mehr als die Entwicklung von Sozialleistungen. Drohen diese zu sinken, gehen sie unverzüglich auf die Barrikaden – Schüler, Rentner, Arbeitslose, Alleinerziehende, alle. Soziales ist die Achse, um die sich die Politik frühindustrialisierter Länder dreht. Dahin fließen die Mittel. In Deutschland beispielsweise dienen mehr als zwei Drittel aller öffentlichen Ausgaben sozialen Zwecken. Alles andere ist demgegenüber bloßes Beiwerk: Bildung, Kunst, Infrastruktur, innere und äußere Sicherheit und vieles andere mehr. Der Kern staatlichen Handelns ist spätestens seit den siebziger Jahren die Erbringung von Sozialleistungen. Fließen diese reichlich, wähnen sich die frühindustrialisierten Länder gesund und stark. Im anderen Falle fürchten sie um ihren Bestand.

Das Fundament dieses Typs von Sozialstaat ist wirtschaftliche Expansion. Steht diese in Frage, bricht Panik aus. Notfallpläne treten in Kraft, bei denen die Politik selbst vor den aberwitzigsten Maßnahmen nicht zurückschreckt: niemals sinkende Renten, Abwrackprämien, Unternehmenssubventionen ... Alles ist besser, als Abstriche bei Sozialleistungen vornehmen zu müssen. Ist dies gänzlich unvermeidlich, werden Politiker zu Hütchenspielern, die sorgfältig zu verbergen suchen, was sie da eigentlich treiben. Vermutlich würde die ganze Wachstumsdebatte viel gelassener geführt werden, säße der Politik nicht der immense Mittelbedarf des Sozialstaates im Nacken – in Deutschland mehr als 750 Milliarden Euro im Jahr.

Solche Summen zu beschaffen ist mühsam, zumal sie von Jahr zu Jahr größer werden. Der Staat steckt in der Klemme. Bei der Bevölkerungsmehrheit war noch nie viel zu holen, und die zahlende Minderheit ist zunehmend unwillig geworden.[42] Sie weiter zu vergrätzen ist riskant. Denn sie finanziert nicht nur die meisten Arbeitsplätze, sie schafft sie auch. Verliert sie die Lust hieran, schmilzt – wie die Geschichte zeigt – nicht nur ihr eigener Wohlstand, sondern der Wohlstand aller dahin – wie groß oder klein er auch sein mag. Für den Staat bedeutet das eine Gratwanderung, bei der er ständig abzustürzen droht. Entweder er zieht den Unmut der Empfänger von Sozialleistungen auf sich oder den Unmut derer, die für diese Leistungen aufzukommen haben. Entweder fordern Rentner mehr Rente oder Lohnempfänger mehr netto vom brutto.

Dieser Zwickmühle hat sich der Staat bislang immer wieder durch Wirtschaftswachstum entziehen können. Wachstum und nur Wachstum hat die Mechanik dieses Typs von Sozialstaat in Gang gehalten. Das aber heißt, dass ohne ein solches Wachstum die Frage nach dem Sozialstaat von Grund auf neu gestellt werden muss. Dieser droht nämlich nicht an seinen Gegnern zu scheitern. Abgesehen davon, dass es solche kaum gibt, haben die wenigen vorhandenen weder die Kraft noch Entschlossenheit, ihn ernsthaft in Frage zu stellen. Was ihn vielmehr gefährdet, sind die Veränderungen des Biotops, in dem er entstanden ist, sich entfaltet hat und das er zum Fortbestand benötigt. Dies zu verdrängen und so zu tun, als müsse man den Sozialstaat nur wollen, um ihn zu erhalten, ist eine zutiefst rückwärtsgewandte oder im eigentlichen Wortsinn reaktionäre Haltung.

Auch künftig wird der Staat sozial sein, sozial sein müssen, wenn er von Dauer sein will. Gerade deshalb wird er aber nicht umhinkommen, den breiten Strom materieller Leistungen spürbar einzudämmen. Für alle, wenn der materielle Wohlstand abnehmen, für Einzelne, wenn er auch nur stagnieren sollte. Nimmt der materielle Wohlstand ab, wird es nicht möglich sein, durch Umschichtungen in den öffentlichen Haushalten das derzeitige Sozialleistungsniveau aufrechtzuerhalten. Denn die öffentlichen Haushalte sind in Deutschland wie in zahlreichen anderen frühindustrialisierten Ländern bereits jetzt zu zwei Dritteln sozialen Zwecken gewidmet. Zusammen mit Zinszahlungen für Altschulden beanspruchen die Sozialausgaben sogar knapp drei Viertel der Mittel. Da ist das Volumen der anderen öffentlichen Aufgabenbereiche einfach zu klein, um davon dem Sozialbudget noch etwas zuschlagen zu können.[43] Sollte hingegen der materielle Wohlstand zwar nicht abnehmen, aber doch stagnieren, müssten die individuellen Sozialleistungen dennoch sinken. Ursächlich hierfür sind in erster Linie demographische Veränderungen, namentlich die starke Zunahme der Zahl alter und mithin sehr wahrscheinlich auch kranker und pflegebedürftiger Menschen. Diese vielen materiell so ausstatten zu wollen, wie bislang vergleichsweise wenige ausgestattet worden sind, ist nicht möglich, ohne die Jüngeren zu überfordern. Eine solche Überforderung muss eine auf soziale Gerechtigkeit und Stabilität bedachte Gesellschaft jedoch unbedingt vermeiden. Die Gesellschaft würde sonst zerbrechen.

Deshalb muss die Politik die Bürger darauf vorbereiten, dass sie künftig nicht mehr die gewohnten Sozialleistungen erhalten werden, erhalten können. Dies muss sie ihnen, auch wenn es schwierig ist und schmerzt, unmissverständlich vermitteln. Darum herumzureden nützt auf Dauer niemandem und schürt nur den Verdruss an der Politik. Warum nicht freimütig bekennen, dass aufgrund der Rentenreformmaßnahmen der jüngeren Vergangenheit oder der Rente mit 67 die Alterseinkommen sinken werden? Das ist politisch gewollt und in der Sache richtig. Also sollte es auch gesagt werden. Und ebenso offen sollten die Leistungskürzungen in den übrigen Sozialsystemen zur Sprache kommen, von der Kranken- über die Pflege- bis hin zur Arbeitslosenversicherung. Die Menschen spüren solche Kürzungen ja doch, und viele haben inzwischen auch begriffen, dass es anders nicht geht.

Dahinter eine perfide Strategie des Sozialstaatsabbaus zu wittern heißt die Wirklichkeit verkennen. Eine solche Strategie gibt es nicht. Kein Politiker bei Verstand wird Hand an den Sozialstaat legen. Vielmehr beurkundet die Politik lediglich sein Dahinwelken, seinen stetigen Substanzverlust. Dass hieran selbst seine glühendsten Verfechter nichts zu ändern vermögen, zeigt sich überall, wo sie politische Macht in den Händen halten.[44] Auch dort, wo Sozialdemokraten und Sozialisten regieren, welkt er. Sozialstaatsdebatten sind deshalb kaum mehr als folgenlose Schaukämpfe, bei denen alle Beteiligten wissen, dass, gleichgültig wer von ihnen politische Verantwortung trägt, die Zeiten großzügiger Lebensstandardsicherung durch staatliche Vorkehrungen vorüber sind. Alle müssen sich nach einer immer kürzer werdenden Decke strecken. In zwanzig Jahren werden staatliche Sozialleistungen allenfalls die Existenz der Menschen sichern können, nicht ihren gewohnten Lebensstandard. Das ist auch bei sozialster Gesinnung nicht möglich.

Eine weitere einschneidende Veränderung des tradierten Sozialstaats wird seine völlige Ablösung von abhängiger Beschäftigung sein. Wenn, bedingt durch echte Knappheitspreise, Erwerbseinkommen sinken, der Arbeitnehmeranteil abnimmt und darüber hinaus abhängig Beschäftigte oft nur noch Teilzeitbeschäftigte sind, kann Arbeit nicht mehr mit den Kosten sozialer Sicherung befrachtet werden. In vielen frühindustrialisierten Ländern ist dies schon heute nur noch begrenzt möglich, weshalb dort – wie auch in Deutschland – soziale Sicherheit zunehmend über das allgemeine Steueraufkommen finanziert wird.[45]

In den kommenden Jahrzehnten wird die steuerfinanzierte Grundversorgung im Alter, bei Krankheit, im Pflegefall und bei sonstigen staatlichen Transferansprüchen zur Regel werden. Diese Grundversorgung wird jedem zustehen, der durch seine Steuern zu ihrer Finanzierung beigetragen hat, also allen, die im jeweiligen Staat oder auch Staatenverbund ihren Lebensmittelpunkt haben. Dabei wird der mit Abstand wichtigste Anknüpfungspunkt für Steuern die Wertschöpfung der Volkswirtschaft als Ganzes sein, die vor allem im Konsum zum Ausdruck kommt. Über Konsumsteuern ist ein wesentlicher Teil der Mittel zu beschaffen, die die Gesellschaft für ihren Sozialaufwand benötigt.[46]

Entfaltung des Gemeinsinns

Soll das Gemeinwesen nicht notleiden, müssen bei abnehmender wirtschaftlicher Leistungsfähigkeit des Staates eine Vielzahl von Aufgaben vom Einzelnen und der Gesellschaft übernommen werden. Das wird einige Zeit der Umstellung erfordern und oft nicht leichtfallen. Denn Individuen und Gesellschaft haben sich in vielen Jahrzehnten daran gewöhnt, dass soziale Verpflichtungen, die an sich ihnen obliegen, vom Staat geschultert werden. Sie meinen, sie hätten sich durch hohe Sozialbeiträge und Steuerzahlungen von eigenverantwortlichem und gemeinwohlverträglichem Verhalten freigekauft.

Viele glauben, tun und lassen zu können, was sie wollen – der Staat kommt für die Folgen ihres Handelns auf. Scheidungswaisen, abgeschobene Alte, ausgesetzte Haustiere, vorsätzlich zerrüttete Gesundheit – für alles und jedes hat der Staat Vorkehrungen getroffen. Wer wollte bezweifeln, dass das viele Annehmlichkeiten bietet und durchaus seine Vorteile hat? Sind das nicht die sozialen Errungenschaften, auf die der Westen so stolz ist? Gewiss. Aber die Gefahr, dass sich das soziale Potential von Individuen und Gesellschaft gar nicht erst entfaltet, oder dort, wo es sich entfaltet, wieder verschüttet wird, ist groß. Der Sozialstaat ist nämlich nicht nur hilfreicher Vater und gütige Mutter. Er ist auch strenger Vormund und mitunter selbst Tyrann, der seine Mündel nicht mündig werden lässt.

Diese Chance haben sie jetzt. Der Vormund schwächelt, und Individuen und Gesellschaft werden bald spüren, dass auch dies kein Verlust sein muss, sondern ein Gewinn sein kann. Das enge Korsett staatlicher Vorgaben wird lockerer, und die Menschen können Fähigkeiten und Kräfte nutzen, die bisher weitgehend brachliegen. Menschen können wieder unmittelbar aufeinander zugehen, Familienverbände vermehrt wirtschaftliche und soziale Funktionen übernehmen, Städte und Gemeinden sich verstärkt auf ihre Bürger stützen. Zwischenmenschliches und gesellschaftliches Solidarverhalten, das generationenlang von anonymen staatlichen Zahlungsströmen überflutet wurde, kann wieder an die Oberfläche treten.

Ist das der schöne Traum von einer Bürgergesellschaft? Vielleicht. Doch die Wahrscheinlichkeit, dass er bei sinkendem materiellen Wohlstand und abnehmender staatlicher Leistungsfähigkeit Realität wird, ist hoch. Und ebenso wahrscheinlich ist es, dass sich dann viele Menschen besser fühlen werden als bisher. Sie sind nicht länger Mündel und können das einst bejubelte Diktum John F. Kennedys – Frage nicht, was dein Land für dich tun kann, frage, was du für dein Land tun kannst – endlich mit Leben füllen.[47] Statt immer nur um staatliche Zuschüsse zu betteln, könnten beispielsweise Karnevalsgesellschaften, Trachtenvereine oder Mundartgruppen ihre Ziele mit eigenen Mitteln verfolgen und darüber hinaus auch noch die eine oder andere Hilfestellung für wirtschaftlich schlechtgestellte Mitbürger leisten.

Das freiwillige soziale Engagement in den westlichen Gesellschaften ist beträchtlich. Aber es ist zufällig, sprunghaft und launisch. Diejenigen, die ihm Struktur und vor allem Dauerhaftigkeit zu verleihen versuchen, haben es oft schwer. Nicht nur geraten sie immer wieder in Konkurrenz zu staatlichen Stellen – das wird sich künftig geben! –, mehr noch haben sie gegen die weitverbreitete Haltung zu kämpfen, dass der Staat für alles die Erstverantwortung trage und die Bürger allenfalls hilfsweise tätig werden müssten. So hat der Sozialstaat die Bevölkerung geprägt, und davon kann sie nur mühsam lassen. Dass zunächst jeder Einzelne, dann seine Familie und dann seine Freunde, Bekannten und Nachbarn alle ihre Möglichkeiten ausschöpfen müssen, ehe mit Hilfe vom Staat gerechnet werden kann, ist für die meisten ungewohnt. Die unmittelbare Anrufung des Staates durch den Einzelnen ist für viele zur Selbstverständlichkeit geworden. Sie überspringen die vermittelnden gesellschaftlichen Instanzen und betrachten das als Erleichterung. Doch zugleich begeben sie sich damit des gesellschaftlichen Schutzes. Auf sich selbst gestellt, sehen sie sich einem Staat gegenüber, den sie nicht nur als allmächtig, sondern auch als kalt und gesichtslos empfinden. Das gibt ihnen das Gefühl des Verwaistseins.

Umso stärker ist ihr Verlangen nach Geborgenheit – in der Familie, im Freundeskreis, im festen Zusammenhalt zwischen den Generationen. Jedwede Form von Geborgenheit hat in der Bevölkerung einen hohen Rang.[48] Doch oft will sie nicht gelingen. Partnerschaften, Ehen und Familien gehen massenhaft zu Bruch – möglicherweise auch im Vertrauen darauf, dass der Sozialstaat die Scherben schon zusammenkehren wird. Nicht wenige leiden so sehr unter dieser Instabilität, dass sie feste Beziehungen gar nicht erst eingehen. Die anderen jedoch pochen auf die Freiheit, Bindungen jederzeit aufkündigen zu können. Der wirtschaftliche Wohlstand lässt im Zusammenwirken mit dem Sozialstaat wirtschaftliche, soziale und oft auch menschliche Rücksichtnahmen entbehrlich erscheinen.

Das aber wird sich künftig ändern! Knapper werdende finanzielle Mittel und beschränkte wirtschaftliche Möglichkeiten werden viele wieder enger zusammenrücken und sich auf das besinnen lassen, »was notwendig ist«.[49] Die Lücken, die beim materiellen Wohlstand auftreten, dürften gefüllt werden durch die immateriellen Wohlstandsgewinne stabilerer zwischenmenschlicher Beziehungen.

Die Familie wird hierbei eine zentrale Stellung einnehmen, da nur sie flexibel genug ist, sich den bevorstehenden gesellschaftlichen Umbrüchen mit der nötigen Geschwindigkeit anzupassen. Während staatliche Systeme in Umbruchsituationen an Handlungsfähigkeit einbüßen und nicht selten auch scheitern, zeigt der Familienverband gerade dann seine besondere Stärke. Zwar gibt es keinen Anlass anzunehmen, dass den frühindustrialisierten Ländern in nächster Zeit Katastrophen wie in der ersten Hälfte des 20. Jahrhunderts bevorstehen, als die Familie mehr oder minder zum einzigen Hort des Überlebens wurde. Aber viel spricht dafür, dass bei abnehmendem materiellen Wohlstand und verminderter sozialstaatlicher Handlungsfähigkeit die Gewichte zwischen Staat und Gesellschaft deutlich zugunsten der Gesellschaft und hier wiederum der Familien verschoben werden. Die Familien werden viel von dem auffangen müssen, was dem Staat entgleitet.

Dabei dürfte der familiale Prototyp der sozialstaatlichen Wohlstandsgesellschaft, die Klein- und Kleinstfamilie, wieder eingebunden werden in größere Verbände, deren Mitglieder zwar nicht miteinander verwandt, die aber sozial belastbar sein müssen. Denn bei sinkender Finanzkraft der öffentlichen Hand werden sie zumindest teilweise Leistungen zu übernehmen haben, die heute beispielsweise in steuerfinanzierten Horten, Kindertagesstätten oder Kindergärten erbracht werden. Gleiches gilt für zahlreiche weitere öffentliche Aktivitäten wie Musikschulen, Sprachkurse für Ausländer und anderes mehr.

Besonders gefordert sind wiederum die wirtschaftlich Leistungsfähigeren. Ihr soziales Engagement muss zu einer tragenden Säule gesellschaftlichen Miteinanders werden, wenn die Gesellschaft stabil bleiben soll. Das Postulat des deutschen Grundgesetzes, wonach Eigentum verpflichtet[50], wird eine umfassendere und konkretere Bedeutung erlangen als bisher. Wer hierzu wirtschaftlich in der Lage ist, wird über Steuern und Abgaben hinaus seinen Beitrag zum materiellen Wohlergehen des Gemeinwesens zu leisten haben. Bürgerschaftliches Engagement wird nicht mehr nur Ergänzung staatlichen Handelns sein, ein mehr oder minder großes Extra, sondern wesentliche Voraussetzung für das allgemeine Wohl. An die Stelle anonymer, durch den Staat vermittelter Zahlungsströme wird zunehmend der persönliche Umgang der Bürger miteinander treten.

Was bedeutet das für ihr Verhältnis zueinander? Derzeit ist dieses Verhältnis zumeist antagonistisch: die da oben, die da unten – zusammengehalten von der eisernen Klammer des Sozialstaats. Entsprechend haben sich die politischen Parteien formiert. Die einen wollen ihre Anhänger vor Begehrlichkeiten schützen, die anderen gerade solchen Begehrlichkeiten Nachdruck verleihen. Das kostet Kraft. Menschen- und sozialverträglicher ist es, das enge Korsett des Sozialstaats zu lockern und die Wohlhabenderen zu motivieren, freiwillig mehr zu geben, als sie bislang gezwungenermaßen geben müssen. Doch warum sollten sie das tun?

Die moderne Glücksforschung weist einen möglichen Weg. Menschen, so meint sie erkannt zu haben, sind glücklich, wenn sie erfüllte Leben führen. Und sie führen erfüllte Leben, wenn sie Ziele verfolgen, die mit der Entwicklung der Persönlichkeit, der Pflege zwischenmenschlicher Beziehungen und nicht zuletzt

Beiträgen zum gesellschaftlichen Wohl verknüpft sind, also mit Werten und nicht vorrangig mit Geld, Schönheit oder Popularität.[51] Die moderne Glücksforschung kommt damit zu keinem anderen Ergebnis als die Menschen früherer Zeiten: Geben ist seliger als Nehmen.

Darüber hinaus sollten die Völker der frühindustrialisierten Länder allerdings auch ihre Formen gesellschaftlicher Wertschätzung sozialen Engagements verfeinern. Bisher kommt keinem Finanzbeamten in den Sinn, sich im Namen von Staat und Mitbürgern für den pünktlichen Eingang einer Steuerzahlung zu bedanken. Das ist doch nur die Erfüllung einer Pflicht! Und auch bei Spenden genügen in der Regel ein paar Dankeszeilen des Bedachten. Wozu Umstände machen! In einer Gesellschaft, die für ihr Wohlergehen in erheblichem Maße auf freiwillige Zuwendungen ihrer Bürger angewiesen ist, wird dies jedoch nicht genügen. Wenn Bürger jenseits ihrer gesetzlichen Verpflichtungen Theater und Museen, Schulen und Universitäten oder Schwimmbäder und Sportplätze schaffen und unterhalten, werden Staat und Gesellschaft explizitere Formen des Dankens finden müssen. Auch wenn westliche Gesellschaften noch nicht verlernt haben zu danken, so haben sie darin doch wenig Übung. Soziales Engagement, das in großem Umfang auf Freiwilligkeit beruht, erfordert eine entwickelte Kultur der Anerkennung und Wertschätzung. Geben sollte nicht nur seliger sein als Nehmen. Der Natur des Menschen Rechnung tragend, darf es auch mit ein wenig gesellschaftlichem Glanz einhergehen.

Verantwortung der Gesellschaft

Dass bei abnehmender Leistungsfähigkeit des Staates die Gesellschaft mit ihren Institutionen Aufgaben übernehmen muss, wenn das Gemeinwesen nicht notleiden soll, ist einsichtig. Aber gibt es in den frühindustrialisierten Ländern solche Gesellschaften überhaupt noch beziehungsweise wollen die Völker dieser Länder noch Gesellschaften sein? Und wenn sie Gesellschaften sein wollen, was verstehen sie darunter? Was hält sie zusammen?

Welche Zuständigkeiten und Verantwortungen haben sie, welche Rechte und Pflichten? Vor allem aber: Wer gehört dazu und wer nicht?

Auf Fragen wie diese gibt es keine einfachen und keine einheitlichen Antworten. Abhängig von Kulturkreis und Volk lösen sie unterschiedliche Echos aus. Während die einen sich mit größter Selbstverständlichkeit als Teil einer Gesellschaft mit recht genau umrissenen Rechten und Pflichten betrachten, ist diese für andere wenig konkret. Was ist Gesellschaft? Ist das nicht die Menschheit in ihrer Gesamtheit, und haben nicht alle gegenüber allen Rechte und Pflichten schon allein deshalb, weil sie Menschen sind?

Auf Festveranstaltungen der Vereinten Nationen, auf Kirchentagen und in präsidialen Neujahrsansprachen wird diese Auffassung gerne vertreten: die Verantwortung aller für die eine Welt und die eine Menschheit, verbunden durch einen globalen Waren-, Kapital-, Wissens- und Arbeitsmarkt. Doch sobald die Weihestunden vorüber sind, zerfällt das globale Dorf wieder in Höfe, Häuser und Hütten, deren Bewohner nicht viel miteinander zu schaffen haben wollen. Dann reicht es allenfalls noch zu einem Quäntchen humanitärer Hilfe, wenn Erdbeben das Haus des Nachbarn zerstören oder Unwetter seine Felder überfluten. Mehr ist nicht drin.

Das erklärt, warum die Völker der frühindustrialisierten Länder einerseits maßgeblich dazu beigetragen haben, dass die Weltbevölkerung zahlenmäßig explodiert, andererseits aber an einem Lebensstil festhalten, der die Existenzgrundlage großer Teile der Menschheit empfindlich beeinträchtigt. Die Hauptsache ist doch, dass es einem selbst gutgeht! Geht es dann nicht auch allen anderen gut? Wen stört es schon, wenn von den knappen Gütern dieser Erde ein Deutscher fünfmal so viel verbraucht wie ein Chinese oder ein Amerikaner zwanzigmal so viel wie ein Nigerianer? Deutsche, Amerikaner und alle übrigen Völker frühindustrialisierter Länder stört es jedenfalls nicht, und die anderen sollen sehen, wo sie bleiben. Pech gehabt! Selbst ein Barack Obama erklärt lakonisch: »Wir werden uns für unsere Art zu leben nicht entschuldigen. Ebenso wenig werden wir zögern, wenn es darum geht, sie zu verteidigen.«[52]

Wenn es aber die Weltgesellschaft, geformt durch eine Weltordnung, geführt von einer Weltregierung und beseelt von einem Weltethos, nicht gibt und vielleicht nie geben wird, was ist dann die Gesellschaft, auf die sich die Menschen verlassen und die ihnen ein angstfreies Leben sichern soll? Das große China, Mütterchen Russland, die USA, die Europäische Union? Gewiss gibt es innerhalb solcher politischen Gefüge beträchtliche Gemeinsamkeiten. Aber Trennendes ist unübersehbar. Während die USA noch zu jung sind, als dass in ihr gravierende Regionalidentitäten wirksam werden könnten, brennen in China und Russland ganze Völkerschaften darauf, Bindungen zu kappen und eigene Wege zu gehen. Und auch die Europäer haben ein eher zwiespältiges Verhältnis zu ihrem Kontinent. Nur ein Fünftel ist ihm »sehr« und eine weitere knappe Hälfte »ziemlich verbunden«.[53] Noch bedeutsamer ist allerdings, »dass die Identifikation mit Europa weniger auf affektiven Bindungen beruht, als von ökonomisch-rationalen Motiven geleitet ist«.[54] Wirtschaftliche Vorteile der EU-Mitgliedschaft haben »den mit Abstand stärksten Einfluss auf die Identifikation mit Europa«.[55]

Hören die Europäer also auf, europäisch zu denken und zu fühlen, sollte dies eines Tages nicht mehr wirtschaftlich profitabel sein? Jean Monnet, einer der Gründungsväter der Europäischen Union, scheint das befürchtet zu haben, als er bekannte: »Wenn ich das Ganze der europäischen Einigung noch einmal zu machen hätte, würde ich nicht bei der Wirtschaft anfangen, sondern bei der Kultur.« Wie auch immer: Während die Zahl der Menschen, deren gesellschaftliches Bezugssystem die Menschheit als Ganzes ist, gegen Null tendiert, übersteigt der Anteil der Europäer, der sich in erster Linie als Europäer sieht, in keinem Land der Europäischen Union fünf Prozent.[56] Nur eine kleine Minderheit sieht sich in der Nachfolge eines Cervantes, Galilei, Beethoven oder Rembrandt. Für die meisten sind diese immer noch vorrangig Spanier, Italiener, Deutsche oder Niederländer.[57]

Der eigentliche Ankergrund von Gesellschaft ist damit heute kein anderer als vor 200 Jahren: die Nation oder – abhängig von der Weltregion – der Clan, der Stamm. In jedem Fall aber eine mehr oder minder mystische Geburten- oder auch Wahlgemeinschaft, die »auf eine als gemeinsam angenommene Geschichte, Tradition, Kultur, Sprache« verweisen kann.[58] Für eine solche Gemeinschaft schlägt das Herz der großen Mehrheit. 92 Prozent der Menschen in der Europäischen Union fühlen sich ihrem jeweiligen Land, ihrer Nation »sehr verbunden«. In einigen Fällen erreicht dieser Wert fast hundert Prozent, nur in Deutschland, Belgien und den Niederlanden sowie der Slowakei wird die 90-Prozent-Marke unterschritten.[59] Dabei nimmt die Verbundenheit mit dem eigenen Land, der eigenen Nation tendenziell sogar zu.[60] Selbst in Deutschland, wo dieses Thema lange Zeit mit Argwohn betrachtet wurde, waren im April 2009 83 Prozent der Bevölkerung ausdrücklich »stolz darauf, Deutscher zu sein«.[61]

Das alles ist nicht nur verständlich, sondern beinahe zwingend, liegt es doch in der Logik menschlicher Evolution und langer historischer Trends. Aus guten Gründen waren die Menschen während des längsten Teils ihrer Geschichte darauf bedacht, ihre Familie und Sippe, ihren Stamm und ihr Volk und darüber hinaus die Gattung als solche zu erhalten und sich zu mehren. Denn sie waren klein an Zahl und deshalb ständig bedroht, ausgelöscht zu werden. Doch als diese Bedrohung gebannt war, hielten sie zäh an ihrem lange geübten Verhalten fest. Die Folge: Heute bedroht sie Überfülle. Die anhaltende Bevölkerungszunahme ist mehr, als Mensch und Erde verkraften können.

Die Gefahr ist erkannt, wenn auch keineswegs gebannt. Jährlich werden hohe Milliardenbeträge aufgewendet, um die Geburtenfreudigkeit zu dämpfen. Aber noch viel größere Summen fließen, um namentlich in den frühindustrialisierten Ländern die Geburtenfreudigkeit anzuregen. Wie in früheren Zeiten will jedes Volk zahlenmäßig stark sein. Wenn China 1300 Millionen Einwohner zählt, dann will Indien mit ihm gleichziehen. Das ist es seiner Selbstachtung schuldig. Mit unverhohlenem Triumph verkündeten die USA 2008, nunmehr ein 300-Millionen-Volk zu sein, derweil die Brasilianer eifrig rechnen, wie viel Zuwachs sie noch brauchen, ehe ihr Land so dicht wie Mitteleuropa besiedelt ist. Und auch Europäer sind vor diesem Denken nicht gefeit. Franzosen beispielsweise sehen es durchaus nicht ungern, dass sie an Zahl zu-, ihre deutschen Nachbarn hingegen abnehmen. Wieder zahlenmäßig stärker als diese zu sein – das wär's doch!

Dieser archaische Wettlauf um Bevölkerungszahlen – meine Sippe, mein Stamm, mein Volk! – hat menschheitsbedrohende Züge angenommen, insbesondere weil er noch verschärft wird durch das Ringen um die größte pro Kopf erwirtschaftete Gütermenge. Viele Menschen und viel BIP – darauf ist das Miteinander der Völker zu Beginn des 21. Jahrhunderts im Wesentlichen zusammengeschrumpft. Wer hier hohe Werte vorzuweisen hat, steht – gleichgültig, wie es sonst um sein Land und seine Gesellschaft bestellt ist – weit oben auf der Skala internationalen Ansehens. Sind diese Werte jedoch niedrig, mag die Bevölkerung noch so zufrieden und reich an immateriellen Gütern sein – ihr Ansehen in der Weltgemeinschaft ist gering.

Diesen Wettlauf kann sich die Menschheit im 21. Jahrhundert nicht mehr leisten. Er bringt sie um. Jeder Mensch und jedes Volk hat seinen Wert. Doch wie sich der Einzelne in das Gefüge seiner Gesellschaft einbringen muss, wenn diese gedeihen soll, müssen sich auch Völker in das Gefüge der Menschheit einbringen. Das tun sie nicht durch möglichst große Bevölkerungszahlen und auch nicht durch die Produktion und den Verbrauch möglichst großer Gütermengen. Entscheidend ist vielmehr ihr kultureller Beitrag. Und wenn dieser von einer zahlenmäßig kleinen Bevölkerung erbracht wird – umso besser.

Was ist der spezifische kulturelle Beitrag von Deutschen, Franzosen und allen anderen? Als diese Frage unlängst einigen klugen Köpfen gestellt wurde, murmelten diese sichtlich verlegen etwas von Menschenwürde, Menschenrechten, der Trennung von Staat und Kirche sowie der Pflege der jeweiligen Sprache. Das ist gut und recht, aber weder sonderlich neu noch sonderlich originär. In der Verfolgung dieser Ziele sind sich nämlich große Teile der Menschheit mittlerweile einig. Was aber ist dann der jeweils spezifische Beitrag? In früheren Zeiten gaben gerade die Völker frühindustrialisierter Länder hierauf ambitionierte Antworten. Von dieser Ambition ist jedoch nicht viel geblieben – trotz aller institutionalisierten Kultureinrichtungen.

Das muss sich ändern. Denn wie die Natur durch die Vielfalt

von Arten stabil und vital bleibt, bedarf die menschliche Zivilisation zur Aufrechterhaltung ihrer Stabilität und Vitalität der Vielfalt von Kulturen. Diese Vielfalt ist mehr denn je in Gefahr. Sprachen erlöschen, Traditionen verblassen und kulturelle Eigenheiten werden zugunsten globaler Windschnittigkeit aufgegeben. An die Stelle des kulturellen ist der wirtschaftliche Wettbewerb der Völker getreten. Nur er ist gemeint, wenn von internationaler Wettbewerbsfähigkeit die Rede ist. Wie ein Volk kulturell besteht, ist demgegenüber ziemlich gleichgültig.

Doch das ist 20. Jahrhundert. Den Wohlstand des 21. Jahrhunderts werden nicht länger Menschen- und Gütermengen bilden, sondern die Kulturen der Völker. Das mag allzu idealistisch, beinahe schwärmerisch anmuten, aber es ist alternativlos. Denn der Weg, der seit Beginn der Industrialisierung zunächst von wenigen und dann von immer mehr Völkern beschritten wurde, nähert sich seinem Ende. Es war der Weg der materiellen Quantität. Und da diese nicht beliebig steigerbar ist, werden sich die Menschen zurückbesinnen auf ihre kulturellen Fähigkeiten. Ihre Entfaltung wird an die Stelle materieller Expansion treten – treten müssen.

Das bedeutet nicht das Ende materieller Wertschöpfung. Sie ist ganz unverzichtbar und eine tragende Säule menschlicher Kultur. Aber diese Kultur hat neben dem Wirtschaften zahlreiche weitere Facetten, die das Leben der Menschen reich und lebenswert machen. Das gilt namentlich für die Völker der frühindustrialisierten Länder, deren materielle Bedürfnisse weithin befriedigt sind. Sie können sich verstärkt anderen immateriellen Bereichen ihrer Kultur zuwenden und ihnen Lebenssinn und Daseinszweck abgewinnen. Die Voraussetzungen hierfür sind gegeben. Durch die enge Verbundenheit der übergroßen Mehrheit mit Gemeinschaften, die auf »eine als gemeinsam angenommene Geschichte, Tradition, Kultur, Sprache« verweisen können, ist das Feld für einen vielgestaltigen, ereignisreichen kulturellen Wettstreit bereitet. Dieser dürfte spannender und lohnender sein als der bisherige Kampf um Menschen- und Gütermengen. Und er eröffnet die Chance, dass die Menschheit auch noch am Ende dieses Jahrhunderts menschenwürdig leben kann.

Kultur und Vielfalt

Wenn jetzt die Weichen richtig gestellt werden, wird gegen Ende dieses Jahrhunderts die Weltbevölkerung zahlenmäßig kleiner und deutlich gealtert sein, sie wird einen gleicheren Zugang zu den Schätzen dieser Erde und einen gleicheren materiellen Lebensstandard haben. Vor allem aber wird sie sich eines etwas geistreicheren und kulturvolleren Lebens erfreuen können als derzeit. Wenn. Dabei bewegen sich die Völker in unterschiedlichen Geschwindigkeiten, und namentlich bei der Entwicklung ihrer Bevölkerungen liegen Europäer und Japaner weit vorne. Hier befinden sie sich schon jetzt dort, wo die Mehrheit der Weltbevölkerung gegen Mitte und die meisten Übrigen gegen Ende des Jahrhunderts angelangt sein werden.

Mit sinkenden Bevölkerungszahlen und steigenden Altenanteilen ist für Europäer und Japaner Wirklichkeit, was große Teile der Menschheit seit geraumer Zeit anstreben: immer längere individuelle Leben, ohne dass dadurch Länder und Kontinente ob ihrer Menschenmassen aus den Nähten platzen. Trotzdem wird diese an sich positive Entwicklung – das Sinken der Bevölkerungszahlen und die Alterung der Bevölkerung – mit Unbehagen, Sorge und sogar Panik aufgenommen. Für viele ist es eine Schreckensvision, dass nach einer Zeit der Bevölkerungsfülle und mitunter Überfülle Regionen menschenleerer und Städte überschaubarer werden und hier und da ein wenig Ruhe einkehrt. Besonders aber ängstigt sie der zügige Anstieg der Anteile älterer und alter Menschen. Eine Hiobsbotschaft jagt die nächste: Anteil der über Sechzigjährigen auf ein Drittel der Bevölkerung gestiegen! – Zahl der über 65-Jährigen größer als Zahl der unter Zwanzigjährigen! – Schon bald ebenso viele Rentner wie Beitragszahler!

Entsprechend energisch sind die Bemühungen, regionalen und lokalen Bevölkerungsschwund zu kaschieren und die Bevölkerung jung zu halten. Obwohl die Menschheit mit Kindern reich gesegnet ist, ist die Stabilisierung oder besser noch Erhöhung der Geburtenrate für die meisten frühindustrialisierten Länder ein Anliegen, das diese sich sehr viel Geld kosten lassen.

Sie wollen sicherstellen, dass es auch künftig in ihren Gemeinwesen genügend Produzenten, Konsumenten und Beitragszahler in den sozialen Sicherungssystemen gibt. Und dahinter steht, zumeist schamhaft verschwiegen, die Furcht, ohne ausreichenden Nachwuchs als Volk, als Kultur zu vergehen.

Diese Furcht kommt nicht von ungefähr. Die Zahl der Völker, die aus biologischen Gründen vergingen, ist stattlich. Warum sollte dies nicht auch in absehbarer Zeit dem einen oder anderen europäischen Volk widerfahren? Da Maßnahmen zur Erhöhung der Geburtenfreudigkeit jedoch nicht immer fruchten, bedienen sich Völker gelegentlich des Hilfsmittels der Zuwanderung. Vordergründig geht es auch hier in aller Regel zunächst um Arbeitskräfte. Doch wenn die Bevölkerungszahlen weiter schrumpfen, reift früher oder später der Gedanke, diese Zuwanderer mit der einheimischen Bevölkerung zu verschmelzen, sie zu assimilieren und sie auf diese Weise zu Trägern der heimischen Kultur zu machen.

Dies ist nicht selten gelungen, aber unter den Bedingungen des 21. Jahrhunderts nur schwer zu wiederholen. Denn aufgrund der weltweit hohen Transparenz und Mobilität sowie der außerordentlich verbesserten Kommunikationsmöglichkeiten ist heute nur noch eine kleine Minderheit der Zuwanderer zu völliger Assimilation bereit – in Deutschland ganze sieben Prozent. Nicht viel weniger, nämlich fünf Prozent, sehen sich demgegenüber »überhaupt nicht als Teil der deutschen Gesellschaft«. Die Übrigen befinden sich irgendwo dazwischen, wobei reichlich die Hälfte den Assimilationswilligen zuneigt, während reichlich ein Drittel es eher mit den Distanzierten hält.[62] Nicht grundlegend unterschiedlich sind die Befunde in anderen, insbesondere europäischen Zuwanderungsländern.

Damit stehen diese Länder vor Herausforderungen, wie sie sich ihnen in den letzten Jahrhunderten nicht gestellt haben. Denn spätestens mit der Entstehung der Nationalstaaten im 18. und 19. Jahrhundert waren die Völker in Europa sorgsam darauf bedacht, Kulturen herauszubilden, die sich in ihrer Homogenität deutlich von denen der Nachbarn unterschieden. Nicht nur Briten, Franzosen oder Deutsche, sondern auch kleinere Völker

wie Finnen und Schweden, Dänen und Norweger oder Tsche-
chen und Slowaken zelebrierten ihre unbedingte und unver-
wechselbare kulturelle Eigenständigkeit, ihre Nationalkultur.

Im Dienste dieser unverwechselbaren Kultur standen Rechts-
und Sozialordnung, Musik und Malerei, Religion und Wissenschaft, vor allem aber die Sprache. Diese wurde zu einem Instrument der Abgrenzung und beinahe kultisch überhöht. Ehemals
breite kulturelle und sprachliche Überlappungsräume wurden
auf schmale Streifen zusammengepresst und Durchmischungen
nur ungern hingenommen. Bloß nicht so sein wie der Nachbar
und insbesondere nicht seine Sprache sprechen! Bis zur Mitte des
20. Jahrhunderts war diese Entwicklung so weit fortgeschritten,
dass bei allen Einschränkungen und wechselseitigen Befruchtun-
gen unschwer zwischen derart homogenen Nationalkulturen unterschieden werden konnte.

In der zweiten Hälfte des 20. Jahrhunderts kam diese Entwicklung nicht nur zum Stillstand, sondern kehrte sich um. Durch
starke Zuwandererströme aus unterschiedlichen Kulturen wurde
vieles von dem, was sich in den vorangegangenen Jahrhunderten
in den frühindustrialisierten Ländern herausgebildet hatte, wieder zur Disposition gestellt. Die tradierten Nationalkulturen gerieten in eine Mühle tiefgreifender Transformation, deren Rä-
derwerk unermüdlich rattert. Was das bedeutet – diese Frage
wurde nicht gestellt oder unterdrückt. Erst in jüngster Zeit ist
von Politik und medialer Öffentlichkeit ihre Relevanz und Brisanz erkannt worden. Wie werden sich unter dem Einfluss der
Globalisierung sowie der demographischen und sonstigen Bedingungen des 21. Jahrhunderts die Kulturen von Deutschen,
Franzosen und anderen Nationen entwickeln?

Da eine umfassende Assimilation nur von einer kleinen Minderheit von Zuwanderern gewollt und akzeptiert wird, die große
Mehrheit aber an der Kultur ihres Herkunftslandes und ihrer
Sprache festhalten möchte, werden künftig neue, unerprobte
Formen von Kultur entstehen. Wie diese aussehen könnten, ist
noch weitgehend ungeklärt. Darüber ist bisher kaum ernsthaft
nachgedacht worden. Nur so viel zeichnet sich ab: Global ein-
heitlich oder schlicht multikulturell werden diese Formen nicht

sein können. Sie wären zu unspezifisch, um identitätsstiftend sein zu können. Aber auch ein bloßes Fortspinnen historischer Fäden wird nicht möglich sein.

Dabei kommt erschwerend hinzu, dass ja nicht nur Brücken zwischen jeweils einer einheimischen und einer hinzukommenden Kultur zu schlagen sind, sondern zu einer Vielzahl von Kulturen. Die Größe dieser Herausforderung lässt sich daran ermessen, dass zwar inzwischen fast alle frühindustrialisierten Länder an ihr arbeiten, aber noch keines vermelden kann: Wir haben es geschafft! Wir wissen jetzt, wie es geht! Neben einigen geglückten steht eine stattliche Zahl missglückter Unterfangen, und mitunter will es scheinen, als würden vielerorts die Probleme eher größer als kleiner. Überall sind Ressentiments gegen Zuwanderer virulent. Und von diesen haben viele das Gefühl, von der einheimischen Bevölkerung nicht gemocht oder zumindest nicht angenommen zu werden. In Deutschland sind das zwei Fünftel der Zuwanderer, ein Siebentel fühlt sich sogar gänzlich fremd.[63] Auch hier unterscheidet sich Deutschland kaum von anderen Ländern Europas.

Ohne eine umfassende Lösung der vielfältigen Migrationsprobleme dürfte das 21. Jahrhundert für die Völker der frühindustrialisierten Länder – und nicht nur für sie – recht ungemütlich werden. Die Angelegenheit ist dringlich. Denn im Blick auf die krassen Ungleichzeitigkeiten der globalen Bevölkerungsentwicklung werden die Migrantenströme in den nächsten Jahren und Jahrzehnten beträchtlich ansteigen. Bisher haben Politik und Öffentlichkeit dieser Entwicklung nur mäßige Aufmerksamkeit gewidmet. Lange Zeit glaubten sie, Zuwanderer würden mit einer gewissen Verlässlichkeit den materiellen Wohlstand eines Landes heben. Das genügte. Erst spät erkannten sie, dass dies ein Irrglaube ist. Mittlerweile werden erhebliche Anstrengungen unternommen, die Prozesse der Zuwanderung und der Integration zu steuern. Aber die angerichteten Schäden sind noch längst nicht geheilt und auch der Lernprozess ist noch längst nicht abgeschlossen.[64]

Materielle Wohlstandsmehrung durch Zuwanderung – das war in den frühindustrialisierten Ländern Europas unter den wirtschaftlichen und demographischen Bedingungen der zweiten Hälfte des 20. Jahrhunderts eine Milchmädchenrechnung. Nunmehr geht es jedoch um etwas noch ungleich Anspruchsvolleres: Nicht die Fusion, nicht die Vermischung, nicht das Nebeneinander, sondern die Amalgamierung unterschiedlicher Kulturen. Niemand hat damit wirklich Erfahrung, zumal diese Kulturen, die gemeinsam zum Schwingen gebracht werden sollen, mitunter sehr unterschiedlich sind. Das unterscheidet die jetzt anstehende Aufgabe von den Aufgaben, die die klassischen Einwanderungsländer bis weit in die zweite Hälfte des 20. Jahrhunderts hinein zu meistern hatten. Dennoch kann aus ihren Erfahrungen gelernt werden.

Für einen Erfolg unverzichtbar erscheint insbesondere dreierlei: Zuwanderer, die sich nicht dauerhaft in die aufnehmende Gesellschaft einbringen wollen, sollten konsequent als Menschen mit einem zeitlich begrenzten Aufenthaltsinteresse behandelt werden. Integrationsbemühungen erübrigen sich beiderseitig, ebenso allerdings anhaltende Unterstützungsleistungen von Seiten der einheimischen Bevölkerung. Zweitens muss das Erlernen der Landessprache für alle dauerhaft Zuwandernden obligatorisch sein. Hierzu gehören auch Prüfungen. Dies bislang nicht wirklich durchgesetzt zu haben, ist eine wesentliche Ursache für eine Vielzahl heutiger Probleme. Und drittens darf es weder offene noch verdeckte Diskriminierung gegenüber denen geben, die sich rechtmäßig in einem Land aufhalten und Glieder seiner Gesellschaft sein wollen.

Das 21. Jahrhundert wird vieles sein. Nicht zuletzt wird es jedoch das Jahrhundert großer Bevölkerungsströme und – mit ihnen einhergehend – kultureller Umwälzungen sein. Unter dem Druck hinzukommender Kulturen werden sich die Kulturen von Deutschen, Franzosen und allen anderen Völkern nachhaltig verändern. Diese Veränderungen brauchen aber nicht passiv erduldet, sie sollten aktiv gestaltet werden. Denn solche Metamorphosen ereignen sich nicht sehr häufig. Zwar müssen ihre Risiken gesehen, vor allem aber müssen ihre Chancen ergriffen werden. Erst dann wird die Entstehung neuer Formen von Kultur zu kulturellem Fortschritt – und dieser ein Beitrag zur Mehrung des immateriellen Wohlstands im 21. Jahrhundert.

Neue Altersgrenzen

Auch wenn Menschenströme im 21. Jahrhundert die Völker der frühindustrialisierten Länder samt ihren Kulturen gehörig durcheinanderwirbeln werden – verjüngen werden sie diese dadurch nicht. Und selbst das zügige Voranschreiten der Alterung der Gesellschaft werden Zuwanderer allenfalls ein wenig verlangsamen, nicht aber aufhalten. Die Annahme, ein Volk könne durch Zuwanderung jung bleiben, ist ebenso illusorisch wie die Annahme, die regelmäßige Anwendung einer Hautcreme garantiere ewige Jugend. Wollte beispielsweise Deutschland seine gegenwärtige Altersstruktur, die mitunter bereits als »überalt« angesehen wird, auch nur stabilisieren, müssten auf Jahrzehnte hinaus entweder alle gebärfähigen Frauen im Laufe ihres Lebens im Durchschnitt etwa vier Kinder haben oder jährlich 3,6 Millionen junge Menschen zuwandern.[65] Da jedoch weder das eine noch das andere realistisch oder wünschenswert ist, müssen sich die Völker, allen voran wiederum diejenigen frühindustrialisierter Länder, darauf einstellen, innerhalb von ein bis zwei Generationen in Gesellschaften zu leben, die nach heutigen Maßstäben alt sind.

Die einen sehen das weinerlich: Was für eine trostlose Zukunft! Andere frivol: Mit 66 Jahren, da fängt das Leben an! Und wieder andere nüchtern: Auf, lasst uns barrierefreie Wohnungen bauen! Doch in den Köpfen wirklich angekommen ist damit der wohl größte Wohlstandsgewinn der zurückliegenden 200 Jahre noch nicht. Gewiss schätzen es die meisten, dass ihre Kinder und Enkel nicht in großer Zahl sterben, noch ehe sie erwachsen geworden sind und sie selbst gute Chancen haben, bei oft guter Gesundheit alt und nicht selten sehr alt zu werden. Individuelle und kollektive Sicht- und Verhaltensweisen beeinflusst das allerdings nur wenig. Weder der Einzelne noch die Gesellschaft sind darauf eingestellt, dass die Lebensspanne der Menschen auf viele Jahrzehnte angewachsen ist und viele das achtzigste und sprunghaft mehr das neunzigste Lebensjahr überschreiten. Im Grunde denken und handeln sie nicht viel anders als frühere Generationen, deren Lebenserwartung nur halb so hoch war und die ständig davon ausgehen mussten, durch Viren oder eitrige Wunden, im Kindbett oder auf dem Acker zu Tode zu kommen. Die Lebenszeit dieser Menschen war in der Tat knapp bemessen, und spätestens beim Erreichen des sechzigsten Lebensjahres konnte zu Recht gesagt werden, dass sie alt waren. Aber heute?

Das gesunde, aktive Leben der überwältigenden Mehrheit hat sich beträchtlich verlängert. Doch wie vor 100 und 200 Jahren gelten nach wie vor über Sechzigjährige als alt. Bereits bei Vierzigjährigen heißt es: aus Altersgründen nur noch schwer vermittelbar. 45-Jährige sind ganz offiziell »ältere Arbeitnehmer«. Und mit fünfzig beginnen viele, sich auf den Ruhestand einzustellen. Dieser ist in Deutschland dann nach einem durchschnittlich 35-jährigen Erwerbsleben mit reichlich 61 Jahren erreicht, und vor dem frischgebackenen Ruheständler liegen im Durchschnitt 18, häufig aber auch deutlich mehr Jahre des Rentnerdaseins.

Das also hat die Mehrheit aus ihrer gewonnenen Lebenszeit gemacht: Ruhestand. Das heißt auch, dass sie mittlerweile ein halbes Leben am Tropf irgendwelcher Versorgungssysteme hängt. Zuerst – unvermeidlich – als Kinder und Jugendliche, dann – teilweise vermeidlich – als Auszubildende, Schüler und Studenten und schließlich noch einmal für viele Jahre als Rentner und Pensionsempfänger.

Was für eine kümmerliche Nutzung der Möglichkeiten, die ein lang gewordenes Leben eröffnet! Zwar steht es jedem frei, Auszeiten von seinem Erwerbsleben zu nehmen, so oft und so lange er dies vermag. Und wenn er eine solche Auszeit gegen Ende seines Lebens wünscht, ist das einzig seine Entscheidung. Zum Problem wird dieses Verhalten allerdings, wenn dadurch Menschen – obgleich zur Eigenversorgung durchaus imstande – der Fürsorge durch andere anheimfallen. Und das ist das grundsätzlich Bedenkliche an den umlagefinanzierten gesetzlichen Alterssicherungssystemen der frühindustrialisierten Länder.

Zur Erinnerung: Durch seine Beiträge sorgt kein Versicherter[66] für sein eigenes Alter vor, sondern er sorgt ausschließlich für die jeweils Alten. Ursprünglich war dies einmal anders gedacht[67], aber schon vor rund einem Jahrhundert wurde das gesetzliche Alterssicherungssystem in Deutschland wie in der Folgezeit auch

in anderen Ländern zu dem, was es seither ist: zum Fürsorge-
system. Wer sich aufgrund von Erwerbsunfähigkeit – altersbedingt oder aus anderen Gründen – nicht mehr selbst tragen
konnte, sollte der Fürsorge des Gemeinwesens teilhaftig werden.

Anfangs bedeutete dies für die meisten, dass sie erst mit dem
effektiven Verlust ihrer Erwerbsfähigkeit die erste Rentenzah-
lung erhielten. Rente aus Altersgründen – die pauschalierte Unterstellung von Erwerbsunfähigkeit – gab es erst mit siebzig. Da
jedoch die durchschnittliche Lebenserwartung zu jener Zeit bei
nur 43 Jahren lag, waren Altersrenten selten, und sie wurden im
Schnitt auch nur wenige Monate gezahlt. Das veranlasste einen
verständnisvollen Gesetzgeber einige Zeit später, bereits 65-Jäh-
rige pauschal als nicht mehr erwerbsfähig zu behandeln. Trotzdem blieb der Anteil derer, die schon vor diesem Zeitpunkt
erwerbsunfähig wurden, hoch und die Bezugsdauer von Altersrenten kurz. Denn die meisten starben nach wie vor recht jung.

Seitdem hat sich eine Revolution ereignet, die Revolution
menschlicher Lebenszeit. Sie hat bewirkt, dass Sechzigjährige
heute so leistungsfähig sind wie Fünfzigjährige vor wenigen
Jahrzehnten und selbst viele Siebzigjährige durchaus noch die
Kraft haben, selbst für ihren Lebensunterhalt zu sorgen.[68] Was
aber machen Politik und Gesellschaft aus diesem Zugewinn? Sie
klammern sich weiter an Altersgrenzen, die vor hundert und
mehr Jahren unter völlig anderen demographischen, wirtschaftlichen und sozialen Bedingungen einsichtig gewesen sein mögen, dies aber schon längst nicht mehr sind. Faktisch erklären sie
auf diese Weise große Teile der Bevölkerung, die bei ihren derzeitigen physischen und psychischen Befunden noch in den siebziger Jahren des 20. Jahrhunderts zum Kern der Erwerbsbevölkerung gezählt hätten, für altersbedingt erwerbsunfähig und
zwingen zugleich Jüngere, für diese leistungsstarken Mitbürger
Fürsorgeleistungen zu erbringen. Für die Jüngeren ist dies un-
zumutbar, für die Älteren unwürdig. Sie werden behandelt wie
Kinder, auch wenn vielen das gar nicht bewusst ist.

Die derzeit in Deutschland geführte Debatte um die Rente
mit 67 erhellt schlaglichtartig die Unhaltbarkeit der entstande-
nen Lage. Wenn 2029 die allmähliche Erhöhung des gesetzli-

chen Renteneintrittsalters von gegenwärtig 65 auf dann 67 Jahre abgeschlossen sein wird, wird die durchschnittliche Lebenserwartung voraussichtlich um weitere drei bis vier Jahre gestiegen sein.[69] Ohne die beschlossene Anpassung würde mithin die Rentenbezugsdauer auf 21 bis 22 Jahre zunehmen und das nach vielleicht 35 Jahren der Erwerbstätigkeit.

Solche Ziele können nur Organisationen und Bevölkerungsgruppen verfolgen, die sich mental im 19. Jahrhundert vergraben haben. Sie übertragen gesellschaftliche Strukturen, Lebensbedingungen, Gedanken und Gefühle einer vergangenen Epoche auf das 21. Jahrhundert und sind erstaunt, wenn sich Völker, die zwar nicht mehr jung, aber doch vital und leistungsfähig sind, lange vor ihrer Zeit alt fühlen. Während Mexikaner im Durchschnitt bis 74, Koreaner bis 70, Japaner bis 68, Isländer bis 67 oder Portugiesen bis 66 Jahren beruflich aktiv[70] sind und gar nicht daran denken, sich vorher von ihren Kindern und Enkeln aushalten zu lassen, bestehen in Deutschland, aber auch in Frankreich, Italien und manchen anderen frühindustrialisierten Ländern große Bevölkerungsgruppen eben darauf. Politisch irregeleitet, glauben sie, auf eine derartige Versorgung Anspruch zu haben. Sie haben ihn nicht.

Zu den großen Wohlstandsgewinnen des 21. Jahrhunderts gehört deshalb auch, dass die Menschen ihr langes Leben umfassend nach ihren eigenen Vorstellungen, Fähigkeiten und Neigungen gestalten und nicht, lange bevor ihre Kräfte schwinden, entweder von der Gesellschaft den Stempel aufgedrückt bekommen: »Fürsorgeabhängig, zu eigenständiger Lebensführung nur noch bedingt in der Lage« – oder sich gar selbst diesen Stempel aufdrücken. Die aus früheren Jahrhunderten überkommenen Altersgrenzen sind Anachronismen. Wenn es überhaupt solche Grenzen geben soll – und das ist höchst fragwürdig –, müssen sie sich parallel zum Zugewinn an gesunder, leistungsstarker Lebenszeit erhöhen.

In frühindustrialisierten Ländern dürfen Menschen mit 65 oder auch 67 Jahren nicht länger pauschal so behandelt werden, als seien sie zu eigener Unterhaltserzielung nicht mehr in der Lage. Wer tatsächlich erwerbsunfähig ist, hat unabhängig von seinem Lebensalter Anspruch auf kollektive Fürsorge. Das wird auch künftig so sein. Alle anderen können und sollen hingegen ihre eigenständige, von staatlichen Transfers unabhängige Lebensführung über das 65. Lebensjahr hinaus fortführen. Schrittweise angepasst ist dies vielen schon jetzt bis etwa siebzig möglich. Mexikanische, koreanische, japanische oder isländische Männer zeigen, dass dies nicht nur machbar ist, sondern sich auch positiv auf die Lebenszufriedenheit auswirkt.

Und ganz nebenbei werden die Völker der frühindustrialisierten Länder nach einiger Zeit feststellen, dass sie nicht panisch nach Verjüngungsmitteln suchen müssen, wenn sie aufhören, einen immer länger werdenden Teil des menschlichen Lebens als »alt« zu apostrophieren. Indem sie ihre lang gewordenen Leben in die historischen Schablonen des 19. Jahrhunderts gepresst haben, haben sie sich älter gemacht, als sie in Wirklichkeit sind. Ihr aufgesetzt jugendliches Gehabe sollte darüber nicht hinwegtäuschen.

Leben und Arbeiten

Eine verbesserte Vereinbarkeit von Beruflichem und Privatem, von abhängiger und selbständiger Beschäftigung sowie die weitgehende Beseitigung von Altersgrenzen, die nicht dem Schutz von Kindern und Jugendlichen dienen: all das sind Schritte, die aus der historisch überholten Industriegesellschaft in die veränderte Wirklichkeit des 21. Jahrhunderts führen. Allerdings bedürfen diese Schritte der aktiven Mitwirkung der Wirtschaft. Doch diese ziert sich. So zukunftsoffen sie häufig ist, bei gesellschaftlichen Um- und Neugestaltungen bildet sie nicht selten die Nachhut. Da verhält sie sich mitunter, als habe gerade das 20. und nicht das 21. Jahrhundert begonnen.

Ein Beispiel ist das krampfhafte Bemühen vieler Unternehmen, bei ihren Belegschaften Altersstrukturen aufrechtzuerhalten, die nicht dem Bevölkerungsaufbau des Jahres 2010, sondern dem des Jahres 1900 oder allenfalls 1950 entsprechen. Damals war die Hälfte der Bevölkerung jünger als 23 beziehungsweise dreißig Jahre und das Reservoir an jungen Arbeitskräften schier unerschöpflich. Umgekehrt verschlankte sich der Bevölkerungsbaum in den höheren Altersstufen rapide, so dass ältere Beschäftigte keine große Rolle in den Betrieben spielten. Doch obwohl das alles lange her ist, versuchen Teile der Wirtschaft unverdrossen daran festzuhalten.

So beschäftigte 2008 noch immer weit mehr als ein Drittel der Unternehmen in Deutschland keinen Einzigen über Fünfzigjährigen.[71] Bewusst oder unbewusst unterstellten sie, dass wie vor fünfzig oder hundert Jahren ein über Fünfzigjähriger ausgelaugt und verbraucht ist und sein Wissen und Können überholt. Bei vielen anderen Unternehmen sieht es nicht viel besser aus: Viele Personalchefs werden unruhig, wenn Mitarbeiter das 55. Lebensjahr erreicht haben. Dann heißt es, an Abschied zu denken. Dass diese Mittfünfziger noch ein rundes Vierteljahrhundert Lebenszeit vor sich haben, wird nicht bedacht. Ist dieses Alter erreicht, schließen sich für viele die Türen und Fenster des Arbeitsmarktes.

Das muss und wird sich künftig ändern. Kein größeres Unternehmen wird auf ältere Arbeitnehmer verzichten können und diejenigen, die sich nicht in allernächster Zeit darauf einstellen, mit Belegschaften erfolgreich zu wirtschaften, die im Durchschnitt deutlich älter sind als heute, werden aus dem Markt ausscheiden. Die Zahlen sprechen für sich: Vor zwanzig Jahren, um 1990, war in Deutschland erst etwa ein Drittel der Erwerbspersonen älter als 45 Jahre; in zwanzig Jahren, um 2030 wird es fast die Hälfte sein. Vor zwanzig Jahren waren Belegschaften um 35-Jährige zentriert; in zwanzig Jahren werden sie um Fünfzigjährige zentriert sein. Dann Ältere noch aussondern zu wollen wird schwerfallen.

Mit dem vermehrten Einrücken von Fünfzig-, Sechzig- und selbst Siebzigjährigen in Stellungen, die von Zwanzig-, Dreißig- und Vierzigjährigen verlassen worden sind, werden sich die Bedingungen und Strukturen des Arbeitsmarktes, insbesondere das Arbeitszeitregime, erheblich verändern. Veränderungen wird es aber auch aus anderen Gründen geben. Denn obwohl die Völker der frühindustrialisierten Länder künftig auf keine tüchtige

Hand und keinen klaren Kopf verzichten können, haben sie weder Anlass noch Bedarf, Menschen mit einer ähnlichen Ausschließlichkeit für Zwecke der Erwerbsarbeit in Anspruch zu nehmen wie bisher. Erwerbsarbeit kann und wird menschenverträglicher gestaltet werden.

Heute arbeiten jüngere Erwerbspersonen häufig zu viel, ältere zu wenig und ein Teil gar nicht. Dies ist keine sinnvolle Regelung, zumal die jüngeren gegebenenfalls auch noch die Last der Kindererziehung tragen. Sinnvoll ist vielmehr, das zu tun, worüber seit Jahrzehnten geredet wird: die Lebensarbeitszeit entzerren. Dass die Erwerbsphase noch immer auf das zweite bis fünfte Lebensjahrzehnt konzentriert ist, ist ein weiteres Relikt aus der Zeit, in der Menschen mit fünfzig alt und mit sechzig tot waren. Jetzt und mehr noch in Zukunft, wo viele bis zum siebzigsten Lebensjahr beruflich aktiv sein können, gibt es keinen Grund mehr, erst kurz vor dem Ende Zeit zum Leben zu haben. Gelebt werden kann und soll das ganze Leben hindurch und dazu brauchen die Menschen nicht zuletzt Zeit – Zeit außerhalb der Erwerbsarbeit.

Bisher ist diese Zeit in den frühindustrialisierten Ländern streng kontingentiert und in Deutschland mit dem erhellenden Begriff »Urlaub« belegt, also jenem Begriff, den einst mittelalterliche Heerführer benutzten, wenn sie Söldnern erlaubten, sich für kurze Zeit von der Truppe zu entfernen. Im heutigen Deutschland wird abhängig Beschäftigten diese Erlaubnis kraft Gesetz für zwanzig und faktisch in vielen Fällen für 25 Arbeitstage im Jahr erteilt. Das ist im internationalen Vergleich recht großzügig. Japaner und Amerikaner, vor allem aber Kanadier und Chinesen müssen sich mit weit weniger begnügen – Letztere mit zehn Tagen im Jahr. Aber egal ob 25 oder zehn Tage: Ist das die Bestimmung des Menschen, nach langen Jahren rigoroser Kindergarten- und Schulpflicht ständig um die Erwerbsarbeit zu kreisen, mit kurzen Unterbrechungen zur Wiederherstellung und Erhaltung der Arbeitskraft? Und erst spät, nach der Erwerbsphase – vielleicht – zu leben?

Gesellschaften, die im 21. Jahrhundert angekommen und nicht mehr auf Wirtschaftswachstum und materielle Wohlstandsmehrung fokussiert sind, entwickeln intelligentere und menschlichere Arbeitszeitregelungen. Einerseits geben sie arbeitsfähigen Menschen möglichst lange Gelegenheit, sich auch in Erwerbsarbeit zu entfalten. Für viele Ältere bedeutet das ein interessanteres und erfüllteres Leben, als sie es heute oft führen. Andererseits ist für alle, die nicht das Glück haben, ihren Beruf als Berufung auszuüben, von Beginn des Erwerbslebens an mindestens ein Sechstel des Jahres von Erwerbsarbeit frei.[72]

Das ist zum einen ein Gebot der Gerechtigkeit. Die Zahl derer, die ihr Leben lang auf ein geruhsames Alter vertröstet werden, das aber nicht erleben, ist nämlich trotz allgemeiner Langlebigkeit beträchtlich. Zum anderen eröffnet ein solches Arbeitszeitregime Möglichkeiten, die viele Menschen heute nicht haben. In den acht oder neun Wochen, die ihnen jedes Jahr bezahlt und frei zur Verfügung stehen, können sie nach Lebensoptionen Ausschau halten, den Kopf frei bekommen für ganz anderes, Neues ausprobieren, eingehen auf Kunst, Umwelt und Natur oder sich selbst finden. Was heute in eine staatlich arrangierte Elternzeit gepresst ist, kann modifiziert über Jahre hinweg fortgesetzt werden. Eltern haben Zeit, ihre Kinder und diese ihre Eltern zu erleben und kennenzulernen. Freundschaften und Netzwerke können aufgebaut und gepflegt werden. Und nicht zuletzt können sich Menschen ab und zu der Muße hingeben und ein wenig zur Ruhe zu kommen.

Dass dies für nicht wenige abermals verträumt, versponnen, ja beinahe unwirklich anmutet, zeigt ein weiteres Mal, in welchem befremdlichen Zustand sich die Völker der frühindustrialisierten Länder befinden. Im Zuge von Reformation, Aufklärung und Industrialisierung haben sie Erwerbsarbeit, Wirtschaftswachstum und materielle Wohlstandsmehrung so sehr in den Mittelpunkt ihrer Existenz gerückt, dass sie darüber allmählich verlernt haben, andere Aspekte ihres Lebens zu entfalten und wertzuschätzen. Weithin müssen sie erst wieder lernen, dass das Produzieren und Konsumieren materieller Güter nur eine von zahlreichen Facetten ihres Daseins ist.

»Wir würden das ja gerne lernen!« – so die verbreitete Reaktion. Aber dafür müssen doch erst einmal die wirtschaftlichen Grundlagen geschaffen sein. Wie sollen wir denn mehr Zeit für

Kinder und Freunde erübrigen oder uns gar der Muße hingeben, wenn doch der tägliche Lebensunterhalt und die Raten für Haus und Auto erwirtschaftet werden müssen? Oder wie soll ein Mensch, der im Monat kaum tausend Euro verdient, den Kopf freibekommen für Dinge, die nicht der Einkommenserzielung dienen? Betrifft nicht das Plädoyer, individuelle und kollektive Anstrengungen verstärkt auf die Mehrung immateriellen Wohlstands zu lenken, nur diejenigen, die materiell ausgesorgt haben? Lebensoptionen, einen freien Kopf haben, Neues ausprobieren, sich selbst finden – das sind doch Attribute derer, die sonst alles haben! Elitedenken!

Die Einwände haben Gewicht, doch helfen sie nicht, der Zwickmühle zu entkommen, in der sich die Völker der frühindustrialisierten Länder befinden. Seit Generationen ist es immer das Gleiche. Immer gilt es etwas aufzuholen, dem Wettbewerb Paroli zu bieten, seinen Platz in der Gesellschaft zu behaupten, Kindern gute Startbedingungen zu geben und so weiter. Und darüber droht die Welt zu Bruch zu gehen. Denn alles, was die wirtschaftlich Schwachen in den frühindustrialisierten Ländern heute einsichtig vorbringen, kann von den wirtschaftlich noch Schwächeren dieser Welt mit viel größerer Einsichtigkeit vorgebracht werden. Ihr Bedarf an materiellen Gütern ist wirklich ungesättigt. Nicht zuletzt deshalb müssen sich jedoch die Völker der frühindustrialisierten Länder bis auf weiteres hinten in der Reihe anstellen.

Ein menschengemäßeres Arbeitszeitregime wird das befördern. Denn zum einen dürften in den frühindustrialisierten Ländern Wirtschaftswachstum und materielle Wohlstandsmehrung zusätzlich gedämpft werden, wenn durch die Verlängerung der Lebensarbeitszeit bei gleichzeitiger Zunahme der jährlichen arbeitsfreien Zeiten der Anteil älterer Erwerbspersonen schneller ansteigen und der Anteil jüngerer schneller zurückgehen wird, als dies aufgrund der demographischen Entwicklung ohnehin der Fall gewesen wäre. Zum anderen dürfte jedoch durch die Wiederentdeckung und Entfaltung immaterieller Wohlstandsformen die Bereitschaft der Menschen in den wohlhabenden Regionen zunehmen, ihre materiellen Ansprüche tiefer zu hängen und sich in das weltwirtschaftliche Gefüge einzuordnen. Dies wird erleichtert durch die Einsicht, dass der bisherige Weg so oder so nicht weiterführt und die Zeit gekommen ist, neue und weniger substanzverzehrende Lebensstile zu entwickeln.

Soziale Bildung

Über den Wert der Bildung besteht ein ähnlich breiter politischer und gesellschaftlicher Konsens wie über die Notwendigkeit wirtschaftlichen Wachstums und materieller Wohlstandsmehrung. Heißt es über Letztere, dass ohne sie alles nichts sei, so sind sich Politik und Gesellschaft auch darin einig, dass es ohne eine gebildete Bevölkerung weder Wachstum noch Wohlstandsmehrung gibt. Die logische Sequenz lautet: Ohne Bildung kein Wirtschaftswachstum, ohne dieses keine materielle Wohlstandsmehrung, ohne diese keine glücklichen Menschen und kein funktionierendes Gemeinwesen. Bildung ist mithin der Schlüssel zum Ganzen.

Allerdings bedeutet das nicht, dass alle nach diesem Schlüssel streben. Bildung ist nämlich in der Regel anstrengend, und im Ergebnis kann von ihr noch nicht einmal behauptet werden, dass sie den Menschen zuverlässig glücklich mache. Bildung kann auch eine Last sein. Wer viel weiß, den macht viel heiß, und wer sensibel auf Mitmenschen und Umwelt eingeht, leidet oft genug mit ihnen. Umso bemerkenswerter ist es, dass kaum ein Gebildeter die Last seiner Bildung von sich werfen möchte. Offenbar ist sie Last und Lust zugleich.

Doch dass sie auch Lust ist, vermag viele nicht zu reizen. Sie bleiben genügsam – bildungsgenügsam. Bildung ist ihnen mitunter geradezu verdächtig. Sie denken an ödes Pauken, an Bildungsbürgertum und Bildungsdünkel, und sind ganz zufrieden, von derlei nicht angekränkelt zu sein. Manche von ihnen präsentieren sich selbstbewusst in Talkrunden und genießen es öffentlich, von nichts eine Ahnung zu haben. Nein, mit irgendwelchen Bildungsanstrengungen haben sie sich nicht abgemüht. Ihnen genügt eine gewisse Vorbereitung auf das Berufsleben, und nicht wenige meinen, selbst darauf verzichten zu können.[73] Wer die Landessprache in Wort und Schrift einigermaßen beherrscht, halbwegs sicher in den Grundrechenarten ist und unter Umständen noch ein paar Brocken Englisch spricht, der gilt schon etwas. Alles andere soll die Schule des Lebens vermitteln. Lebenserfahrung als Bildungsersatz – bei manchen geht diese Gleichung sogar auf.[74]

Der Strahlenkranz, der das Bildungsideal umgibt, durchdringt nur wenig die Bildungswirklichkeit. Wie eine Monstranz zu Fronleichnam tragen Politiker und Vertreter unterschiedlicher Zünfte Bildung durch die Menge, ohne sagen zu können, wofür sie steht oder ob sie überhaupt für etwas steht. Bildung – das ist ein weites Feld, das sich von der Schul- bis zur Herzensbildung erstreckt und mit jeder Generation andere Früchte trägt.

Bis zur Aufklärung galten alle, die lesen und einige Bibelkenntnisse vorweisen konnten, als gebildet und mit ein wenig Latein als hochgebildet. Im 18. und 19. Jahrhundert genügte das nicht mehr. Insbesondere das Bürgertum wurde von einem regelrechten Bildungsehrgeiz gepackt, der in breite Bevölkerungsschichten hinein wirkte. Auch Arbeiter und einfache Angestellte wollten gebildet sein, und es gehörte ganz einfach dazu, zu lesen und zu musizieren. Nicht zufällig nahm die deutsche Arbeiterbewegung ihren Ausgang in Arbeiterbildungsvereinen. Zwar gab es auch damals »bildungsferne Schichten«, aber dazu gehören wollte niemand.

Mit der gesellschaftlichen Fokussierung auf Wirtschaftswachstum und materielle Wohlstandsmehrung änderten sich die Bildungsideale erneut. Nunmehr hatte Bildung vor allem die Arbeits- und Berufstauglichkeit zu fördern. Dieses Ziel wurde so konsequent verfolgt, dass Bildung und Berufstauglichkeit schließlich miteinander verschmolzen. Heute ist der Leitstrahl, an dem entlang sich alle Bildung von der frühkindlichen Erziehung bis hin zum Berufs- und Universitätsabschluss bewegt, nicht etwa nur die Befähigung zur Ausübung eines Berufes, sondern die Befähigung zur Ausübung eines möglichst lukrativen Berufes. Alles andere ist nebensächlich und wird sogar als hinderlich und zeitvergeudend angesehen.

Die Folge sind formal Gebildete, die bar aller Geschichts- oder Geographiekenntnisse orientierungslos durch Zeit und Raum tappen oder von Naturwissenschaften, Literatur und Künsten kaum etwas wissen. Aus der Vergangenheitsperspektive ist ein Teil der heutigen Erwerbsbevölkerung so hochgradig berufsqualifiziert, wie dies Menschen noch nie waren. Zugleich aber sind sie vergleichsweise ungebildet. Richter sprechen Recht, dessen Geschichte sie nicht kennen und das sie philosophisch nicht verorten können; Ökonomen verfassen Lehrsätze, ohne eine rechte Vorstellung von der Psyche des Menschen zu haben; Manager managen Unternehmen, ohne jemals mit ethischen Wertesystemen in Berührung gekommen zu sein. Wenn Grundsätze des Utilitarismus kompromisslos umgesetzt worden sind, dann hier: im Bildungsprogramm des ausgehenden Industriezeitalters.

Dem Geist dieses Zeitalters gemäß wird Bildung vorrangig quantitativ bewertet. Wie viel Prozent der Bevölkerung haben welchen Schul- oder Hochschulabschluss? Wie viele Schüler kommen auf einen Lehrer, wie viele Studenten auf einen Professor? Wie viele Artikel hat dieser in Fachzeitschriften veröffentlicht? Wie hoch sind die privaten und öffentlichen Ausgaben für Bildungseinrichtungen im Verhältnis zur Wirtschaftsleistung eines Landes? Bei dieser Art der Betrachtung sind dann Länder wie Island, die USA oder Dänemark Bildungsoasen, während Deutsche, Iren oder Spanier als »abgeschlagen« gelten.[75]

Doch sind sie wirklich abgeschlagen? Oder verhält es sich hier nicht ähnlich wie bei den Aussagen über den Gesundheitszustand oder den Zufriedenheitsgrad von Völkern, die sich an deren Gesundheitsausgaben oder BIP-Zahlen orientieren? Sind diese hoch, steht scheinbar alles zum Besten, wenn nicht, besteht Handlungsbedarf. Sind Isländer, Amerikaner oder Dänen tatsächlich gebildeter als Deutsche, Iren oder Spanier? Oder ist dieser Befund nicht vielmehr das Ergebnis eines auf Quantitativ-Ökonomisches geschrumpften Bildungsbegriffs? Wird dieser Begriff zugrunde gelegt, ist Bildung gut, wenn sie teuer ist. Sie ist sehr gut, wenn sie möglichst viele in die Lage versetzt, lukrative Tätigkeiten auszuüben. Und sie ist hervorragend, wenn sie die

Geld- und Wirtschaftskreisläufe kräftig ankurbelt. Im 21. Jahrhundert werden jedoch andere Maßstäbe gelten, gelten müssen, wenn Menschen menschenwürdig leben wollen. Drei Aufgaben gilt es vorrangig zu lösen:

Um die Verschlechterung der physischen Grundlagen menschlicher Existenz durch effizientere und intelligentere Wirtschafts- und Arbeitsweisen wenigstens teilweise zu kompensieren, müssen Menschen – durchaus in Fortführung überkommener Bildungsziele – in allen Wissensgebieten bestmöglich qualifiziert werden. Ob dies ausreichen wird, um erhebliche Wohlstandseinbußen zu vermeiden, ist ungewiss. Doch es sollte versucht werden. Denn noch gibt es große ungenutzte Effizienzreserven.

Die wohl wichtigste liegt im Energiebereich. Bisher werden annähernd neunzig Prozent der globalen Primärenergie aus Kohle, Öl, Gas und Uran gewonnen.[76] Der größte Teil hiervon geht auf dem Weg zum Endverbraucher verloren beziehungsweise kann von ihm nicht nützlich verwendet werden. Hier besteht gewaltiger Verbesserungsbedarf. Darüber hinaus muss aus Gründen der Ressourcen- und Umweltökonomie in historisch kurzer Zeit die Energieversorgung von fossilen Energieträgern und Uran auf faktisch unerschöpfliche und zugleich uneingeschränkt umweltverträgliche Energieträger umgestellt werden – von allen Erscheinungsformen der Sonnenenergie bis hin zur Erdwärme. Zwar wird hieran schon seit vielen Jahren gearbeitet. Aber gemessen an der noch zur Verfügung stehenden Zeit sind die Fortschritte nicht groß genug, um mit einiger Gewissheit davon ausgehen zu können, dass der Wettlauf gewonnen wird. Umso wichtiger ist es, menschliches Wissen und Können nach Kräften zu fördern.

Mehr Wissen und Können ist auch erforderlich, damit Transportmittel geschaffen werden, die dem 21. Jahrhundert angemessen sind. Was heute über Straßen und Schienen rollt, über die Meere stampft und durch die Lüfte brummt, ist trotz aller Neuerungen nicht entwickelt genug, um den Anforderungen von künftig voraussichtlich neun Milliarden Menschen zu genügen. Das bestehende Transportsystem ist insgesamt zu energieaufwendig, umweltbelastend und lärmintensiv, als dass es in die

Zukunft fortgeschrieben werden könnte. Es technisch grundlegend zu überarbeiten wird allerdings nicht ausreichen. Darüber hinaus müssen die Mobilitätsanforderungen und das Transportaufkommen deutlich verringert werden. Der gegenwärtige Zustand dürfte sich kaum aufrechterhalten lassen. Insbesondere müssen Produktion und Konsum wieder enger zusammengeführt werden. Das derzeitige Ausmaß globaler Arbeitsteilung wirkt wohlstandsmindernd.

Ein weiterer wichtiger Bereich ist die zukunftsgemäße Transformation von Wohnungen und Städten. Auch hieran wird seit langem gearbeitet. Doch zumeist werden noch immer Blaupausen verwirklicht, die zu Zeiten erdacht wurden, als die Weltbevölkerung höchstens ein Viertel der heutigen zählte, weit überwiegend auf dem Land lebte, wenig mobil war und ihren Energiebedarf in beträchtlichem Umfang aus erneuerbaren Quellen deckte. Da jedoch im 21. Jahrhundert nur wenig von alledem geblieben ist, müssen neue Wohn- und Stadtformen entwickelt werden.

Doch so wichtig damit die weitere Verfolgung tradierter Bildungsziele ist – sie reicht nicht aus, um die Herausforderungen des 21. Jahrhunderts zu meistern. Gleichberechtigt neben die bestmögliche Entfaltung innovativ-intellektueller Potentiale muss die Entfaltung emotional-sozialer Potentiale der Gesellschaft treten. Diese wurden in den frühindustrialisierten Ländern generationenlang vernachlässigt. Die emotionalen Bedürfnisse wurden privatisiert, die sozialen sollte der Sozialstaat abdecken. Das aber ist nur teilweise gelungen. Allenthalben klagt die Bevölkerung über soziale Kälte, und diese Klage wird noch lauter werden, wenn zum einen die finanziellen Mittel des Staates schrumpfen und zum anderen – demographie- und alterungsbedingt – der Anteil Zuwendungsbedürftiger größer wird.

Das Bildungswesen der frühindustrialisierten Länder ist auf diese Entwicklung nicht eingestellt. Den bisher vorrangigen Bedürfnissen entsprechend prämiert es intellektuelle Kompetenzen und ignoriert weitgehend alle übrigen. Wer intellektuell glänzen kann, hat es im bestehenden System leicht. Die anderen sind häufig die Verlierer. Aber weder Individuen noch Gesellschaften lassen sich auf Intellektuell-Rationales reduzieren. Vielmehr sind sie zugleich irrational, hochgradig emotional und nicht zuletzt sozial. Und auf diesem Gebiet bedürfen sie ebenso der Ansprache, Begleitung und Entfaltung wie in den Bereichen von Wissenschaft, Technik und allem Intellektuellen.

Das überkommene Bildungswesen hat erheblich dazu beigetragen, dass emotional-soziale Begabungen verkümmert sind oder sich nicht so entwickelt haben, wie dies möglich und auch nötig gewesen wäre. Während intellektuelle Begabungen sorgsam aufgespürt und gefördert und selbst die Unbegabten noch auf intellektuell getrimmt werden, bleiben emotional-sozial Begabte, diejenigen, die das wache Auge für den Mitmenschen und dessen Bedürfnisse haben, häufig unbeachtet. Gerade sie aber werden in einer erschöpften, stark gealterten sowie ethnisch und kulturell heterogenen Gesellschaft bitter benötigt. Nicht Tüftler, Denker und Techniker, sondern die Emotional-Sozialen halten eine Gesellschaft in Zeiten großer Umbrüche zusammen – die Frau von nebenan, die sich freiwillig und unbezahlt um streunende Kinder in der Nachbarschaft kümmert, oder der Mann, der ihnen zeigt, trickreich einen Ball ins Netz zu bugsieren. Auch solche Begabungen muss das Bildungssystem des 21. Jahrhunderts fördern und honorieren.

Bewusstseinswandel

Zumindest diese Lektion sollte die Krise dieser Jahre erteilt haben: Gemeinwesen, in denen individuelle Zufriedenheit und gesellschaftliche Stabilität zwanghaft von Wirtschaftswachstum und materieller Wohlstandsmehrung abhängen, sind prekäre Gebilde. Denn wie die Krise zeigt, ist ihr Wirtschafts- und Finanzsystem brüchiger, als viele dies bislang für möglich gehalten haben. Auf Erschütterungen reagiert es äußerst empfindlich, und staatliche Stützungsmaßnahmen sind nicht nur begrenzt, sondern auch nicht beliebig wiederholbar.

Daraus folgt für das Bildungswesen: Es muss wie zu allen Zeiten Wissen und Können bestmöglich vermitteln, darüber hinaus jedoch stärker als bisher neben den intellektuellen auch die emotional-sozialen Potentiale der Gesellschaft aktivieren. Vor allem aber muss es zu einem tiefgreifenden Bewusstseinswandel beitragen, der die Menschen befähigt, ihre prekären Existenzen zu festigen.

Ein solcher Bewusstseinswandel ist Voraussetzung für die Überwindung der immer wiederkehrenden Krisen. Diese Krisen liegen nämlich in der Logik eines Systems, das einerseits alles auf die Karte Wachstum und materielle Wohlstandsmehrung setzt, andererseits aber unfähig ist zu sagen, wann diese Karte ausgereizt ist. Oder platter: Wie viel Wachstums- und Wohlstandsstreben ist wünschenswert und förderungswürdig, und ab wann wird es zur Gefahr?

Die Reaktionen auf die derzeitige Krise offenbaren das Dilemma. Alle sind sich einig in der Verurteilung von Exzessen. Doch an welchem Punkt schlägt dynamisches in exzessives Wachstum um? Dass zahlreiche Entwicklungen der jüngeren Vergangenheit exzessiv waren, ist heute unbestritten. Um zu dieser Einsicht zu gelangen, musste der Karren aber erst in den Graben gefahren werden. Zuvor herrschte nichts als eitel Freude über den boomenden Immobilienmarkt in den USA und Großbritannien, die hohen Exporte Deutschlands und Chinas, die schwindelerregenden Börsenkurse und die satten Zinsen. Das alles galt als Ausdruck robusten, dynamischen Wirtschaftswachstums und nur wenige wagten zu fordern: Macht Schluss damit, das sind Exzesse!

Deshalb haben die Hauptverursacher der derzeitigen Krise leichtes Spiel, wenn sie erklären: Was wollt ihr Kritiker eigentlich? Die Wirtschaft sollte um jeden Preis wachsen, und das haben wir jahrelang erfolgreich geschafft. Ohne nennenswerten Widerstand sind wir dafür reich belohnt worden. So ist nun einmal dieses Wirtschafts- und Finanzsystem, und für Gesellschaften, die auf Wirtschaftswachstum und materielle Wohlstandsmehrung fokussiert sind, gibt es kein besseres. Das hätten inzwischen auch Russen, Chinesen und andere erkannt. Gleichgültig, welche politische Orientierung sie hätten – in Wirtschafts- und Finanzangelegenheiten verhielten sie sich nicht anders als der kapitalistische Westen. Deshalb gebe es an diesem System, abgesehen von ein paar »Spielregeln in Teilbereichen«[77], auch nichts zu reformieren. Wer Wachstum und Wohlstandsmehrung wolle, müsse weitermachen wie bisher, mit den gleichen Instrumenten und Methoden.

Und die Politik? Auf offener Bühne grummelt sie ein wenig, wohl wissend, dass ohne ihr Zutun weder die derzeitige Krise noch vorangegangene Krisen hätten entstehen können – und sie auch die kommenden nicht zu verhindern vermag. Eifrig geschürtes Wachstum wird wieder zu Exzessen auflodern, diese werden zu Krisen führen, und das wird weitergehen, bis die Wachstumsfeuer keine Nahrung mehr finden, weil die natürlichen Ressourcen verbraucht, Boden, Luft und Wasser mit Schadstoffen überfrachtet und die Menschen erschöpft sind.

Die Alternative: Die Völker namentlich der frühindustrialisierten Länder ändern ihre Blickrichtung, geben ihre Fokussierung auf Wirtschaftswachstum und materielle Wohlstandsmehrung auf und orientieren sich neu. Das heißt nicht, dass sie ihre wirtschaftlich-materiellen Grundlagen vernachlässigen. Diese sind und bleiben wichtig. Aber ihre Exklusivität und existentielle Bedeutung verringern sich. Sie werden wieder zu dem, was sie eigentlich sind: Teil einer viel umfassenderen, facettenreicheren menschlichen Kultur, die neben materiellen zahlreiche nichtmaterielle Aspekte umfasst und erst in ihrer Gesamtheit zur Quelle individueller Zufriedenheit und gesellschaftlicher Stabilität wird. Dies wieder bewusst zu machen ist eine zentrale Aufgabe künftiger Bildung.

Diese Aufgabe ist nicht damit erfüllt, dass Bildungsziele in Beschlusspapieren von Kultusministerkonferenzen und ähnlichen Einrichtungen festgeschrieben werden. Vielmehr kommt es auf praktisches Handeln und zahllose kleine Zeichen an. Wie beispielsweise definiert die Gesellschaft Erfolg? Was bestimmt den sozialen Rang eines Menschen? Wie werden Kinder und Jugendliche auf das Leben vorbereitet? Lernen sie wirklich, wie es einst über Schulportalen stand, für das Leben und nicht bloß für eine spätere Berufslaufbahn? Worauf zielt der Ehrgeiz von Eltern, wenn sie ihren Kindern den Weg zu bahnen suchen? Was meinen sie, wenn sie sagen, die nächste Generation solle es einmal besser haben? Was heißt »besser« – mehr Geld oder mehr Freude an Dichtkunst und Musik, mehr Freude am Leben?

Und weiter: Wie bilden die Älteren die Jungen durch ihr Vorbild? Leben sie ihnen vor, wie man aus der Welt herausholt, was aus ihr herauszuholen ist, oder wie man ihr – materiell und immateriell – ein wenig mehr gibt, als man ihr nimmt? Wenn Herangewachsene ihren Eltern erklären, es sei falsch gewesen, dass sie zu anständigen Menschen erzogen worden seien, denn Anstand sei das Letzte, was man da draußen brauche – dann ist dies nicht nur eine menschliche, sondern mehr noch eine gesellschaftliche Tragödie.

Was vermitteln Eltern und Großeltern, Kindergärtnerinnen und Lehrer, Ausbilder und Professoren? Zeigen sie den ihnen Anvertrauten neben allem Lebensnotwendigen, Praktischen auch, hin und wieder im Spiel aufzugehen, sich gefangennehmen zu lassen von der Natur und von den Künsten? Lehren sie sie, ein tiefsinniges Buch von einem flachen, einen guten Film von einem schlechten zu unterscheiden? Wecken sie in ihnen auch solche Fähigkeiten, die voraussichtlich nicht zum Geldverdienen taugen, sondern »nur« zur Steigerung der Lebensfreude? Machen sie ihnen bewusst, welche geringen materiellen Mittel der Mensch zu einem erfüllten Leben braucht, oder belassen sie sie in der Vorstellung »we were born to shop« – ausschließlich zum Konsum bestimmt? Erschließen sie ihnen den Wert der Zeit, vor allem aber den ungeheuren Reichtum, der einzig in ihnen selber steckt – in ihrer Phantasie, Kreativität, Spontaneität, Empathie?

Damit sind Wohlstandsformen angesprochen, die durch Bildung erschlossen werden können, aber auch erschlossen werden müssen, wenn stagnierender oder sinkender materieller Wohlstand individuelle Zufriedenheit und gesellschaftliche Stabilität nicht beeinträchtigen soll. Denn Bildung setzt Kräfte frei, die materielle Wohlstandseinbußen erträglicher machen.

Gebildete sind doppelt reich. Nicht nur fällt es ihnen dank ihrer Bildung oft leichter als Ungebildeten, materielle Güter zu erwerben. Zusätzlich haben sie immaterielle Wohlstandsquellen, die ihrem Leben Sinn und Inhalt geben. So können sie sich an interessanter Lektüre, an Musik und Malerei erfreuen. Vielleicht können sie auch selbst musizieren, zeichnen oder Theater spielen. Sie können sich in einen Gegenstand vertiefen, einer historischen oder naturwissenschaftlichen Frage nachgehen und schätzen das gehaltvolle Gespräch. Sie haben Freude an gelungener Architektur und schöner Natur. Für sie ist nicht entscheidend, wie viel auf den Tisch kommt, sondern wie dies geschieht. Kurz: Sie haben viele Möglichkeiten, ohne größeren Einsatz materieller Ressourcen und ohne Beanspruchung der Umwelt und der Mitmenschen ein anregendes und erfülltes Leben zu führen.

Ungebildete sind hingegen doppelt arm. Materielle Güter zu erwerben bereitet ihnen nicht selten erhebliche Schwierigkeiten, und bleiben sie aus, haben sie nichts, womit sie die Lücke füllen können. Ihre größte Armut ist Bildungsarmut. Wenn überhaupt, haben sie nur Materielles. Gerät das in Gefahr, bedeutet das für sie eine Sinnkrise. Wofür sollen sie dann noch leben?

Es ist die große Schwäche wachstumsfokussierter Gesellschaften, dass sie Wohlstand nicht in seiner ganzen Fülle, sondern vorrangig nur in seinen materiellen Erscheinungsformen entfalten und pflegen. Dadurch sind sie materiell reich und spirituell arm und die für sie bange Frage ist: Wird die Bevölkerung friedlich und zufrieden bleiben, wenn die spirituelle Armut sichtbar wird, weil der materielle Reichtum schwindet? Die Angst vor der Beantwortung dieser Frage treibt sie an, mit immer riskanteren Vorgehensweisen Wirtschaftswachstum zu erzeugen, oder wenigstens so zu tun. Doch das wird auf Dauer nicht gelingen. Selbst wenn alles wächst, was wachsen kann, ohne die Lebensgrundlagen der Menschheit zu zerstören, wird es nicht reichen, um, wie in der Vergangenheit, durch materielle Wohlstandsmehrung Zufriedenheit und Stabilität zu gewährleisten. Deshalb müssen materielle Wohlstandsverluste durch immaterielle Wohlstandsgewinne zum Ausgleich gebracht werden.

Das setzt voraus, dass in den Menschen Fähigkeiten geweckt werden, die lange brachlagen. Viele haben nicht gelernt, sich selbst zu beschäftigen, zu unterhalten, Vorsorge zu betreiben, kurz: ein eigenständiges, selbstverantwortliches Leben zu führen. Trotz gelegentlicher Ausbrüche haben sie sich daran gewöhnt, vom Kindergarten bis zum Altenheim fremdgesteuert zu sein. Doch darauf können sie künftig nicht mehr bauen. Mit dem Ende des Industriezeitalters enden auch dessen Organisations- und Steuerungsformen. Die Einzelnen müssen selbst initiativ werden, und darauf sind sie vorzubereiten.

Bildung, die vor allem auf ein abhängiges Beschäftigungsverhältnis mit Kranken- und Pflegeversicherungsschutz und nachfolgenden Renten- oder Pensionsansprüchen abzielt, ist dem 21. Jahrhundert nicht mehr gemäß. Die Zeiten, in denen in frühindustrialisierten Ländern mit großer Aussicht auf Erfolg materielle Zuwendungen eingefordert werden konnten, die Zahl der Rechte groß und die Pflichtenlisten kurz waren und Wohlstand die Mehrung materieller Güter bedeutete – diese Zeiten sind vorüber. Anspruchsvollere Zeiten haben begonnen. Wohlstand, der zum größten Teil auf Wachstum gründet, welches Natur, Umwelt, Menschen und Gesellschaft beschädigt, ist nicht länger hinnehmbar. An seine Stelle tritt ein Wohlstand, der Ausdruck menschlicher Kultur in aller ihrer Vielfalt ist. Zu dieser Vielfalt gehört ganz ohne Zweifel auch die Wirtschaft. Aber ebenso gehören dazu Kunst und Wissenschaft, Philosophie und Religion, Politik und Sport und nicht zuletzt Menschen, die gerne leben. Und zwar nicht, um materielle Güter zu mehren, sondern weil ihr Leben ihnen Freude macht.

Verkauft für ein Linsengericht?

2009, während dieses Buch geschrieben wurde, stieg der Meeresspiegel wiederum um 3,1 Millimeter, nahm der Kohlendioxidgehalt der Luft weiter zu, verringerte sich die Artenvielfalt um schätzungsweise 17 000, was das reichlich Tausendfache der natürlichen Schwundquote ist, setzte sich die Eisschmelze an den Polen und in den Hochgebirgen beschleunigt fort, schrumpfte die landwirtschaftlich nutzbare Fläche durch Bodenerosion, Versalzung und Wüstenbildung erneut um 60 000 Quadratkilometer, das entspricht einem Sechstel des Territoriums Deutschlands, und wurden weitere 73 000 Quadratkilometer Wald abgeholzt, ohne wieder aufgeforstet zu werden.

Im gleichen Zeitraum hungerten mit reichlich einer Milliarde mehr Menschen denn je zuvor. Etwa neun Millionen starben an Unter- und ebenso viele an Überernährung. Weitere rund fünf Millionen kamen durch verschmutztes Wasser, verpestete Luft und umweltbedingte Krankheiten zu Tode. Knapp die Hälfte dieser insgesamt 14 Millionen Toten waren Kinder unter fünf Jahren. Das sind doppelt so viele, wie in dieser Altersgruppe in Deutschland leben. Der klimaschädliche Kohlendioxidausstoß lag weltweit etwa sechzig Prozent über dem tolerablen Grenzwert von 2,7 Tonnen pro Kopf und Jahr, wobei Deutsche diesen Wert um mehr als 300 und Amerikaner um recht genau 600 Prozent überschritten. Und abermals nahm die Weltbevölkerung um fast neunzig Millionen auf nunmehr annähernd sieben Milliarden Menschen zu.

War das ein gutes oder ein schlechtes Jahr für Menschheit und Welt? Die Frage ist nicht leicht zu beantworten. Denn während Natur und Umwelt mehr denn je litten und sich die dauerhaften Lebensgrundlagen der Menschen weiter verschlechterten, verbesserte sich der materielle Lebensstandard von vielen Millionen, stieg deren Kaufkraft und wurden hohe Milliardenbeträge in zusätzliche Wohnungen, Schulen und Krankenhäuser sowie Straßen, Kläranlagen und Eisenbahnlinien investiert. Dabei könnte diese Bilanz noch strahlender sein, klagen die einen, wenn 2009 nicht den Höhepunkt einer globalen Finanz- und Wirtschaftskrise markiert hätte: Diese Krise hat uns zurückgeworfen! Das sei doch kein Grund zur Klage, erwidern die anderen. Denn dank dieser Krise hätten Umwelt und Natur wenigstens für einen kurzen Moment aufatmen können.

Tatsache ist, dass aufgrund rezessionsbedingt aufgeschobener Investitionen in umweltverschmutzende Technologien umweltschädliche Emissionen um drei Prozent abgenommen haben.[78] Das ist der größte Rückgang in vierzig Jahren und mehr, als jemals durch eine internationale Vereinbarung bewirkt worden ist. Was aber folgt daraus? Heißt das, dass Wirtschaftswachstum die Lebensgrundlagen der Menschen beeinträchtigt? Die verwirrende und zugleich beunruhigende Antwort: Das kommt auf das Wachstum an. Doch wie die Geschichte der zurückliegenden 200 Jahre zeigt, war es insgesamt keineswegs nur segensreich.

Diese Erkenntnis wächst. Auch das zeigte sich im Jahre 2009. Die Menge an Kongressen, Konferenzen und Symposien, an Berichten, Studien und Verlautbarungen zu den Themen Klima, Umwelt, Natur, Luft, Wasser, Böden, Artenschutz und einer großen Zahl verwandter Themen ist fast unüberschaubar. Überall auf der Welt versuchten Regierungen, regierungsnahe und -ferne Einrichtungen, Religionsgemeinschaften, Stiftungen und Privatpersonen Antworten auf brennende Fragen der Menschheit zu finden. Denn dass deren Lebensgrundlagen ernsthaft gefährdet sind, das haben – anders als noch vor wenigen Jahrzehnten – zwar noch immer nicht alle, aber doch schon ziemlich viele begriffen. Doch abermals: Was folgt daraus?

Die Völker taumeln umher wie Menschen, deren beide Hirnhälften nicht miteinander verbunden sind. Mit der einen Hälfte setzen sie »voll auf Wachstum«[79], und um dabei erfolgreich zu sein, entwickeln sie immer ausgefeiltere Strategien, um selbst die verborgensten Wachstumschancen zu nutzen. Mit der anderen Hälfte entwickeln sie ebenso ausgefeilte Strategien mit dem Ziel, die bedrohlichsten Wirkungen jenes Wachstums, das sie soeben generiert haben, ein wenig zu dämpfen und einzudämmen. So werkeln beide Hälften vor sich hin, und die eine scheint nicht zu wissen, was die andere denkt und tut.

Die Folgen sind bizarr. Da sitzen die schlimmsten Umweltsünder regelmäßig beieinander und beklagen einmütig, dass weltweit gerade die Ärmsten der Armen am stärksten von den Folgen des Klimawandels, der Wasserverknappung, der Überfischung der Meere, kurz: von den Folgen eines 200-jährigen Wirtschaftswachstums in den frühindustrialisierten Ländern betroffen seien. Und was schließen sie daraus? Dass nunmehr in diesen Ländern noch mehr Wachstum erforderlich sei, um die vom bisherigen Wachstum hervorgerufenen Kalamitäten zu lindern. Auf den Gedanken, dass vielleicht sie selbst sich ein wenig zurückhalten sollten, damit jene Ärmsten der Armen, die für die bedrohliche Lage so gut wie nichts können, eine Überlebenschance erhalten, kommen sie nicht. Sie trampeln weiter in den Gärten ihrer Nachbarn herum und schicken diesen dann gelegentlich ein Blumensträußchen als Zeichen ihrer Verbundenheit.

Die Zeit ist reif, gegenüber Wirtschaftswachstum und materieller Wohlstandsmehrung eine nüchtern-aufgeklärte Haltung einzunehmen und die bislang oft irrationalen Schwärmereien zu beenden. Dann wird deutlich werden, dass Wachstum auf kurze Sicht zumeist Wohltat, auf längere hingegen nicht selten Plage ist. Das macht es so problematisch. Denn da die kurze Sicht durchaus ein Menschenleben und die lange mehrere Generationen umfassen kann und die Menschen »in der Falle des Kurzzeitdenkens«[80] sitzen, werden sie in aller Regel die flüchtige Wohltat des Wachstums genießen und im Übrigen darauf hoffen, seine anhaltenden Plagen selbst nicht mehr erleiden zu müssen.

Bisher ging dieses Kalkül im Großen und Ganzen auf. Während der zurückliegenden sechzig Jahre überwogen die Wohltaten. Doch seit einiger Zeit zeigt sich der Pferdefuß dieser Entwicklung, und die Schäden werden von Jahr zu Jahr schwerer und zahlreicher. Wir Heutigen zahlen die Rechnungen, die in den zurückliegenden Jahrzehnten unbeglichen geblieben sind, und die nach uns Kommenden werden die unseren zu bezahlen haben. Wäre die Höhe der Rechnungen immer gleich, gäbe es hieran nicht viel auszusetzen. Doch sie steigt seit Jahren immer steiler an, so dass der Zeitpunkt absehbar ist, an dem sie unbezahlbar werden.

Wachstum wird und muss sein. Wachstum gehört zum Leben. Doch das von Menschen gemachte Wachstum bedarf, ehe es in Gang gesetzt wird, einer Unbedenklichkeitsprüfung. Denn Menschen sind fehlsam, und sie sind es besonders dann, wenn sie darauf aus sind, ihren Wohlstand zu mehren. Die bisherige Vermutung, wonach bis zum Beweis des Gegenteils Wachstum wünschenswert und gut ist, gilt nicht länger. Die Beweislast beginnt sich umzukehren. Nunmehr ist Wachstum nur dann wünschenswert und gut, wenn es ohne Beeinträchtigung von natürlichen Lebensgrundlagen sowie Mensch und Gesellschaft möglich ist. Kann dies nicht überzeugend dargetan werden, sollten Individuen, Völker und Menschheit davon Abstand nehmen. Auch ist der zügige Verbrauch natürlicher Ressourcen, wie er seit Beginn der Industrialisierung betrieben wird, nur vertretbar, wenn rechtzeitig geklärt wird, wie es weitergehen soll, wenn diese Ressourcen erschöpft sind. Das haben die Völker der frühindustrialisierten Länder und alle, die ihnen nachfolgen, bisher unterlassen. Ihnen könnte es so ergehen, wie Esau im Alten Testament, der sein Erstgeburtsrecht für ein Linsengericht verkaufte.[81] Das Wirtschaftswachstum mag dem Hungrigen im Moment willkommen sein, im Ergebnis aber hat er es gegen etwas viel Wertvolleres eingetauscht: gegen dauerhaft intakte Lebensgrundlagen und einen soliden materiellen wie immateriellen Wohlstand.

Aus dem Munde des polnischen Europaministers Mikolaj Dowgielewicz klingt das dann so: »In einem Land wie Polen haben wir einen sehr eingeschränkten Spielraum, den Kohlendioxid-Ausstoß zu reduzieren, weil wir ein sehr großes Wirtschaftswachstum erwarten.«[82] Das also ist es: Damit die Wirtschaft wachsen kann, wird der Ruin von Umwelt und Natur in Kauf genommen. Mit den Völkern der frühindustrialisierten Länder an der Spitze spielt die Menschheit mit höchstem Risiko. Doch davor verschließen viele die Augen und hoffen, dass es schon gutgehen werde.

Epilog

Zum Selbstverständnis der Völker frühindustrialisierter Länder gehört es, optimistisch zu sein. Zwar feit das nicht vor Nackenschlägen. Aber mit einem tapferen »Kopf hoch!« oder »Es wird schon wieder!« geht es immer weiter. Vor allem Politiker müssen Optimismus ausstrahlen. Die Lage kann noch so verfahren sein – sich nur nichts anmerken lassen, immer lächeln. Das kommt bei den Menschen an. Wer führen will, muss Optimist sein. Mit Optimisten ist jeder gern zusammen.

Nicht so mit Pessimisten. Mit Pessimismus kommt man nicht weit – weder als Einzelner noch als Gesellschaft noch als Staat. Schlägt ein Politiker ausnahmsweise einmal dunklere Töne an und versucht er, die Bevölkerung auf kargere Zeiten einzustimmen, heißt es sofort: Nicht so pessimistisch! Wo bleibt das Positive? Was kann uns Anlass zu Optimismus sein? Wir wollen hoffen! Pessimismus ist nicht wohlgelitten.

Das ist menschlich verständlich. Denn Pessimismus lähmt und Optimismus beflügelt. Während Pessimisten abwartend am Wegesrand sitzen bleiben, schreiten Optimisten mutig voran. Die Unterschiede könnten größer kaum sein. Und doch sind Optimisten und Pessimisten in einem einander gleich. Beide sehen die Wirklichkeit nicht, wie sie ist. Die einen sehen sie zu rosig, die anderen zu grau.

Die rosige Sicht hat Menschen und Menschheit weit gebracht. Ohne sie wäre Christopher Kolumbus schwerlich immer weiter gen Westen gesegelt oder Neil Armstrong aus seiner schützenden Mondfähre geklettert. Die Liste optimismusgetriebener Großtaten ist lang. Würden Menschen nicht immer wieder ihre Zweifel und Ängste hintanstellen, wir alle lebten vermutlich kümmerliche Leben.

Doch wo viel Licht ist, ist auch Schatten: die keineswegs unbedeutende Schadensbilanz des Optimismus. Dass diese kaum jemals zur Kenntnis genommen wird, ist nur darauf zurückzuführen, dass Menschen sie nicht zur Kenntnis nehmen wollen. Dann müssten sie nämlich bekennen, dass individuelle und kollektive Katastrophen ihren Ausgang oft genug in optimistischem Überschwang nehmen. Es wird schon gutgehen!

Mit dieser Hoffnung zieht der Spieler allabendlich in die Spielbank, saugt die Kettenraucherin an ihrer Zigarette, geben sich Männer und Frauen wahllos Sexualpartnern hin, werden Unsummen auf den Finanzmärkten verzockt, waghalsige Unternehmensentscheidungen gefällt, wenig erprobte Medikamente auf den Markt geworfen, Kriege angezettelt und Schlachten geschlagen. Es wird schon gutgehen!

Oft genug geht es aber nicht gut, erweist sich das Hochgefühl des Optimismus als gefährliche und mitunter lebensbedrohliche Falle. Paart sich Optimismus mit Gier, ist der Niedergang programmiert. Das sollte nicht aus dem Blick geraten, wenn das Hohelied vom Optimismus angestimmt wird. Optimisten sind die zumeist erfreulicheren, aber nicht die klügeren oder vorausschauenderen Menschen. Und wie alle Menschen sind auch sie fehlbar.

Nicht zuletzt Optimismus hat die Erde zu dem werden lassen, was sie heute ist: glanzvoll, elend und – überfordert. Um das zu sehen, brauchen nur einmal die rosarot und grau gefärbten Brillen beiseitegelegt zu werden. Dann wird sichtbar, dass der Mensch ihr im Laufe seiner Geschichte schier Unmögliches abgerungen und sie dabei an den Rand dessen gebracht hat, was sie zu geben vermag.

Jetzt muss ein neues Gleichgewicht hergestellt werden zwischen der Zahl der Menschen und ihren materiellen Ansprüchen einerseits und den Kapazitäten der Erde und den menschlichen Fähigkeiten andererseits. Für die Völker der frühindustrialisierten Länder bedeutet dies, dass ihr materieller Lebensstandard vorerst nicht mehr steigen, sondern eher sinken wird.

Doch das muss kein Wohlstandsverlust sein, wenn die Menschen wieder lernen, was ihnen während des längsten Teils ihrer Geschichte wohl bewusst war: Wohlstand und Wachstum sind keine siamesischen Zwillinge. Erst das Industriezeitalter hat sie dazu werden lassen. Menschen brauchen Wachstum, und sei es das Wachstum in der Natur, um ihre kreatürlichen Bedürfnisse befriedigen zu können. Das aber ist noch kein eigentlicher Wohlstand. Dieser beginnt erst da, wo das Wachstum endet. Eigentlicher, menschenspezifischer Wohlstand – das ist bewusst zu leben, die Sinne zu nutzen, Zeit für sich und andere zu haben, für Kinder, Familienangehörige, Freunde. Eigentlicher, menschenspezifischer Wohlstand – das ist Freude an der Natur, der Kunst, dem Schönen, dem Lernen; das sind menschengemäße Häuser und Städte mit Straßen und Plätzen, die die Bewohner gerne aufsuchen; das ist ein intelligentes Verkehrssystem, das ist gelegentliche Stille, das ist sinnenfroher Genuss, das ist die Fähigkeit des Menschen, mit sich selbst etwas anfangen zu können. Eigentlicher, menschengemäßer Wohlstand – das ist nicht zuletzt Revitalisierung der spirituell-kulturellen Dimension des Menschen, die durch das Streben nach immer größeren Gütermengen weithin verkümmert ist. Dass er nicht allein vom Brot lebt, weiß der Mensch seit langem. Aber die explosionsartige Zunahme von Brot und anderen – mehr oder weniger lebenswichtigen – Gütern hat namentlich in den frühindustrialisierten Ländern dieses Wissen nicht selten verschüttet. Dies zu erkennen wird der große Paradigmenwechsel dieses Jahrhunderts sein – oder dieses Jahrhundert wird scheitern.

DANKSAGUNG

Wie alle Bücher hat auch dieses viele Autoren, wiewohl die meisten sich dessen gar nicht bewusst sein dürften. Doch sie haben mitgewirkt durch ungezählte Gespräche, Fragen, kritische Anmerkungen und Ermutigungen. Ihnen allen habe ich zu danken, vor allem aber denjenigen, die sich in den Denkkreisen des Denkwerks Zukunft – Stiftung kulturelle Erneuerung und im Rahmen des Ameranger Disputs der Ernst-Freiberger-Stiftung engagiert haben.

Besonders hervorheben möchte ich Stefanie Wahl, die – wie bei meinen vorangegangenen Büchern – wiederum unschätzbare Recherchearbeiten geleistet und sich um Anmerkungen und Bibliographie gekümmert hat. Dabei wurde sie unterstützt von Martin Schulte und Elias Butzmann.

Zu nennen sind weiterhin der Programmleiter des Propyläen Verlags, Christian Seeger, der zu diesem Buch wichtige Anstöße gegeben hat, mein Lektor Rainer Wieland sowie Ursula Schopp und Gabriele Hentschel, die erneut die technische Umsetzung des Ganzen besorgt haben. Und nicht unerwähnt sollen die bleiben, die mich in den Monaten des Schreibens mit großer Geduld ertragen haben. Ihnen allen gilt mein herzlicher Dank.

Bonn, Februar 2010

ANMERKUNGEN

PROLOG

1   So Bundeskanzlerin Angela Merkel vor der Industrie- und Handelskammer zu Berlin am 11. Februar 2009 in Berlin.

2   Vgl. SPD-Parteivorstand (2006) *Schwerpunkte*, S. 6.

3   So der Bundesvorsitzende der FDP Guido Westerwelle in der *Bild-Zeitung* vom 9. Juni 2006.

4   Dies vertrat Reinhard Bütikofer in seiner Funktion als Bundesvorsitzender von Bündnis90/Die Grünen in einem ZDF-Interview am 15. Mai 2006.

5   Zum Beispiel Oskar Lafontaine, Vorsitzender der Bundestagsfraktion Die Linke in der Debatte über den Jahreswirtschaftsbericht 2007 am 1. Dezember 2007 im Deutschen Bundestag.

6   Auf dem G20-Gipfel im April 2009 in London waren sich die Staats- und Regierungschefs der zwanzig wichtigsten Industrieländer einig, dass sich die Wirtschafts- und Finanzkrise nur durch Wachstum überwinden lässt. Vgl. UK Government, *Summit*.

7   Vgl. Christlich Demokratische Union, *Leitantrag*, S. 11.

8   Steuernachlässe gewährten u. a. die USA, Großbritannien und Deutschland, Abwrackprämien Deutschland und die USA, Konsumgutscheine Frankreich und die USA.

9   Vgl. Steltzner, *Rettung*.

10   Nach Berechnungen der Bank für Internationalen Zahlungsausgleich (BIZ/BIS) vom Juli 2009. Vgl. BIS, *Programmes*, S. 13. Andere kommen zu wesentlich höheren Summen. Vgl. Kaden, *Zombie-Banken*.

11   Die Werte stammen vom Februar 2009. Vgl. *Wirtschaftswoche*, *Konjunkturprogramme*.

12 So im Märchen »Rumpelstilzchen« der Brüder Grimm (www.
    udoklinger.de/Deutsch/Grimm/Rumpelstilzchen.htm.).

13 Es handelt sich um das Märchen »Vom Fischer und seiner Frau«
    der Brüder Grimm (www.udoklinger.de/Deutsch/Grimm/Vom
    _ Fischer1.htm.).

14 Definition von Krise nach Duden, *Wörterbuch der deutschen Spra-
    che.*

15 Bundeskanzlerin Angela Merkel vor der Industrie- und Handels-
    kammer zu Berlin am 11. Februar 2009 in Berlin.

16 Vgl. IMF, *Outlook*, S. 1.

17 Z. B. Claus Noé, von 1998 bis 1999 Staatssekretär im Bundes-
    finanzministerium. Vgl. Noé, *Kasino-Kapitalismus.*

18 Vgl. Hamer, *Crash* sowie Otte, *Crash.*

19 Altes Testament, Die Bücher der Propheten, Jeremia 2 ff.

20 Vgl. Bird/Fortune, *Markets.*

21 NINA steht für No Income, No Assets.

22 Vgl. Bird/Fortune, *Markets.*

23 U. a. Bafin-Präsident Jochen Sanio auf einer Branchenveranstal-
    tung in Frankfurt am 28. Mai 2009.

WACHSTUMSWAHN

1 Neues Testament, Matthäus 6, 19.

2 So CDU-Generalsekretär Ronald Pofalla bei der Vorstellung des
   Wahlprogramms für die Bundestagswahl 2009. Vgl. Christlich
   Demokratische Union Deutschlands, *Wachstumsperspektive.*

3 Vgl. Miegel/Petersen, *Stillstand*, S. 29.

4 Sie stammen vor allem aus der Betriebswirtschaftslehre. Vgl.
   Weber/Kabst, *Betriebswirtschaftslehre*, S. 1.

5 Vgl. u. a. Hinterberger/Hutterer/Omann/Freytag, *Argumentarium*; Bakker/Loske/Scherhorn, *Wachstumsstreben*; Gasche/
   Guggenbühl, *Wachstum.*

6 Dem Duden Wirtschaft A-Z zufolge wird bei der Ermittlung des
   BIP zwischen Entstehungs-, Verteilungs- und Verwendungsrechnung unterschieden. Bei der Entstehungsrechnung wird das BIP
   in den Wirtschaftsbereichen Land- und Forstwirtschaft, produ-

zierendes Gewerbe, Handel, Gastgewerbe und Verkehr sowie öffentliche und private Dienstleister gemessen. Ausgangspunkt dabei ist die Wertschöpfung der Wirtschaftsbereiche während eines Jahres. Die Verwendungsrechnung ermittelt das BIP desselben Jahres als Summe aus privatem und staatlichem Konsum (Konsumausgaben der privaten Haushalte und der privaten Organisationen ohne Erwerbszweck sowie Staatsverbrauch), Investitionen und Außenbeitrag. Bei der Verteilungsrechnung wird das BIP aus der Summe Lohn- und Gehaltseinkommen der Arbeitnehmer, der Unternehmensgewinne und der Vermögenserträge in der Volkswirtschaft berechnet. Ausgangspunkt ist dabei meist das Volkseinkommen. Vgl. Duden Wirtschaft A-Z, *Grundlagenwissen*.

7   Vgl. Noelle-Neumann/Köcher, *Jahrbuch*, S. 35.

8   Hier und im Folgenden vgl. Miegel/Petersen, *Stillstand*, S. 50, 63 f.

9   Werden die frühindustrialisierten Länder verglichen, sind die reichen Länder nicht glücklicher als die ärmeren. Vgl. Layard, *Gesellschaft*, S. 44 ff., sowie EC, *Eurobarometer*, S. 9.

10 Vgl. Layard, *Gesellschaft*, S. 46.

11 Vgl. Miegel, *Deformierte Gesellschaft*, S. 120 ff.

12 2007 einigten sich Bund, Nordrhein-Westfalen und Saarland darauf, die Subventionen für den Steinkohlebergbau erst 2018 zu beenden.

13 Überschlägige Berechnungen auf der Grundlage von Daten des BMF, Storchmann und Frondel. Vgl. BMBF, *Subventionsbericht*, diverse Jahrgänge; Storchmann, *Subsidies*, S. 1491, sowie Frondel u. a., *Steinkohlesubventionen*.

14 80 bis 90 Prozent aller Umweltschäden entstehen bei der Produktion eines Autos. Die verbleibenden 10 bis 20 Prozent werden während der restlichen Lebensdauer eines Neuwagens verursacht. Vgl. Wenkel, *Abwrackprämie*. Das vom Bundesumweltministerium beauftragte Institut für Energie- und Umweltforschung (ifeu) kommt allerdings zu positiveren Ergebnissen. Vgl. ifeu, *Abwrackprämie*.

15 Genesis 3,17.

16 Vgl. OECD, *StatExtracts*, *Dataset: Labour Productivity* (http://stats.oecd.org/Index.aspx)

17 Vgl. S. 186 ff.

18 Von den 80- bis 85-Jährigen war 2005 in Deutschland knapp jeder sechste Mann und reichlich jede fünfte Frau pflegebedürftig. Bei den 70- bis 75-Jährigen war es jeweils nur jeder Zwanzigste. Vgl. Statistisches Bundesamt, *Pflegequoten*.

19 Untersuchungen zufolge bewirkten die Kosten des technischen Fortschritts in der Medizin seit 1970 einen Ausgabenanstieg von real einem Prozent pro Jahr. Ähnliche Größenordnungen werden für die Zukunft unterstellt. Vgl. Breyer/Ulrich, *Medizinischer Fortschritt*.

20 Vgl. OECD, *Unequal*.

21 Vgl. Miegel, *Deformierte Gesellschaft*, S. 103 f.

22 So forderte die CDU auf ihrem 18. Bundesparteitag 2004 in Düsseldorf: »Wir brauchen Wachstum, um eine kontinuierliche Entwicklungszusammenarbeit, vor allem mit den ärmsten Ländern der Erde finanzieren zu können.« Vgl. CDU, *Leitantrag*, S. 13.

23 Vgl. BMZ, *Geber*.

24 Dieser Wert wird seit 1970 angestrebt, zuletzt 2000 in den Millenniumszielen der UNO.

25 In diesem Fall wird die Hilfszusage an die Auflage geknüpft, Hilfsgüter im Geberland zu kaufen. Bei der Konferenz zur Wirksamkeit der Entwicklungszusammenarbeit im September 2008 in Accra (Ghana) verständigten sich die Geberländer allerdings darauf, die Eigenverantwortung der Entwicklungsländer zu stärken und Gegengeschäfte zum Tabu zu erklären.

26 Vgl. Noelle-Neumann/Köcher, *Jahrbuch*, S. 36 f.

27 Unter Kultur wird hier und im Folgenden die Gesamtheit menschlichen Wirkens (Sprache, Religion, Ethik, Institutionen wie Familie, Staat u. a., Recht, Technik, Kunst, Musik, Philosophie, Wissenschaft, Wirtschaft) verstanden.

28 Z. B. in Grimms Märchen »Vom Fischer und seiner Frau«, im Märchen »Das kalte Herz« von Wilhelm Hauff oder im Gedicht »Der Zauberlehrling« von Johann Wolfgang von Goethe.

29 So Thomas Hobbes in seinem Werk *Leviathan*.

30 Gemäß der Lehre Johann Calvins, wonach die Menschen an ihrer Fähigkeit zur strengsten Pflichterfüllung sehen könnten, ob sie zum Heil vorausbestimmt seien.

31 Zitat des römischen Dichters Horaz: »Dulce et decorum est pro patria mori.«

32 Bei Friedrich Schiller heißt es in *Wilhelm Tell* (II,1): »Ans Vaterland, ans teure schließ Dich an.«

33 Dieser Ausspruch stammt von Walter Rathenau, Industrieller und Reichsaußenminister in der Weimarer Republik: »Nicht die Welt ist unser Schicksal, sondern die Wirtschaft.«

34 Die D-Mark verbanden 1998 88 Prozent der Bevölkerung in Deutschland mit Wohlstand, jeweils 77 Prozent mit Erfolg und Sicherheit, 68 Prozent mit Heimat und 58 Prozent mit Stolz. 2008 wünschten sich immerhin noch 34 Prozent die D-Mark zurück. Vgl. Noelle-Neumann/Köcher, *Jahrbuch*, S. 958, sowie *Spiegel Online, D-Mark*.

35 Vgl. GG Artikel 20.

36 Einer dieser Zwischenrufer war Jean Monnet. Vgl. S. 211.

37 Vgl. Lange/Fries, *Jugend*, sowie Lange, *Jugendkonsum*.

38 Zu ihnen gehört die zunehmende Zahl von Teilzeit- und geringfügig Beschäftigten.

39 Beides kostete bis Mitte der sechziger Jahre 0,10 DM. Heute liegt der Preis jeweils bei 0,60 Euro.

40 Vgl. dazu Biedenkopf, *Sicht*, S. 136 f. sowie S. 141–146.

41 So Bundesfamilienministerin Ursula von der Leyen im Vorwort des Familienreports 2009. Vgl. BMFSFJ, *Familienreport*, S. 2.

42 »Was kann die Kultur für die Wirtschaft leisten?« ist die zentrale Frage des Dresdner Forums Tiberus – Internationales Forum für Kultur und Wirtschaft (www.forum-tiberius.org).

43 So Prof. Dr. Heinrich Oberreuter im Oktober 2009 auf dem 1. Symposium des Denkwerks Zukunft – Stiftung kulturelle Erneuerung auf dem Margarethenhof.

44 Zum Beispiel Prof. Dr. Werner R. Müller, Ordinarius für Betriebswirtschaftslehre an der Universität Basel: Wer von »Sport, im Sinne von Mitmachen ist wichtiger als Siegen, von völkerverbindlichem Tun oder von gesundem Geist in gesundem Körper sprechen möchte, läuft Gefahr, sich lächerlich zu machen«. Vgl. *Basler Zeitung, Homo oeconomicus*.

45 2007/08 erwirtschafteten die zwanzig wirtschaftsstärksten europäischen Fußballclubs zusammen 3,9 Milliarden Euro. Das war

dreimal mehr als die Clubs, die 1996/97 die Spitzengruppe bildeten. Inzwischen hat auch die Europäische Kommission die ökono-
mische Dimension des Sports entdeckt. Im *Weißbuch Sport* vom Juli
2007 wird explizit auf den Beitrag hingewiesen, den der Sport zu
Beschäftigungsförderung und Wirtschaftswachstum leisten kann.
Vgl. Kommission der Europäischen Gemeinschaft, *Weißbuch*.

46 Nach der Wende gaben sowohl der Leiter der Zentralverwaltung
für Statistik, Arno Donda, als auch der Chef der DDR-Planungs-
kommission, Gerhard Schürer, zu, dass die Wirtschaftsdaten der
DDR in den achtziger Jahren nach oben korrigiert worden waren. Vgl. Merkel/Wahl, *Deutschland*, S. 28, Anmerkung 21.

47 Noch 1985 veröffentlichte die CIA Schätzungen zum Pro-Kopf-
Bruttosozialprodukt der DDR, das bei 102 Prozent des westdeutschen lag. Vgl. Directorate of Intelligence, *Handbook*, sowie Mer-
kel/Wahl, *Deutschland*, S. 30 f.

ENDE UND ANFANG

1 Eigene Berechnungen in Preisen von 2008 auf der Grundlage
von Daten der Weltbank, des IMF, Bradford DeLong und UN-
Population Prospects.

2 Vgl. Statistisches Bundesamt, *Menschen*.

3 Überschlägige Berechnungen in Preisen von 2008 auf der
Grundlage von Daten der Weltbank, des IMF und UN-Popula-
tion Prospects.

4 Vgl. Europäischer Rat, *Schlussfolgerungen*.

5 Vgl. DGB, *Eckpunkte*, S. 2.

6 Vgl. McKinsey, *Deutschland 2020*, S. 5 und 9.

7 Vgl. Die Landesregierung Nordrhein-Westfalen, *Rüttgers*.

8 Der Denar war eine römische Silbermünze, die zur Zeit von Augustus ein Gewicht von 3,98 Gramm hatte. 3,98 Gramm Silber
kosten heute – bei starken Schwankungen – etwa einen Euro.

9 Das ergäbe einen Betrag von rund 160 000 000 000 000 000 Denar.

10 Vgl. Kapitel »Wachstumswahn«, Anmerkung 6.

11 Thomas Straubhaar, Direktor des Hamburgischen WeltWirt-
schaftsInstituts. Vgl. Straubhaar, *Wachstum*.

12 *Die Welt als Wille und Vorstellung* ist eines der Hauptwerke des Philosophen Arthur Schopenhauer. Die Lehre vom Primat des Willens ist die zentrale Idee seiner Philosophie.

13 Vgl. Eigner, *Umweltverhalten.*

14 Vgl. Diamond, *Arm und Reich.*

15 Vgl. Glaubrecht, *Osterinsel.*

16 Vgl. S. 61.

17 Neben Erdöl, Erdgas und Strom verbraucht jeder deutsche Bundesbürger im Laufe seines Lebens etwa weitere tausend Tonnen an mineralischen und metallischen Rohstoffen. Vgl. Bundesanstalt für Geowissenschaften und Rohstoffe, *Raw Materials.*

18 Vgl. Marx, *Kritik*, MEW 19, S. 20 f.

19 Z. B. der Astronaut Ulf Merbold bei seinem Flug ins All im November 1983: »Die Erde ist so zerbrechlich, wir müssten viel mehr tun, um sie für jene zu bewahren, die nach uns hier leben.« Vgl. *Spiegel Online, All.*

20 Altes Testament, Genesis 1, 2.

21 Vgl. Guggenberger, *Irrtum.*

22 Z. B. die ersten griechischen Philosophen, die Vorsokratiker, unter ihnen Pythagoras und Heraklit.

23 Die Astronomie gilt als eine der ältesten Wissenschaften. Wesentliche Meilensteine für die Erforschung des Weltalls waren die Erfindung des Fernrohrs und die kopernikanische Wende.

24 Vgl. Bader, *Property.*

25 Vgl. Miegel/Petersen, *Stillstand*, S. 39.

26 Vgl. Techniker Krankenkasse, *Stress.*

27 Autoren, die für Entschleunigung plädieren, haben Konjunktur. Vgl. Kerkeling, *Mal weg*, sowie Andrack, *Wandern.*

28 Vgl. Bibliographisches Institut, *Lexikon*, Band 13, S. 430.

29 Vgl. Butschek, *Industrialisierung*, S. 115 ff.

30 Vgl. Lessing, *Werke*, Band 8, S. 227.

31 Dafür spricht auch, dass der islamische Kulturkreis, der diese religiös-spirituelle Erschütterung nicht erfahren hat, an der industriellen Revolution nicht beteiligt war.

32 Gemeint ist die amerikanische Investmentbank Lehman Brothers mit Hauptsitz in New York, die am 15. September 2008 Insolvenz anmeldete.

33 Noch 1960 war der Aral-See der viertgrößte See der Erde. Durch
    die rigorose Entnahme gigantischer Wassermengen in seinem Zu-
    flussgebiet schrumpfte er bis 2007 auf ein Zehntel seines ursprüng-
    lichen Volumens. Aufgrund eines Dammbaus erholt sich seit 2005
    der nördliche See wieder. Die beiden südlichen Seen drohen je-
    doch zu toten Meeren zu werden. Vgl. Micklin/Aladin, *Aral-See*.

34 Dadurch könnten bis 2030 55 Prozent des Regenwaldes am Ama-
    zonas vernichtet werden. Vgl. Nepstad, *Amazonas*, sowie Simon,
    Amazonas-Regenwald.

35 In der Ostsee erstrecken sich die sogenannten toten Zonen mitt-
    lerweile über eine Fläche von 42 000, in Spitzenzeiten sogar über
    90 000 Quadratkilometern. Vgl. Lamp, *Küstenmeere*, S. 3.

36 Zum Beispiel der Sprecher des amerikanischen Präsidenten
    George W. Bush, Ari Fleischer, am 7. Mai 2001 auf einer Presse-
    konferenz auf die Frage, ob die USA aufgrund des hohen ameri-
    kanischen Energieverbrauchs ihren Lebensstil ändern müssten:
    »Ein eindeutiges Nein. Der Präsident ist der Ansicht, dass dies
    der American Way of Life ist und dass amerikanische Politiker
    sich das Ziel setzen sollten, diesen American Way of Life zu schüt-
    zen. American Way of Life ist eine gute Sache. Der Umgang des
    amerikanischen Volkes mit Energie ist Ausdruck der Stärke un-
    serer Wirtschaft – des Lebensstils, den das amerikanische Volk
    zu schätzen gelernt hat.« Vgl. Friedman, *Was tun*, S. 34 f.

37 So haben bis heute die USA das Kyoto-Protokoll, das die Unter-
    zeichner zur Verringerung von Emissionen verpflichtet, nicht
    ratifiziert. Allerdings hat im Juni 2009 das Repräsentantenhaus
    eine Klimareduktion von 17 Prozent bis zum Jahr 2020 verab-
    schiedet.

38 Vgl. Müller, *Klimawandel*.

39 Der Ausdruck geht auf den griechischen König Pyrrhus zurück,
    der nach einem Sieg über die Römer gesagt haben soll: »Noch
    so ein Sieg, und wir sind verloren.«

40 Von 2000 bis 2008 stieg das Welt-Bruttoinlandsprodukt real um
    36 Prozent. Lediglich im Krisenjahr 2009 dürfte es um rund ein
    Prozent gesunken sein. Für 2010 wird ein erneutes Wachstum
    von 3,1 Prozent erwartet. Vgl. IMF, *Outlook*.

41 Vgl. Miegel/Wahl/Schulte, *Wohlstand*, S. 2. Für 2009 und 2010

wurden die Annahmen der Gemeinschaftsdiagnose vom Herbst 2009 unterstellt. (2009–5 Prozent, 2010 +1 Prozent). Vgl. Projektgruppe Gemeinschaftsdiagnose, *Belebung.*

42 Für andere frühindustrialisierte Länder gilt Ähnliches.

43 Nach Berechnungen des WSI. Vgl. Schäfer, *WSI-Verteilungsbericht*, S. 587 ff.; Hans-Böckler-Stiftung, *Volkseinkommen.*

44 Eigene Berechnungen auf der Grundlage von Daten des Statistischen Bundesamtes sowie der Gemeinschaftsdiagnose vom Oktober 2009. Vgl. Statistisches Bundesamt, *Gesamtrechnungen*, sowie Projektgruppe Gemeinschaftsdiagnose, *Belebung.*

45 Von 2000 bis 2007 erhöhte sich der Anteil der Teilzeitbeschäftigten einschließlich geringfügig Beschäftigter von 17,6 auf 22,2 Prozent aller Beschäftigten. Vgl. OECD, *Labour*, S. 191.

46 2006 fühlten sich nur 39 Prozent der Bevölkerung in Deutschland ausreichend für ihr Alter abgesichert. Jeder Fünfte unter 35-Jährige in Deutschland rechnet sogar nicht mehr damit, später einmal eine gesetzliche Rente zu erhalten. Vgl. DIA, *Alter*, sowie HanseMerkur Versicherungsgruppe, *Junge Menschen.*

47 Seit 1. Januar 2004 müssen alle Versicherten in der gesetzlichen Krankenversicherung für alle medizinischen Leistungen der GKV Zuzahlungen leisten. Diese betragen grundsätzlich zehn Prozent der Kosten, mindestens jedoch fünf Euro und maximal zehn Euro je Leistung. So muss der Versicherte inzwischen pro Behandlungsfall und Quartal bei ärztlicher und zahnärztlicher Behandlung zehn Euro Praxisgebühr bezahlen.

BILANZEN

1 Z. B. der ehemalige Bundeswirtschaftsminister und Bundeskanzler Ludwig Erhard in einem Zeitungsaufruf im Herbst 1965: »Was wir brauchen ist ein neuer Stil unseres Lebens. Die wachsende Produktion allein hat keinen Sinn ... Und unser Beispiel wird ihnen (der Jugend) den Glauben geben, dass materieller Gewinn nicht der Weisheit letzter Schluss, des Lebens einziger Sinn ist.« Vgl. Hohmann, *Erhard*, S. 921.

2 Vgl. Miegel/Petersen, *Stillstand*, S. 63.

3 Rauchende Schlote als Ausdruck einer erfolgreichen Industriegesellschaft schmückten beispielsweise die Wahlplakate der SPD im Bundestagswahlkampf 1949.

4 Der Betrieb von Salinen und der Bau von Schiffen führte zu einer massiven Abholzung der norddeutschen Wälder. Auf den sandigen, humus- und nährstoffarmen Böden der Heide konnten die Bauern kaum Ackerbau betreiben. Nur der anspruchslose Buchweizen gedieh.

5 Im Waldschadensbericht von 1989 wurde noch explizit auf das üppige Wachstum bestimmter Waldregionen infolge der Düngung via Luftverschmutzung durch CO_2 hingewiesen. Vgl. Schuh, *Waldwuchern*.

6 Die Auffassung, dass der Klimawandel positive Effekte habe, wird von vielen Entscheidungsträgern in Russland vertreten. Aufgrund höherer Temperaturen spare man durch kürzere Heizperioden Geld, zudem komme man leichter an die Bodenschätze im Arktischen Meer. Vgl. Caspar, *Blinder Fleck*.

7 Zu ihnen gehört der britische Chemiker, Mediziner und Biophysiker James Lovelock. Vgl. Lovelock, *Rache*, sowie *Gaia*.

8 So James Lovelock in einem Interview im Juli 2009. Vgl. *General-Anzeiger, Interview*.

9 Z. B. von den Vereinten Nationen. Vgl. United Nations, *World Population*, S. 14.

10 So eine Schätzung von James Lovelock. Vgl. *General-Anzeiger, Interview*.

11 2007 war die Schifffahrt für vier bis fünf Prozent des weltweiten CO_2-Ausstoßes ursächlich. Vgl. HypoVereinsbank, *Greenshipping*, S. 6.

12 Vgl. WHO, *Disease*, sowie Platt, *Air Pollution*.

13 Vgl. WHO Europa, *Kindstod*.

14 Vgl. Rahmstorf, *Klimawandel*.

15 Vgl. Umweltbundesamt, *Treibhausgasemissionen*.

16 Vgl. BP, *World Energy*, sowie *Handelsblatt, CO_2-Ausstoß*.

17 Für die Gegenwart wird die Zahl der Toten auf jährlich 300 000 geschätzt. Bis 2030 soll sie auf 500 000 steigen. Vgl. Global Humanitarian Forum, *Climate Change*, S. 1.

18 Vgl. ebd., S. 49.

19 So der EU-Umweltkommissar Stavros Dimas am 21. Januar 2009 in Brüssel. Vgl. Commission of the European Communities, *Climate Change* sowie Europäischer Rat, Vorsitz, S. 5. Schätzungen von McKinsey gehen davon aus, dass der Klimawandel 2020 mehr als 500 Milliarden Euro kostet. Vgl. McKinsey, *Pathways*.

20 Die Einbußen des Bruttoinlandsprodukts durch Folgen des Klimawandels reichen von 5 bis 20 Prozent jährlich. Vgl. HM Treasury, *Stern Review, Summary of Conclusions*, S. 1.

21 Darunter wird salziges (niederländisch brak = salzig) Wasser verstanden, das im Mündungsbereich der Tideflüsse entsteht.

22 In der Bibel gilt Wasser als Zeichen Gottes (z. B. in der Schöpfung) oder als Sinnbild der Rettung (z. B. in Heilungswundern von Jesus am See). Im Weihwasser wird nach katholischem Verständnis Wasser zum Zeichen der Verbindung mit Gott. Im Islam wird Allah oft mit dem grenzenlosen Ozean verglichen.

23 Insgesamt 44 Prozent des entnommenen Wassers werden für die Energieerzeugung und 11 Prozent für die Industrie im engeren Sinn verwendet. Für 24 Prozent ist die Landwirtschaft, für 21 Prozent die öffentliche Wasserversorgung ursächlich. Vgl. EEA, *Water resources*, S. 5.

24 Vgl. Welthungerhilfe, *Wasserverbrauch*.

25 Für ein Kilogramm Fleisch werden sieben bis zehn Kilogramm Getreide verfüttert. Vgl. Schulte, *Lebensmittelpreise*, S. 7. Für ein Kilogramm Rindfleisch werden insgesamt rund 15 500 Liter Wasser benötigt. Vgl. Waterfootprint Network, Beef.

26 Die Herstellung eines Baumwollhemds erfordert 2700 Liter Wasser. Vgl. Waterfootprint Network, Cotton.

27 Deutschland verbraucht jedes Jahr 159,5 Milliarden Kubikmeter Wasser und damit mehr als das dreifache Volumen des Bodensees. Vgl. WWF Deutschland, *Wasserfußabdruck*.

28 53 Prozent des gesamten deutschen Wasserverbrauchs wird außerhalb Deutschlands verursacht. Vgl. Waterfootprint Network, *Your Country*.

29 Vgl. UNEP, *Water*, sowie Welthungerhilfe, *Wasserverbrauch*.

30 Die meisten Menschen leben in Afrika und Asien. In Afrika haben zwei von fünf keinen Zugang zu ausreichend sauberem Wasser. Vgl. WHO, *Water Supply* sowie *10 facts*.

31 Vgl. UNEP, *Outlook*, S. 148.

32 Allein in Spanien wird eine Fläche von 30 000 Quadratkilometern, eine Fläche annähernd so groß wie Baden-Württemberg, künstlich bewässert. Vgl. WWF, *Drought*.

33 Zum Beispiel der chinesische Huang He, der US-amerikanische Colorado oder der zentralasiatische Amu-Darya. Vgl. Hoss, *Grenzen*, S. 15.

34 Vgl. *Bild der Wissenschaft, Tschad-See*.

35 Vgl. WWF, *Drought*, S. 9, sowie UNEP, *Groundwater*, S. 106.

36 Vgl. Conseil de l'Union Européenne, Sécheresse, S. 4.

37 Vgl. Unicef-Österreich, *Wasser*.

38 Vgl. Diaz/Rosenberg, *Zones*, S. 926.

39 Vgl. Lamp, *Küstenmeere*, sowie *DailyNet.de, Luft*.

40 Vgl. Opitz, *Meer*.

41 Vgl. UN Water, *Sanitation*.

42 Schätzungen zufolge beläuft sich der Investitionsbedarf für Wasserversorgung bis 2030 weltweit auf rund 23 Billionen Dollar. Andere Schätzungen kommen sogar auf 30 bis 40 Billionen Dollar. Vgl. Morgan Stanley, *Opportunity*, S. 3, sowie DWS, *Nass*.

43 Aufgrund der sehr unterschiedlichen Definitionen zum Beispiel von Graslandflächen schwanken die Angaben erheblich. Vgl. Schinninger, *Landnutzung*, S. 37; Owen, *Land*; Scherr, *Soil*, S. 16, sowie Mock, *World*.

44 Vgl. Welthungerhilfe, *Ackerland*.

45 Vgl. DSW, *Erde*, S. 4, sowie FAO, *Forests*, S. 115.

46 Vgl. EC, *Biodiversity*.

47 Vgl. Global Forrest Coalition, *Biodiversity*.

48 Vgl. WRI, *Resources*.

49 Vgl. Miegel/Wahl/Schulte, *Wohlstand*, S. 6, sowie Global Footprint Network, *World Footprint*.

50 Da dem britischen Ökonomen Thomas Robert Malthus zufolge die Bevölkerung exponentiell, die Nahrungsmittelproduktion jedoch lediglich linear wächst, entwickeln sich Nahrungsmittelangebot und -nachfrage auseinander. Dies führt zu Armut, Hunger und Slumbildung. Vgl. Malthus, *Population*.

51 So Professor Theo Gottwald, Geschäftsführer der Schweisfurth Stiftung, auf dem Initiativkreistreffen »Lebens-Mittel« des

Denkwerks Zukunft am 26. November 2008 in Bonn sowie Günter Hemrich, Programmkoordinator bei der FAO am 16. Februar 2009 auf dem Dialogforum »Ressourcen« der Münchner Rück Stiftung. Vgl. Münchner Rück Stiftung, *Zukunft*.

52 Vgl. von Alvensleben, *Verbraucher*, S. 2.

53 Vgl. Brown, *Gericht*, S. 27.

54 Vgl. Herren, *Ernährungskrise*, S. 1, sowie UN, *Goals*, S. 4.

55 Aufgrund unterschiedlicher Definitionen von Mangelernährung variieren die Angaben erheblich. Vgl. BMELV, *Food;* Worldwatch, *Malnutrition;* Herren, *Ernährungskrise*, S. 1.

56 Das sind 1,8 Milliarden Menschen. Für 2020 wird der Anteil von Übergewichtigen und Fettleibigen auf weltweit 40 Prozent geschätzt. Vgl. Credit Suisse, *Obesity*, S. 1.

57 Vgl. WRAP, *Food*, S. 4.

58 Vgl. Etscheid, *Brot*.

59 Vgl. ebd.

60 Vgl. Verbeek, *Feeding*, S. 15.

61 Vgl. *General-Anzeiger, Erde*.

62 Vgl. Herren, *Ernährungskrise*, S. 2.

63 Vgl. von Witzke/Noleppa/Schwarz, *Market Trends*, S. 4.

64 Die Zahlen für China beziehen sich auf den Zeitraum 1991 bis 2003. Vgl. Brake, *Hunger;* S. 2, sowie Schulte, *Lebensmittelpreise*, S. 6 f.

65 Vgl. von Witzke/Noleppa/Schwarz, *Market Trends*, S. 4.

66 Vgl. ebd.

67 Dies erklärte Markus Knigge, Wissenschaftlicher Direktor des European Marine Programme der Pew Environment Group bei der Vorstellung der neuen Website www.fishsubsidy.org. Vgl. auch Pew Environment Group, *Overcapacity*, S. 3.

68 Folglich verbleiben lediglich 20 Prozent, in denen die Fischbestände noch in ausreichender Zahl vorhanden sind. Überfischt sind vor allem der Nord-Ost-Atlantik, der Westindische Ozean und der Nord-West-Pazifik. Vgl. FAO, *Fisheries*, S. 7.

69 Vgl. *General-Anzeiger, Erde*.

70 Vgl. Schulte, *Lebensmittelpreise*.

71 Vgl. Europäische Kommission, *Rohstoffversorgung*.

72 Vgl. Reuters, *Commodities*.

73 Vgl. Globus Infografik GmbH, *Rohstoffe.*

74 Vgl. ebd., *Rohstoff-Jahr.*

75 Vgl. Reuscher u. a., *Rohstoffknappheit,* S. 7.

76 Bei Metallen, Energie- und Agrarrohstoffen führt China inzwischen die Rangliste der größten Importeure an. Schätzungen zufolge wird China in den nächsten acht Jahren mehr als 500 Milliarden US-Dollar für den Kauf von Rohstoffen ausgeben. Vgl. Hein, *China,* sowie Trinh u. a., *Rohstoffhunger.*

77 Vgl. Europäische Kommission, *Rohstoffversorgung.*

78 Experten zufolge ist der Bürgerkrieg in der Demokratischen Republik Kongo von 1997 bis 2003 auf den Kampf unter anderem um die begehrten Coltan-Vorkommen zurückzuführen, dessen Teilelemente in Notebooks und Mobiltelefonen verwendet werden. Vgl. Reuscher u. a., *Rohstoffknappheit,* S. 33 ff.

79 Engpässe werden vor allem bei Metallen wie Gallium, Neodym, Indium oder Scandium entstehen. Der Galliumbedarf wird 2025 voraussichtlich das Sechsfache, der Neodymbedarf voraussichtlich das Vierfache der heutigen Produktion betragen. Vgl. Bilow, *Hightech-Metalle.*

80 Zu ihnen zählen u. a. Tantal, Indium, Magnesium, Platin, Rhodium sowie Seltene Erden. Vgl. Europäische Kommission, *Rohstoffversorgung,* sowie Sedlmaier, *Rohstoffe.*

81 Vgl. Globus-Infografik, *Rohstoff-Jahr,* sowie Reuscher u. a., *Rohstoffknappheit,* S. 37 f.

82 Vgl. Politische Ökologie, *Ressourcen,* sowie Reuscher u. a., *Rohstoffknappheit.*

83 Vgl. Commission of the EC, *Raw Materials.*

84 Überschlägige Berechnungen auf der Grundlage von Daten von Maddison, Birg und RWE. Vgl. Maddison, *Economy,* Table 7.11; Birg, *Weltbevölkerung,* sowie RWE, *Weltenergiereport,* S. 8.

85 Vgl. RWE, *Weltenergiereport,* S. 7.

86 Vgl. Nitsch, *Nachhaltigkeitsszenario,* S. 1.

87 Vgl. BP, *World Energy,* S. 2.

88 Vgl. Grahl/Kümmel, *Energie,* S. 13.

89 Vgl. ebd., S. 9.

90 Vgl. ebd., S. 7.

91 Vgl. ebd., S. 9.

92 Für Erdöl variieren die Angaben erheblich. Während einige behaupten, der Wendepunkt habe schon stattgefunden beziehungsweise stehe kurz bevor, setzen andere den »Peak Oil« erst 2040 beziehungsweise 2050 an. Vgl. Kroy, *Energiebedarf*, S. 4; Reuscher u. a., *Rohstoffknappheit*, S. 31 f., sowie BGR, *Energierohstoffe*, S. 29.

93 Auch bei Erdgas variieren die Angaben. Vgl. Kroy, *Energiebedarf*, S. 5; EIA, *Outlook*, Table 5, sowie Bentley, *Gas*, S. 198.

94 Vgl. BP, *Review*, S. 6.

95 Vgl. ebd., S. 22, sowie BGR, *Energierohstoffe*, S. 5.

96 Vgl. Greenpeace, *Uranvorräte*, S. 2.

97 Vgl. BP, *Review*, S. 32.

98 Vgl. Fischedick, *Energieversorgung*, S. 5.

99 Vgl. ebd., S. 8 ff.

100 Vgl. Miegel, *Epochenwende*, S. 15 ff.

101 Vgl. Bradford DeLong, *GDP*.

102 Zum Beispiel das Statistische Amt der Europäischen Kommission Eurostat oder das Statistische Büro der Japanischen Regierung.

103 Für 2050 unterstellt die UNO für Afrika jährlich immer noch 38 Millionen Geburten beziehungsweise eine Geburtenrate von 2,4 Kindern pro Frau. Vgl. UN, *Population Prospects*.

104 Vgl. Miegel/Wahl, *Individualismus*.

105 Dies zeigt der Zusammenhang zwischen Bildungsstand und Kinderlosigkeit. 2008 waren in Westdeutschland 26 Prozent der Frauen mit hoher Bildung kinderlos. Dieser Anteil war mehr als doppelt so hoch wie bei Frauen mit niedriger Bildung (11 Prozent). Vgl. Statistisches Bundesamt, *Mikrozensus 2008*, S. 12.

106 Nach Projektionen der UNO ist dies hier ca. 2025 der Fall. Für das Jahr 2050 wird für diese Bevölkerungen eine durchschnittliche Lebenserwartung von knapp 83 Jahren angenommen. Vgl. UN, *Population Prospects*.

107 Durchschnittsalter ist das arithmetische Mittel des Alters der Bevölkerung. Medianalter ist das Alter, das die Bevölkerung in zwei Hälften teilt. 50 Prozent der Bevölkerung sind jünger, 50 Prozent älter als dieser Wert.

108 Keine Variable beeinflusst die materielle Orientierung und wirtschaftliche Leistungsbereitschaft so stark wie das Lebensalter.

Mit steigendem Alter nimmt das Bedürfnis nach Sicherheit und Ruhe spürbar zu. Vgl. Miegel/Petersen, *Stillstand*, S. 91 ff.

109 Vgl. UN, *Migrant Stock*.

110 Hierbei wird modellhaft unterstellt, dass wie in Deutschland weltweit jeder dritte Migrant in der neuen Heimat geboren wird.

111 Vgl. Statistisches Bundesamt, *Migrationshintergrund*, S. 32 f.

112 Vgl. Boston Consulting Group, *Bildungsintegration*, S. 29.

113 Vgl. Berlinpolis, *Europa*, S. 34.

114 Vgl. Boston Consulting Group, *Bildungsintegration*, S. 10.

115 Vgl. Elger u. a., *Fremd*.

116 2007 lag der Anteil der 20- bis 29-jährigen jungen Erwachsenen mit ausländischer Staatsangehörigkeit ohne Berufsabschluss bei 36 Prozent. Damit haben junge Ausländer ein dreimal höheres Risiko, ohne Berufsabschluss zu bleiben, als gleichaltrige Westdeutsche. Vgl. BIBB, *Datenreport*, S. 215.

117 Beispielsweise sind türkische Migranten fast doppelt so häufig nicht erwerbstätig wie Deutschstämmige. Insgesamt ist der Anteil der Arbeitslosen bei allen Migranten mehr als doppelt so hoch wie bei Deutschstämmigen. Vgl. Statistisches Bundesamt, *Migrationshintergrund*, S. 203, sowie Beauftragte der Bundesregierung für Migration, Flüchtlinge und Integration, *Integration in Deutschland*, S. 75.

118 Fritschi/Jann, *Integration*, S. 7.

119 Vgl. Boston Consulting Group, *Bildungsintegration*, S. 12.

120 Vgl. Miegel/Wahl, *Individualismus*, S. 141.

121 In Deutschland beispielsweise halbierte sich die sogenannte Kohortenfertilität von rund fünf Kindern pro Frau des Geburtsjahrgangs 1860 auf rund 2,5 Kinder des Geburtsjahrgangs 1890. Vgl. Wahl, *Geburtenverhalten*, S. 3.

122 Auf Nachwuchs zu verzichten, weil der geeignete Partner fehle, gaben immerhin 44 Prozent der befragten Kinderlosen an. Dies ergab eine Studie des Instituts für Demoskopie Allensbach und des Forsa-Instituts im Auftrag der ELTERN-Gruppe von Gruner + Jahr. Vgl. ELTERN-Gruppe/Institut für Demoskopie Allensbach, *Familien-Analyse*.

123 Letztere Zahlen beziehen sich auf Alleinerziehende. Vgl. BMAS, *Armutsbericht*, S. 88, sowie BMFSFJ, *Alleinerziehende*.

124 Vgl. Schmidt-Denter/Beelmann, *Scheidung*, sowie Plewnia, *Trennung*.

125 Vgl. BMFJFS, *Kinderarmut*, S. 7.

126 Vgl. Statistisches Bundesamt u. a., *Datenreport*, S. 47.

127 Vgl. Scheerer, *Krippenbetreuung*.

128 Vgl. Anmerkung 105.

129 2007 lag die Geburtenrate in Italien bei 1,35, in Spanien bei 1,40 und in Griechenland bei 1,41 Kindern pro Frau und damit deutlich unter dem Durchschnitt der Europäischen Union mit 1,53 Kindern. Vgl. Eurostat, *Gesamtfruchtbarkeitsrate*.

130 Solche Kurse werden zum Beispiel vom Eheberater und Leiter der klinischen Psychologie an der Braunschweiger Technischen Universität, Kurt Hahlweg, angeboten. Vgl. Plewnia, *Trennung*, S. 4.

131 Vgl. ebd.

132 So die Auffassung des Eheberaters Kurt Hahlweg. Vgl. ebd.

133 Dies beklagt Sabine Heinke, Vorsitzende der Kommission Familienrecht beim Deutschen Juristinnenbund und Familienrichterin in Bremen. Vgl. ebd.

134 Vgl. Otto, *Frühförderung*.

135 Vgl. Deutsches Kinderhilfswerk, *Kinder*, S. 5 f.

136 Vgl. Leithäuser, *Kindersoldaten*.

137 2008 waren dies 32 300 Kinder und Jugendliche. Dies sind 26 Prozent mehr als im Jahr 2005. Vgl. Statistisches Bundesamt, *Inobhutnahmen*.

138 Allein von 2005 bis 2007 betrug der Anstieg 23 Prozent. Vgl. Berth, *Sorgerecht*.

139 Dies wird u. a. vom Erziehungswissenschaftler Professor Dr. Wolfgang Melzer von der TU Dresden bestätigt. Vgl. Bildungsklick.de, *Wohlstandsverwahrlosung*; Baumgärtner, *Rauschmittel*, sowie *Welt Online*, *Drogen*.

140 Vgl. World Vision, *Kinderstudie*, S. 3.

141 Vgl. Techniker Krankenkasse, *Gesundheitsreport*, S. 10.

142 Die Daten sind mit denjenigen auf S. 30 beziehungsweise Anmerkung 7 nicht vergleichbar. Vgl. EC, *Eurobarometer*, S. 166.

143 2008 gab einer Online-Umfrage des Wissenschaftsmagazins *Nature* zufolge jeder fünfte Wissenschaftler an, ohne medizini-

sche Gründe zu Medikamenten gegriffen zu haben, um Konzentration, Aufmerksamkeit und Erinnerungsvermögen anzuregen. Vgl. DAK, *Gesundheitsreport 2009*, S. 38, sowie Wolz, *Medikamente*.

144 Zu diesem Ergebnis kommen Forscher der psychosomatischen und psychotherapeutischen Abteilung am Universitätsklinikum Erlangen. Vgl. Müller, *Buying Disorder*, sowie Psychosomatische und Psychotherapeutische Abteilung/Universitätsklinikum Erlangen, *Kaufsucht*.

145 Vgl. Rolff, *Konsumieren*.

146 Vgl. Fakultät für Soziologie der Universität Bielefeld/Institut für Kriminalwissenschaften der Westfälischen Wilhelms-Universität Münster, *Jugendkriminalität*.

147 Vgl. Deutsches Kinderhilfswerk, *Kinder*, S. 5.

148 Vgl. ebd.

149 Vgl. Stiftung Lesen, *Lesen*, S. 22 und 61.

150 37 Prozent aller Kinder bekommen niemals etwas vorgelesen. Vgl. Deutsche Bahn/ZEIT/Stiftung Lesen, *Vorlesen*, S. 11.

151 Mit dem Programm »Jedem Kind ein Instrument« will die gleichnamige Stiftung allen Grundschulkindern im Ruhrgebiet ermöglichen, ein Musikinstrument zu erlernen. (www.jedem kind.de)

152 Diese Aussage stammt von Dirigent Nikolaus Harnoncourt in einem *Spiegel*-Interview: »Es gab früher keinen Volksschullehrer, der nicht singen, nicht Geige oder Klavier spielen konnte. Es wird … zunehmend die Brauchbarkeit des Menschen, die Nützlichkeit in den Vordergrund gestellt, eine die Habgier als Hauptlebensziel hervorhebende Nützlichkeit.« Vgl. Kronsbein, *Schmutz*.

153 Über 40 Prozent der Kinder haben gelegentliche, 12 Prozent sogar ständige Konzentrationsprobleme. Vgl. Deutsches Kinderhilfswerk, *Kinder*, S. 6.

154 Vgl. ebd.

155 Zum Beispiel vom Kinderpsychiater Michael Winterhoff oder im Kinder- und Jugendgesundheitssurvey (KiGGs). Vgl. Winterhoff, *Tyrannen*, sowie Hölling u. a., *Verhaltensauffälligkeiten*.

156 Vgl. ZDH, *Handwerk*.

157 Vgl. Randstad, *Studie*.

158 Vgl. Statistisches Bundesamt, *Kilometer*.

159 Vgl. Randstad, *Studie*.

160 Umfragen zufolge schätzen rund 40 Prozent der Erwerbstätigen die Stunden, in denen sie keiner Erwerbsarbeit nachgehen, am meisten. Vgl. Noelle-Neumann/Köcher, *Jahrbuch*, S. 183.

161 Vgl. Miegel/Petersen, *Stillstand*, S. 48.

162 Vgl. Wolz, *Medikamente*.

163 Vgl. Techniker Krankenkasse, *Gesundheitsreport*, S. 11.

164 Hierunter sind körperliche Beschwerden zu verstehen, die sich nicht durch körperlich-organische Erkrankungen begründen lassen.

165 Vgl. Techniker Krankenkasse, *Gesundheitsreport*, S. 9.

166 Bezieher mittlerer Einkommen haben ein Nettoeinkommen zwischen 70 und 150 Prozent des Medianeinkommens, das heißt des Einkommens, das die Bevölkerung in zwei Hälften teilt. 2006 waren dies in Preisen von 2009 zwischen 1090 und 2340 Euro monatlich. Die Einkommensoberschicht bezieht ein Nettoeinkommen von über 150 Prozent des Medianeinkommens, die Einkommensunterschicht ein Nettoeinkommen von weniger als 70 Prozent. Vgl. Miegel/Wahl/Schulte, *Verlierer*, S. 15 f., sowie Grabka, *Mittelschicht*.

167 Dies zeigen sowohl Daten zur Einkommensverteilung als auch empirische Befragungen. Mitte der neunziger Jahre bezogen 6,4 Prozent der Bevölkerung ein sehr hohes Einkommen (über 200 Prozent des Medianeinkommens). 2006 hatte sich ihr Anteil auf 9,2 Prozent erhöht. Befragungen zufolge beurteilten in den neunziger Jahren zwischen zwei und drei Prozent der Bevölkerung ihre eigene wirtschaftliche Lage als sehr gut. 2005 beziehungsweise 2008 waren es jeweils acht Prozent. Vgl. Miegel/Wahl/Schulte, *Verlierer*, S. 16, sowie Glatzer/Becker, *Reichtum*, S. 7.

168 Bei Einbeziehung der indirekten Steuern und Sozialabgaben relativiert sich die ungleiche Verteilung der Steuerlasten. Vgl. BMAS, *Armutsbericht*, Tabelle II.3.

169 Vgl. Glatzer/Becker, *Reichtum*, S. 20.

170 Dadurch wächst nicht nur die materielle Armut, sondern auch

die Gefahr, dass sich die Ausgegrenzten extremistischen politischen Strömungen zuwenden und die freiheitlich-demokratische Ordnung grundsätzlich in Frage stellen. Vgl. Dahrendorf, *Ungleichheit*, S. 1065 ff.

171 Für 82 Prozent der Bevölkerung sind »gute Ausgangsbedingungen« und »passende Beziehungen« die wichtigsten Voraussetzungen für den Weg nach oben. Erst dann folgen »Fähigkeiten« mit 68 Prozent. Vgl. Glatzer u. a. *Einstellungen*, S. 45 f.

172 Vgl. Seite 143.

173 Einer Umfrage des Instituts für Demoskopie Allensbach aus dem Jahr 2006 zufolge fühlten sich 27 Prozent der West- und 29 Prozent der Ostdeutschen manchmal oder häufig einsam. Vgl. IfD, *IfD-Umfragen 796*.

174 Vgl. Lüdecke, *Klimaschutz;* Horx, *Zukunftsgesellschaft;* Kainberger, *Zukunftsangst*, sowie beispielsweise die Website: http://www.klimaskeptiker.info/

175 Vgl. Statistisches Bundesamt u. a., *Datenreport*, S. 399.

176 2008 war der sogenannte World Overshoot Day der 23. September. Grundlage für diese Rechnung ist der Ökologische Fußabdruck. Er gibt an, wie viel Fläche weltweit gebraucht wird, um alle Güter zu produzieren und alle Abfälle zu entsorgen. 1986 verbrauchte die Menschheit erstmals mehr, als die Erde hergibt.

177 Vgl. Biedenkopf, *Enkel*.

178 In der Generationenbilanz des Basisjahres 2007 belief sich die aktuelle Nachhaltigkeitslücke auf rund 250 Prozent des Bruttoinlandsprodukts. Davon entfallen 65 Prozent auf die explizite und 185 Prozent auf die implizite Verschuldung. Ohne das implizite Vermögen der Gebietskörperschaften in Höhe von 48 Prozent des BIP wäre die Gesamtlücke noch größer. Vgl. Moog/Raffelhüschen, *Generationenbilanz*, S. 4.

179 2007 machten die impliziten Schulden des Staates im Rahmen der gesetzlichen Sozialversicherungen ca. 210 Prozent des Bruttoinlandsprodukts aus. Vgl. ebd. sowie Anmerkung 178.

180 Die öffentlichen Gesamtschulden beliefen sich Ende 2009 auf schätzungsweise 1,7 Billionen Euro beziehungsweise 71 Prozent des Bruttoinlandsprodukts. Die privaten Schulden betrugen

2008 zwischen 195 und 253 Milliarden Euro. Vgl. Creditreform, *SchuldnerAtlas*, S. 6 f.
181 Vgl. Münchau, *Schulden*.
182 Bundeskanzler Werner Faymann in einem Interview mit dem
Wiener Stadtmagazin *Falter* am 5. August 2009.

Wie wir besser leben können

1 Die sogenannte Gretchenfrage stellt Gretchen Faust in Mar-
thens Garten. Vgl. Goethe, *Faust I*, S. 59.
2 Aufgrund umfangreicher Subventionen stiegen die Bauinvesti-
tionen in Ostdeutschland in den neunziger Jahren auf fast vierzig Prozent des Bruttoinlandsprodukts. Dies führte insbesondere im Geschosswohnungsbau zu hohen Leerständen und bei
den öffentlichen Infrastruktureinrichtungen zu Überkapazitä-
ten.
3 So veranstaltete die CDU am 17. August 2009 ein »Berliner Gespräch« mit dem Titel »Nachhaltiges Wirtschaftswachstum –
Wege aus der Wirtschaftskrise«. Redner waren u. a. Bundeskanzlerin Angela Merkel und Ministerpräsident a. D., Kurt H.
Biedenkopf.
4 Zur Zukunftsvorsorge errichtete Norwegen aus den Erträgen
der Erdölförderung einen Erdölfonds mit einem Volumen von
rund 270 Milliarden Euro, der allerdings zuletzt stark an Wert
verloren hat. Das in Norwegen geförderte Öl wird ausnahmslos
exportiert. Großbritannien hat eine solche Zukunftsvorsorge
nicht betrieben. Seit 2004 wird dort mehr Erdöl importiert als
exportiert.
5 Auf die Frage, wo sie bereit wären, Abstriche zu machen, geben
nur zwei Prozent der Bevölkerung Einkommen an. An erster
Stelle werden Handy (23 Prozent), Computer (20 Prozent) und
Unterhaltungselektronik (18 Prozent) genannt. Vgl. Miegel/
Petersen, *Stillstand*, S. 66.
6 Einer Untersuchung der Friedrich-Ebert-Stiftung zufolge steht
und fällt die Zustimmung zur Demokratie mit dem materiellen
Wohlstand. Vgl. FES, *Mitte*, S. 461 und 465.

7 Vgl. Miegel/Petersen, *Stillstand*, S. 64.

8 Wichtigste Lebensziele sind Freunde beziehungsweise gute menschliche Beziehungen (87 Prozent), Familie (81 Prozent), Beruf (75 Prozent) sowie gute Bildung (70 Prozent). Wachsendes Einkommen steht mit 42 Prozent am Ende der Skala. Vgl. ebd., S. 63.

9 Ein bedingungsloses Grundeinkommen für alle schlägt beispielsweise der Unternehmer und Gründer der Drogeriemarktkette »dm«, Götz Werner, vor. Vgl. Werner, *Einkommen*.

10 Werner, *Einkommen*, S. 301.

11 Diese Frage wird schon im biblischen Gleichnis von den Arbeitern im Weinberg aufgeworfen, bei dem alle den gleichen Lohn, nämlich einen Silbergroschen, erhalten, unabhängig davon, wie lange sie gearbeitet haben. Die Kritik der Arbeiter, die den ganzen Tag gearbeitet hatten, weist der Hausherr mit dem Argument zurück, dass alle der Bezahlung eines Silbergroschens zugestimmt hätten.

12 Schätzungen der Boston Consulting Group zufolge ging das von Finanzhäusern verwaltete private Kundenvermögen im Krisenjahr 2008 um ein Achtel auf 92,4 Billionen Dollar (63,7 Billionen Euro) zurück. Besonders Wohlhabende mussten sogar einen Rückgang von durchschnittlich einem Fünftel hinnehmen. Vgl. Braunberger, *Millionäre*, sowie Capgemini/Merrill Lynch, *Report*, S. 6.

13 Wachstumsbremsen sind neben Ver- und Entsorgungsproblemen, Alterung und Bildungsmängeln vor allem schwindende mentale Voraussetzungen sowie wohlstandsbedingte Krankheiten. Vgl. Miegel/Wahl/Schulte, S. 6.

14 Die Bevölkerung spürt dies. 2006 erwarteten 85 Prozent der West- und 89 Prozent der Ostdeutschen, dass sich die wirtschaftliche Lage »für die einfachen Leute« verschlechtern wird. Vgl. Statistisches Bundesamt u. a., *Datenreport*, S. 416.

15 Die Partei Die Linke fordert in ihrem Programm zur Bundestagswahl 2009 explizit, die Umverteilung von unten nach oben zu beenden und umzukehren. Vgl. Die Linke, *Bundestagswahlprogramm*, S. 18.

16 Nicht zuletzt aufgrund ihrer materiellen Versprechungen konnte

Die Linke bei der Bundestagswahl 2009 trotz sinkender Wahlbeteiligung um 4 Millionen Wähler ihre Zweitstimmenzahl von 4,1 auf knapp 5,2 Millionen erhöhen.

17 So die Schlagzeile eines Berichts des Magazin *Focus* im September 2008 über entsprechende Angaben für Deutschland im Global Wealth Report. Vgl. *Focus Online*, *Millionäre*, sowie BCG, *Report*, S. 7.

18 Capgemini/Merrill Lynch, *Report*, S. 2.

19 Menschen mit einem fungiblen Nettovermögen zwischen 5 und 30 Millionen US-Dollar.

20 Bei allen Angaben handelt es sich um Nettovermögen. Darüber hinaus wird hier und im Folgenden ein Eurokurs von etwa 1,45 US-Dollar zugrunde gelegt. Vgl. Capgemini/Merrill Lynch, *Report*, S. 2–5.

21 Hierbei handelt es sich um die ehemaligen Ostblockstaaten, die im Council for Mutual Economic Assistance – deutsch: Rat für Gegenseitige Wirtschaftshilfe (RGW) – von 1949 bis 1991 zusammengeschlossen waren.

22 Vgl. LIS, *Key Figures*; OECD, *Factbook*, S. 277, sowie Groh-Samberg, *Reichtum*, S. 590.

23 Aufgrund der überall bestehenden Steuerprogression ist das Gefälle zwischen den Einkommen allerdings weniger steil.

24 Damit ein Unternehmen in den Dax aufgenommen wird, muss es im Prime Standard, dem privatrechtlich organisierten, gesetzlich regulierten Börsensegment der Frankfurter Wertpapierbörse gelistet sein, fortlaufend im Xetra (Exchange Electronic Trading) gehandelt werden und einen Streubesitzanteil von mindestens zehn Prozent aufweisen. Außerdem muss es einen Sitz oder Schwerpunkt des Handelsumsatzes an Aktien in Deutschland haben. Ferner muss es sowohl bei der Marktkapitalisierung als auch beim Börsenumsatz zu den jeweils Top 25 aller börsennotierten deutschen Unternehmen gehören.

25 Nach Angaben der Association of Executive Search Consultants (AESC). Vgl. Smolka, *Gehaltsexzesse*.

26 In den USA werden traditionell große Einkommensunterschiede akzeptiert. Der amerikanische Traum des Aufstiegs vom Tellerwäscher zum Millionär ist noch immer gegenwärtig.

27 Z. B. Stephen Schwarzmann vom Finanzinvestor und Telekom-Anteilseigner Blackstone. Vgl. Obertreis, *Boni*.

28 Diese Auffassung wird von der AESC, einer weltweiten Vereinigung von Headhuntern, bestätigt. Vgl. Smolka, *Gehaltsexzesse*.

29 Vgl. DAK, *Gesundheitsreport 2005*, S. 68 und 76 ff.

30 § 131 BGB.

31 Materielle Ungleichheiten und soziale Spannungen zwischen den Ständen und gesellschaftlichen Schichten waren mit der Auslöser der Französischen Revolution (der sogenannte Dritte Stand umfasste 98 Prozent der Bevölkerung).

32 So Forderungen von Bundeswirtschaftsminister Michael Glos 2005, ver.di Chef Frank Bsirske oder der Partei Die Linke 2009. Vgl. Manager-Magazin, *Geld*; ver.di, *Geld*, sowie Die Linke, *Geld*.

33 Vgl. i. m.a/ZMP, *Agrimente*, S. 9.

34 Untersuchungen zufolge dürfte bis 2050 die Zahl über 80-jähriger Pflegebedürftiger von heute reichlich 1,2 auf rund 3,5 Millionen steigen. Zugleich dürfte das weibliche Pflegepotential (Frauen zwischen 40 und 65 Jahren) zahlenmäßig um rund vier Millionen abnehmen. Statt wie heute acht kämen 2050 32 über 80-jährige Pflegebedürftige auf 100 potentielle weibliche 40- bis 65-jährige Pflegepersonen. Vgl. Roloff, *Pflege*, S. 9.

35 Vgl. AA/Trafficmaster, *Commuting*, S. 4 und 9.

36 So Goethe im Gedicht »Der Schatzgräber«.

37 Vgl. Bell, *Gesellschaft*.

38 Alle Daten nach Mikrozensus. Vgl. Statistisches Bundesamt, *Erwerbstätigkeit*, sowie IfM, *Selbständige*.

39 Vgl. Statistisches Bundesamt u. a., *Datenreport*, S. 140.

40 Vgl. IfM, *BA-Statistik*.

41 Vgl. BMAS, *Sozialbericht 2009*, S. T1.

42 Immer mehr Führungskräfte überlegen deshalb, Deutschland zu verlassen. Vgl. *Manager-Magazin.de, Deutschland*.

43 2008 beliefen sich die Ausgaben für Sozialbudget und Zinsen auf rund 790 Milliarden Euro, die Staatsausgaben auf knapp 1,1 Billionen Euro. Vgl. BMAS, *Sozialbericht*, S. T1, sowie IW, *Deutschland*, S. 70.

44 Das zeigt sich beispielsweise in Spanien, wo die Arbeitslosigkeit im Frühjahr 2009 nicht zuletzt auch wegen des teuren Kündi-

gungsschutzes und der Kopplung der Löhne an die Inflation erneut auf über 17 Prozent stieg. Vgl. Grüttner, *Spanien*.

45 Allein in der gesetzlichen Rentenversicherung werden rund 81 Milliarden Euro beziehungsweise ein Drittel der Ausgaben über Steuern finanziert.

46 Dies ist zum Beispiel in Dänemark, Schweden und Finnland der Fall. Entsprechend beträgt dort die Mehrwertsteuer jeweils 25 beziehungsweise 22 Prozent.

47 Präsident John F. Kennedy sagte in seiner Antrittsrede am 20. Januar 1961 in Washington, D. C.: »And so, my fellow Americans: ask not what your country can do for you – ask what you can do for your country.«

48 An erster Stelle der wertvollen Dinge im Leben stehen Familie und Freunde. An beidem schätzen die meisten gegenseitige Hilfe, Vertrauen, Liebe und dass man sich auf den anderen verlassen kann. Vgl. DeutschlandCard, *Leben*.

49 So Professor Horst Opaschowski bei der Vorstellung der repräsentativen Umfrage der Stiftung für Zukunftsfragen: »60 Jahre Bundesrepublik: Quo vadis Deutschland?«. Vgl. *General-Anzeiger*, *Wohlfühlgesellschaft*.

50 Vgl. GG Artikel 14, Abs. 2.

51 So Karlheinz Ruckriegel, Professor für Betriebswirtschaftslehre an der Georg-Simon-Ohm-Hochschule Nürnberg in einem Text für die Arbeitsgruppe »Zufriedenheit« des Ameranger Disputs der Ernst-Freiberger-Stiftung im September 2009.

52 Präsident Barack Obama in seiner Antrittsrede am 20. Januar 2009 in Washington, D. C.

53 Vgl. EC, *Eurobarometer*, S. 103.

54 Informationsdienst Wissenschaft, *Europäer*.

55 Ebd.

56 Vgl. ebd.

57 Menschen wie Udo Jürgens, der anlässlich seines 75. Geburtstages erklärte, er sei Europäer und sonst nichts, sind rare Ausnahmen.

58 Vgl. Brockhaus, *Enzyklopädie*, Band 15, S. 344.

59 Vgl. EC, *Eurobarometer*, S. 104.

60 Vgl. ebd., S. 103.

61 Vgl. Bankenverband, *Deutschland*, S. 2.

62 Vgl. Bertelsmann Stiftung, *Zuwanderer*, S. 4.

63 Vgl. ebd., S. 7 und 17.

64 Diese Auffassung vertritt zum Beispiel der niederländische Soziologe Paul Scheffer. Vgl. WamS, *Einwanderung*.

65 Nach Berechnungen der UNO und Herwig Birg. Vgl. Ohliger, *Zuwanderung*.

66 Das gilt auch für Pensionsberechtigte.

67 Ursprünglich waren große Teile der gesetzlichen Rente unter Reichskanzler Bismarck kapitalfundiert. Infolge des Ersten Weltkriegs und der darauf folgenden Inflation wurde das Vermögen aufgezehrt und durch ein Umlagesystem ersetzt. Vgl. Miegel/Wahl, S. 24 und hier insbesondere Anmerkung 25.

68 So die Aussage des Demographen James Vaupel in einem Interview mit dem Magazin *Focus*. Vgl. *Focus, Jahre*, S. 90 f.

69 Vgl. Statistisches Bundesamt, *Bevölkerungsvorausberechnung*, S. 17.

70 Hier handelt es sich jeweils um das durchschnittliche effektive Renteneintrittsalter. Vgl. OECD, *Ageing*.

71 Vgl. Senatsverwaltung für Integration, Arbeit und Soziales Berlin, *Betriebspanel*, S. 56.

72 Bei einem Jahresurlaub von 25 Arbeitstagen hat der abhängig Beschäftigte im Laufe eines 45-jährigen Erwerbslebens 225 arbeitsfreie Wochen. Bei einem Jahresurlaub von 43 Arbeitstagen (= 2 Monate) erhöht sich die Zahl der arbeitsfreien Wochen auf 387. Im Gegenzug verschiebt sich der Renteneintritt um 5 Jahre. Dadurch steigt die Lebensarbeitszeit um 55 Wochen. Doch da zugleich die Lebenserwartung bis 2030 um 3 bis 4 Jahre steigen dürfte, ist dies keine unzumutbare Härte.

73 Insgesamt hatten 2007 2,3 Millionen beziehungsweise 3,3 Prozent der über 15-Jährigen in Deutschland keinen allgemeinen Schulabschluss. Vgl. Bundeszentrale für Politische Bildung, *Bildungsabschluss*.

74 Ein Beispiel hierfür ist der russische Schriftsteller Maxim Gorki, der seine Lebenserfahrungen unter dem Titel *Meine Universitäten* (1923) niederschrieb.

75 Nach Angaben der OECD machen die privaten und öffentlichen Ausgaben für Bildungseinrichtungen in Island 8,0, in den USA

7,4 und in Dänemark 7,3 Prozent des BIP aus. Deutschland wendet lediglich 4,8, Irland und Spanien jeweils 4,7 Prozent auf. Vgl. dpa-Globus, *Bildung*, Ia-3053.

76 Vgl. IEA, *Energy*, S. 6.

77 So die Meinung von Josef Ackermann, Chef der Deutsche Bank AG im *Spiegel*. Vgl. Kaden, *Zombie-Banken*.

78 Vgl. IEA, *Crisis*.

79 So Bundeskanzlerin Angela Merkel auf dem Bundesausschuss der CDU am 26. Oktober 2009 in Berlin.

80 So lautet der Titel eines Buches des Biologen und Verhaltensforschers Irenäus Eibl-Eibesfeldt. Vgl. Eibl-Eibesfeldt, *Falle*.

81 Genesis, 25, 27–34.

82 Zitiert nach *General-Anzeiger, Worte*.

BIBLIOGRAPHIE

Alvensleben, Reimar von, »Wer gewinnt den Kampf um den Verbraucher? Globalisierte Billiganbieter oder ›local Player‹ mit hochpreisigen, regionalen Fleischprogrammen?«, Vortrag auf dem Symposium »Verbraucher gestalten Märkte – zukünftiges Ernährungsverhalten beim Fleisch- und Wurstverzehr«, Pinneberg 17. April 2002 (http://www.uni-kiel.de/agrarmarketing/Lehrstuhl/pinneberg 04_2002.pdf).

Andrack, Manuel, *Du musst wandern. Ohne Stock und Hut im deutschen Mittelgebirge*, Köln 2005.

Automobile Association (AA)/Trafficmaster, *Congestion – Commuting: An Economic Barometer – A view of traffic and driving trends and how this reflects Britain's Economy*, Report and Research from Trafficmaster Plc and the AA, July/August 2009.

Bader, Martin A., *Intellectual Property Management*, Heidelberg 2006.

Bakker, Liesbeth/Loske, Reinhard/Scherhorn, Gerhard, *Wirtschaft ohne Wachstumsstreben – Chaos oder Chance?*, hrsg. von der Heinrich-Böll-Stiftung, Berlin 1999.

Bankenverband, »Umfrage 60 Jahre Bundesrepublik Deutschland: Wenig Emotion, hohe Zufriedenheit«, 26. Mai 2009 (http://www.bankenverband.de/print.asp?artid = 2725&channel = 133810).

Bank for International Settlements (BIS), *An assessment of financial sector rescue programmes*, BIS Papers 48, Basel Juli 2009.

Basler Zeitung, »Die Zukunft gestalten – mit dem ›Homo oeconomicus?‹«, 17. Januar 1997.

Baumgärtner, Theo, »Verbreitung und Hintergründe des Konsums von Rauschmitteln bei Hamburger Jugendlichen und jungen Erwachsenen 2007/08«, Vortrag auf dem 31. Bundesdrogenkongress des FDR in Hamburg-Bergedorf am 28. und 29. April 2008 (http://www.suchthh.de/dokumente/schulbus_08.pdf).

Beauftragte der Bundesregierung für Migration, Flüchtlinge und Integration, *Integration in Deutschland. Erster Integrationsindikatorenbericht: Erprobung des Indikatorsets und Bericht zum bundesweiten Integrationsmonitoring*, Berlin 2009 (http://www.bundesregierung.de/Content/DE/Publikation/IB/Anlagen/2009-07-07-indikatorenbericht, property = publicationFile.pdf).

Bell, Daniel, *Die nachindustrielle Gesellschaft*, Frankfurt a. M. 1975.

Bentley, R. W., »Global oil & gas depletion: an overview«, in: *Energy Policy* 30/2002, S. 198–205.

Berlinpolis, *Wie sozial ist Europa?*, *2009* (http://www.berlinpolis.de/fileadmin/Downloads/Einzelpublikationen/Wie_sozial_ist_Europa_Druckfassung.pdf).

Bertelsmann Stiftung, *Zuwanderer in Deutschland – Ergebnisse einer repräsentativen Befragung von Menschen mit Migrationshintergrund*, Gütersloh 2009.

Berth, Felix, »Immer mehr Eltern wird das Sorgerecht entzogen«, in: *Süddeutsche Zeitung*, 19./20. Juli 2008.

Bibliographisches Institut, *Meyers Großes Universallexikon* in 15 Bänden, Mannheim/Wien/Zürich 1985.

Biedenkopf, Kurt H., *Die neue Sicht der Dinge – Plädoyer für eine freiheitliche Wirtschafts- und Sozialordnung*, München 1985.

– *Die Ausbeutung der Enkel, Plädoyer für die Rückkehr zur Vernunft*, Berlin 2006.

Bild der Wissenschaft, »Warum der Tschad-See schrumpft – Dürre und Landwirtschaft graben dem afrikanischen Binnensee das Wasser ab«, 7. März 2001 (http://www.wissenschaft.de/wissenschaft/news/154962.html).

Bildungsklick.de, »Es gibt eine Art Wohlstandsverwahrlosung«, 26. Juli 2007 (http://bildungsklick.de/a/54574/es-gibt-eine-art-wohlstandsverwahrlosung/).

Bilow, Uta, »Hightech-Metalle leichtsinnig zerstäubt«, in: *Frankfurter Allgemeine Zeitung*, 13. Mai 2009.

Bird, John/Fortune, John, *How the markets really work*, Satire, 2007 (www.youtube.com/watch?v = SwRFoxgEcHc).

Birg, Herwig, »Historische Entwicklung der Weltbevölkerung«, in: Bundeszentrale für politische Bildung (Hrsg.), *Informationen zur politischen Bildung*, Heft 282, Bonn 2004.

Bradford DeLong, J., *Estimating World GDP, One Million B. C. -Present*, Department of Economics, U. C. Berkeley, USA (http://econ 161.berkeley.edu/TCEH/1998_Draft/World_GDP/Estimating_World_GDP.html).

Brake, Matthias, »Nicht nur Biosprit macht Hunger«, in: Heise Zeitschriftenverlage (Hrsg.), *Telepolis* (http://www.heise.de/tp/r4/artikel/27/27774/1.html).

Braunberger, Gerald, »Es trifft die Millionäre«, FAZ.NET, 14. September 2009.

Breyer, Friedrich/Ulrich, Volker, »Demographischer Wandel, medizinischer Fortschritt und der Anstieg der Gesundheitsausgaben«, in: DIW-Wochenbericht 24/00 (http://www.diw.de/deutsch/wb_24/00_demographischer_Wandel_medizinischer_Fortschritt_und_der_Anstieg_der_Gesundheitsausgaben/30674.html).

British Petroleum (BP), *Statistical Review of World Energy*, London, June 2009 (http://www.bp.com/liveassets/bp_internet/global bp/globalbp_uk_english/reports_and_publications/statistical_energy_review_2008/STAGING/local_assets/2009_downloads/statistical_review_of_world_energy_full_report_2009.pdf).

Brockhaus (Hrsg.), *Brockhaus Enzyklopädie in 24 Bänden*, 19. Auflage, Mannheim 1991.

Brown, Lester R., »Jüngstes Gericht, Warum die Nahrungskrise den Niedergang unserer Kultur einläuten könnte«, in: *Internationale Politik* 11, November 2008, S. 18–39.

Bundesanstalt für Geowissenschaften und Rohstoffe (BGR), *The raw materials each one of us consumed during our lifetime* (http://www.bgr.bund.de/nn_335092/EN/Themen/Min__rohstoffe/Bilder/Mir__MR____rohstoffverbrauch__g__en.html).

– *Reserven, Ressourcen und Verfügbarkeit von Energierohstoffen 2006*, Hannover 2007 (http://www.bgr.bund.de/cln_145/nn_334328/DE/Themen/Energie/Downloads/Energiestudie-Kurzf-2006, templateId = raw, properity = publicationFile.pdf/Energiestudie-Kurzf-2005.pdf).

Bundesinstitut für Berufsbildung (BIBB), *Datenreport zum Berufsbildungsbericht 2009* (http://datenreport.bibb.de/html/26.htm).

Bundesministerium der Finanzen (BMF), *Einundzwanzigster Subventionsbericht, Bericht der Bundesregierung über die Entwicklung der Finanzhilfen des Bundes und der Steuervergünstigungen für die Jahre 2005 bis 2008*, Berlin.

– *Subventionsbericht*, diverse Jahrgänge, Bonn/Berlin.

Bundesministerium für Arbeit und Sozialordnung (BMAS), *Lebenslagen in Deutschland – Der 3. Armuts- und Reichtumsbericht der Bundesregierung*, Berlin 2008.

Bundesministerium für Ernährung, Landwirtschaft und Verbraucherschutz (BMELV), *Global Forum for Food and Agriculture (GFFA) – Internationale Grüne Woche 2010 in Berlin* (http://www.bmelv.de/cln_093/sid_582F0311E287387AB1239D475EDEA56A/SharedDocs/Standardartikel/Landwirtschaft/Klima-und-Umwelt/Klimaschutz/LandwirtschaftUndKlimawandel.html?nn=312936).

Bundesministerium für Familie, Senioren, Frauen und Jugend (BMFSFJ), *Kinderarmut in Deutschland*, Berlin, 21. Mai 2008 (http://www.bmfsfj.de/bmfsfj/generator/RedaktionBMFSFJ/Internetredaktion/Pdf-Anlagen/kinderarmut-in-deutschland,property=pdf,bereich=,sprache=de,rwb=true.pdf).

– *Familienreport 2009 – Leistungen, Wirkungen, Trends*, Berlin 2009.

– *Daten und Fakten zum Thema Alleinerziehende*, Material für die Presse, Berlin Mai 2009 (http://www.bmfsfj.de/bmfsfj/generator/RedaktionBMFSFJ/Abteilung2/Newsletter/Monitor-Familienforschung/2008–04/medien/monitor-2008–04,property=pdf,bereich=bmfsfj,sprache=de,rwb=true.pdf).

Bundesministerium für Wirtschaftliche Zusammenarbeit und Entwicklung (BMZ), *Geber im Vergleich*, 2008 (http://www.bmz.de/de/zahlen/imDetail/Geber_im_Vergleich_2008_vorlaeufig.pdf).

Bundeszentrale für Politische Bildung, *Wasserkonferenz in Singapur*, Hintergrund aktuell, 26. Juni 2008 (http://www.bpb.de/themen/ERBHLH,0,0,Wasserkonferenz_in_Singapur.html).

Butschek, Felix, *Industrialisierung. Ursachen, Verlauf, Konsequenzen*, Wien/Köln/Weimar 2006.

Capgemini/Merrill Lynch, *World Wealth Report 2009*, Berlin/Frankfurt a. M. 2009.

Caspar, Oldag, »Russlands blinder Fleck – Die Motive für die russische Bremserrolle beim Klimaschutz«, *taz.de*, 30. November 2008 (http://www.taz.de/1/debatte/kommentar/artikel/1/russlandsblinder-fleck).

Christlich Demokratische Union Deutschlands (CDU), *Wachstum – Arbeit – Wohlstand »Wachstumsstrategien für die Wissensgesellschaft«*, Leitantrag des Bundesvorstands der CDU zum 18. Bundesparteitag 2004 in Düsseldorf, Berlin 2004.

– »Wahlen 2009: Union will Wachstumsperspektive für Deutschland« (http://www.cdu.de/archiv/2370_26852.htm).

Commission of the European Communities, *The Raw Materials Initiative – meeting our critical needs for growth and jobs in Europe*, COM (2008) 699 final, Brüssel, 4. November 2008.

– *Towards a Comprehensive Climate Change Agreement in Copenhagen*, COM (2009) 39 final, Brüssel, 28. Januar 2009.

Conseil de L'Union Européenne, Pénurie d'Eau et Sécheresse –Projet de conclusions du Conseil, Brüssel, 15. Oktober 2007 (http://register.consilium.europa.eu/pdf/fr/07/st13/st13888.fr07.pdf).

Creditreform, *SchuldnerAtlas 2008 für Gesamtdeutschland*, Neuss 2008.

Credit Suisse, *Obesity and Investment Implications*, Global Equity Research Investment Strategy, Zürich, 26. Juni 2008.

Dahrendorf, Ralf, »Globale Klasse und neue Ungleichheit«, in: *Merkur* 11/2000, S. 1057–1086.

DailyNet.de, »WWF warnt: Den Meeren geht die Luft aus«, 6. Juni 2008 (www.dailynet.de/UmweltNatur/18674.php).

DAK Forschung, *Gesundheitsreport 2005*, Hamburg 2005 (http://opus.kobv.de/zlb/volltexte/2009/7820/pdf/DAK_Gesundheitsreport2005_neu1.pdf).

– *Gesundheitsreport 2009. Analyse der Arbeitsunfähigkeitsdaten. Schwerpunktthema Doping am Arbeitsplatz.* Hamburg 2009 (http://www.dak.de/content/filesopen/Gesundheitsreport_2009.pdf).

Deutsche Bahn/ZEIT/Stiftung Lesen, *Vorlesen im Kinderalltag 2008*, Repräsentative Befragung von Kindern im Vor- und Grundschulalter, Berlin 2008.

Deutsche Stiftung Weltbevölkerung (DSW), *Natürliche Ressourcen: Wie viele Menschen (er)trägt die Erde?*, Hannover 2006.

Deutscher Gewerkschaftsbund (DGB)/Bundesvorstand/Arbeitsgruppe Europa, »Eckpunkte des DGB für den EU-Frühjahrsgipfel März 2004 zur Umsetzung der Lissabon-Strategie«, Stellungnahme zum Europäischen Frühjahrsgipfel 2004, 26. Januar 2004 (http://www.dgb.de/themen/themen_a_z/abiszdb/abisz_search?kwd=Europa).

Deutsches Institut für Altersvorsorge (DIA), »Meinungen und Einstellungen zur Altersvorsorge: Immer weniger Berufstätige fühlen sich ausreichend fürs Alter abgesichert« (http://www.dia-vorsorge.de/df_060115.htm).

Deutsches Kinderhilfswerk e. V./Referat Kinderpolitik, *Kinder und Jugendliche in Deutschland 2006 – Zahlen, Daten, Fakten*, Berlin, 1. Dezember 2006.

DeutschlandCard GmbH, »Was macht das Leben der Deutschen wertvoller?«, Umfrage des Instituts für Demoskopie Allensbach, 28. April 2008 (http://www.deutschlandcard.de/Dateien/Presse-Downloads/newsletterImages/08/image/GfK-Umfrage-Lebenwertvoller_28408.pdf).

Diamond, Jared, *Arm und Reich: die Schicksale menschlicher Gesellschaften*, Frankfurt a. M. 2006.

Diaz, Robert J./Rosenberg, Rutger, »Spreading Death Zones and Consequences for Marine Eco Systems«, in: *Sciences*, 15. August 2008, S. 926–929.

Die Landesregierung Nordrhein-Westfalen, »Sprechzettel von Ministerpräsident Dr. Jürgen Rüttgers für die Pressekonferenz am 19. August 2009 in Düsseldorf« (http://www.nrw.de/presse/jahrzur-industrie-7524/).

Die Linke, »Gutes Geld für gute Arbeit«, Presseerklärung, Berlin 14. Februar 2008 (http://die-linke.de/presse/presse erklaerungen/detail/zurueck/aktuell/artikel/gutes-geld-fuer-gute-arbeit/).

– *Konsequent sozial. Für Demokratie und Frieden. Bundestagswahlprogramm der Partei Die Linke*, Berlin 20./21. Juni 2009 (http://die-linke.de/fileadmin/download/wahlen/pdf/485516_LinkePV_L WP_BTW09.pdf).

Directorate of Intelligence, *Handbook of Economic Statistics 1986* und *1987*, Washington, D. C. 1986/1987.

Duden Wirtschaft von A bis Z. Grundlagenwissen für Schule und Studium, Beruf und Alltag, Lizenzausgabe Bonn: Bundeszentrale für Politische Bildung, 2004.

DWS, »Verheißungsvolles Nass«, in: *DWS-Active*, Frankfurt a. M. Juli 2009.

Eibl-Eibesfeldt, Irenäus, *In der Falle des Kurzzeitdenkens*, München 1998.

Eigner, Franz, *Umweltverhalten in der Antike*, 12. Mai 2002 (http://www.scribd.com/doc/13296182/Umweltverhalten-in-der-Antike).

Elger, Katrin/Kneip, Ansbert/Theile, Merlind, »Für immer fremd«, *Spiegel Online*, 26. Januar 2009 (http://www.spiegel.de/spiegel/0,1518,603321,00.html).

ELTERN-Gruppe/Institut für Demoskopie Allensbach, *Familienanalyse 2005*, München/Allensbach 2005.

Energy Information Adminstration (EIA), *Annual Energy Outlook 2009*, Washington, D.C. Juni 2009 (http://www.eia.doe.gov/oiaf/aeo/pdf/0383%282009%29.pdf).

Etscheit, Georg, »Unser täglich Brot – Jahr für Jahr landen Millionen Tonnen Lebensmittel im Müll – Das liegt auch an den Verbrauchern, die schlecht planen und stets volle Regale verlangen«, in: *Süddeutsche Zeitung*, 20. Juli 2008.

Europäischer Rat, »Schlussfolgerungen des Vorsitzes«, Lissabon 23./24. März 2000 (http://www.bologna-berlin2003.de/pdf/BeschluesseDe.pdf).

– »Schlussfolgerungen des Vorsitzes«, Brüssel 29./30. Oktober 2009 (www.consilium.europa.eu/ueDocs/cms_Data/docs/pressData/de/ec/110896.pdf

European Commission (EC), *Eurobarometer 69–3. Europeans' State of Mind*, November 2008 (http://ec.europa.eu/public_opinion/archives/eb/eb69/eb69_part1_en.pdf).

– *Communication: Mid-term Assessment of Implementing the EC-Biodiversity Action Plan*, Brüssel Dezember 2008 (http://ec.europa.eu/environment/nature/biodiversity/comm2006/index_en.htm).

– *Annual Macroeconomic Data Base (AMECO)*, Serial Data, Bruxelles. http://ec.europa.eu/economy_finance/indicators/annual_macro_economic_database/ameco_contens.htm).

European Environment Agency (EEA), *Water resources across Europe –*

Confronting water scarcity and drought, EEA-Report 2, Kopenhagen 2009.

Europäische Kommission, »Vizepräsident Verheugen: Sicherung der Rohstoffversorgung der EU-Industrie«, Europa Press Releases Rapid, IP/07/767, Brüssel 5. Juni 2007 (http://europa.eu/rapid/pressReleasesAction.do?reference=IP/07/767&format=HTML&aged=1&language=DE&guiLanguage=de).

Eurostat, »Tabelle Gesamtfruchtbarkeitsrate«, 19. Juni 2009 Luxemburg (http://nui.epp.eurostat.ec.europa.eu/nui/setupModifyTable Layout.do).

Fakultät für Soziologie der Universität Bielefeld/Institut für Kriminalwissenschaften der Westfälischen Wilhelms-Universität Münster, »Entstehung und Verlauf der Jugendkriminalität – Ergebnisse einer kriminologischen Langzeituntersuchung in Duisburg«, Pressemitteilung, 11. September 2007.

Fischedick, Manfred, »Herausforderung: Energieversorgung der Zukunft«, in: Wuppertal Institut, *Impulse für die politische Debatte im Wahljahr 2009*, Wuppertal Mai 2009.

Focus, »130 Jahre scheinen möglich – die maximale Lebensspanne des Menschen ist noch nicht in Sicht, meint Max-Planck-Forscher James Vaupel«, 17/2005, S. 90 f.

Focus Online, »Geldreport: Zahl der Millionäre steigt sprunghaft«, 5. September 2008 (http://www.focus.de/finanzen/news/geld-report-zahl-der-millionaere-steigt-sprunghaft_aid_331340.html).

Food and Agriculture Organisation of the United Nations (FAO), *The State of Food Insecurity in the World 2008 – High food prices and food security – threats and opportunities*, Rom 2008.

– *The State of Food Insecurity in the World – Economic crises – impacts and lessons learned*, Rom 2009.

– *State of the World's Forests 2009*, Rom 2009.

– /Fisheries and Aquaculture Department, *The State of World Fisheries and Aquaculture 2008*, Rom 2009.

Frankfurter Allgemeine Zeitung, »EU: Klimaschutz kostet jährlich 175 Milliarden Euro«, 29. Januar 2009.

Freytag, Elisabeth/Hinterberger, Friedrich/Hutterer, Harald/Omann, Ines (Hrsg.), *Welches Wachstum ist nachhaltig? Ein Argumentarium*, Wien 2009.

Friedman, Thomas L., *Was zu tun ist – eine Agenda für das 21. Jahrhundert*, Frankfurt a. M. 2009.

Friedrich-Ebert-Stiftung (FES), *Ein Blick in die Mitte. Zur Entstehung rechtsextremer und demokratischer Einstellungen*, Berlin 2008.

Fritschi, Tobias/Jann, Ben, *Gesellschaftliche Kosten unzureichender Integration von Zuwanderinnen und Zuwanderern in Deutschland. Welche gesellschaftlichen Kosten entstehen, wenn Integration nicht gelingt?*, Bertelsmann-Stiftung (Hrsg.), Gütersloh 2007 (http://www.bertelsmann-stiftung.de/bst/de/media/xcms_bst_ dms_23662_23663_2.pdf).

Frondel, Manuel/Kambeck, Rainer/Schmidt, Christoph M., »Steinkohlesubventionen: Reparatur anstatt Museumsbergbau«, in: *RWI-Positionen* 14, 21. Dezember 2006.

Gasche, Urs P./Guggenmühl, Hanspeter, *Das Geschwätz vom Wachstum*, Zürich 2004.

General-Anzeiger, »Wie viele Menschen trägt die Erde – die wundersame Erntevermehrung durch die Grüne Revolution gelang nicht zum ökologischen Nulltarif«,16. April 2008.

– »Deutsche wollen ›Wohlfühlgesellschaft‹ – Repräsentative Umfrage der Stiftung für Zukunftsfragen belegt den Wunsch nach mehr Miteinander«, 4. April 2009.

– »Auf dem Sprung in eine heiße Ära«, Interview mit James Lovelock, 25./26. Juli 2009.

– »Worte der Woche«, 31. Oktober/1. November 2009.

Glatzer, Wolfgang/Becker, Jens, »Armut und Reichtum in Deutschland – Einstellungsmuster der Bevölkerung«, Vortrag beim Workshop »Neues von der Verteilungsfront« der Hans-Böckler-Stiftung und der Akademie der Arbeit, Frankfurt a. M., 10. Februar 2009 (http://www.boeckler.de/pdf/v_2009_02_10_becker_ glatzer.pdf).

– /Bieräugel, Roland/Hallein-Benze, Geraldine/Nüchter, Oliver/Schmid, Alfons, *Einstellungen zum Reichtum – Wahrnehmung und Beurteilung sozio-ökonomischer Ungleichheit und ihrer gesellschaftlichen Konsequenzen in Deutschland*, Johann-Wolfgang-Goethe Universität, Frankfurt a. M., August 2008.

Glaubrecht, Matthias, »Das Rätsel der Osterinsel«, *Welt-Online*, 30. August 2008 (http://www.welt.de/welt_print/article2372677/Das-Raetsel-der-Osterinsel.html).

Global Footprint Network, *World Footprint* (http://www.footprintnet work.org/en/index.php/GFN/page/world_footprint/).

Global Forrest Coalition, »A Leap Backwards: Biodiversity Loses at UN-Convention on Biodiversity«, Pressemitteilung, 27. Juni 2008 (http://www.globalforestcoalition.org/news/view/101).

Global Humanitarian Forum, *Human Impact Report: »Climate Change – The Anatomy of a Silent Crisis«*, Genf 2009.

Globus Infografik GmbH, »Begehrte Rohstoffe«, Va-1629, Hamburg, 21. September 2007.

– »Das Rohstoff-Jahr 2007«, Va-1905, Hamburg, 11. Februar 2008.

– »Investitionen in die Bildung«, Ia-3053, Hamburg, 11. September 2009.

Goethe, Johann Wolfgang von, *Faust – eine Tragödie*, in: Goethe, *Dramatische Dichtungen*, Berliner Ausgabe, Band 7, 1987, S. 145–545.

Grahl, Jürgen/Kümmel, Reiner, »Produktionsfaktor Energie – Der stille Riese«, in: Informationskreis Zukunftsfähiges Steuersystem des Solar-Fördervereins Deutschland e. V. (FFV), *Energie & Zukunft*, Sonderheft des Solarbriefs 1, Juni 2006, S. 4–23.

Greenpeace, *Reichweite der Uranvorräte der Welt – Kurzfassung*, Hamburg Januar 2006.

Groh-Samberg, Olaf, »Sorgenfreier Reichtum: Jenseits von Konjunktur und Krise lebt nur ein Prozent der Bevölkerung«, in: *DIW-Wochenbericht* 35/2009, S. 590–597.

Grüttner, Anne, »Spanien: Angst vor der Pigs-Liga«, in: *Handelsblatt*, 1. April 2009.

Guggenberger, Bernd, *Das Menschenrecht auf Irrtum*, München 1987.

Hamer, Eberhard/Hamer, Eike, *Was tun, wenn der Crash kommt?*, München 2002.

Handelsblatt, »Prognosen übertroffen: CO_2-Ausstoß nimmt weltweit rasant zu«, 26. September 2008.

Hans-Böckler-Stiftung (Hrsg.), »Neuer WSI-Verteilungsbericht: Gewinnquote am Volkseinkommen auf historischem Höchststand, Anteil der Arbeitseinkommen sinkt weiter«, Pressedienst vom 27. November 2008.

HanseMerkur Versicherungsgruppe, »Rente: Junge Menschen misstrauen dem Staat«, Pressemitteilung vom 12. November 2008 (http://www.hansemerkur24.de/service/presse/rente-junge-menschen-misstrauen-dem-staat).

Hein, Christoph, »China wittert Kalten Krieg um Rohstoffe«, in: *Frankfurter Allgemeine Zeitung*, 12. Juni 2009.

Herren, Hans-Rudolf, »Die Ernährungskrise – Ursachen und Empfehlungen«, in: *Das Parlament* 06, 2. Februar 2009 (http://www.das-parlament.de/2009/06–07/Beilage/002.html).

HM Treasury, *Stern Review on the Economics of Climate Change*, London 2006 (http://www.hm-treasury.gov.uk/sternreview_index.htm).

Hohmann, Karl (Hrsg.), *Ludwig Erhard – Gedanken aus fünf Jahrzehnten*, Reden und Schriften, Düsseldorf/Wien/New York 1988.

Hölling, H./Erhart, N./Ravens-Sieberer, U./Schlack, R., »Verhaltensauffälligkeiten bei Kindern und Jugendlichen, Erste Ergebnisse aus dem Kinder- und Jugendgesundheitssurvey (KiGGS)«, in: *Bundesgesundheitsblatt – Gesundheitsforschung – Gesundheitsschutz* 5–6/2007, S. 784–793.

Horx, Matthias, *Wie wir leben werden – die Zukunftsgesellschaft. Leben, Lieben, Altern im 21. Jahrhundert* (http://www.horx.com/Reden/Zukunftsgesellschaft.aspx).

– »Kleine Verteidigung der Zukunft«, in: *Die Welt*, 27. Dezember 2005.

Hoss, Wolfgang, *Grenzen des Wachstums. Ein Überblick*, April 2008 (http://www.wolfgang-hoss.com/mediapool/43/431891/data/_aa-Wirtschaftswachstum_6_.pdf).

HypoVereinsbank/Green Shipping Division (Hrsg.), *Green Shipping*, Trendstudie 01, Hamburg 2009.

Information.Medien.Agrar e. V. (i. m.a)/Zentrale Markt- und Preisberichtsstelle GmbH (ZMP), *Agrimente 2009 – Zahlen, Daten, Fakten zur Deutschen Landwirtschaft*, Bonn 2009.

Informationsdienst Wissenschaft, »Europäer aus ökonomischen Gründen und nicht aus Leidenschaft«, Pressemitteilung, 17. Februar 2006 (http://idw-online.de/de/news147634).

International Energy Agency (IEA), *Key World Energy Statistics 2009*, Paris.

– »From financial crisis to 450 ppm: the IEA maps out the energy sector transformation and its financial consequences under a global climate agreement«, Pressemitteilung, Bangkok, 6. Oktober 2009.

International Monetary Fund (IMF), *World Economic Outlook*, Washington, D. C., October 2009.

Institut der deutschen Wirtschaft Köln (IW), *Deutschland in Zahlen 2009*, Köln 2009.

Institut für Demoskopie Allensbach (IfD), *Allensbacher Archiv, IfD-Umfragen*, diverse Nummern, Allensbach.

Institut für Energie- und Umweltforschung Heidelberg GmbH (ifeu), *Abwrackprämie und Umwelt – eine erste Bilanz*, Heidelberg August 2009.

Institut für Mittelstandsforschung Bonn (IfM), »Tabellen zu Erwerbstätige/Selbständige« (http://www.ifm-bonn.org/index.php?id=101).

– »Weitere Ergebnisse aus der BA-Statistik« (http://www.ifm-bonn.org/index.php?id = 565).

Jürgenson, Johannes, *Die lukrativen Lügen der Wissenschaft – Wie unsinnige Ideen als Wissenschaft verkauft werden*, Lathen 2002 (http://www.scribd.com/doc/17663080/Johannes-Jurgenson-Die-lukrativen-Lugen-der-Wissenschaft-2002).

Kaden, Wolfgang, »Siegeszug der Zombie-Banken«, *Spiegel Online* 21. Oktober 2009.

Kainberger, Hedwig, »Stochern in Zukunftsangst«, Interview mit dem Trendforscher Matthias Horx, *Salzburger Nachrichten*, 13. März 2007.

Kerkeling, Hape, *Ich bin dann mal weg – meine Reise auf dem Jakobsweg*, München 2006.

Koch, Erwin, »Warnung an die Welt – Gerodete Wälder, ausgerottete Tierarten, tödlicher Größenwahn: Ausgerechnet auf der mythischen Osterinsel im Pazifik kann man besichtigen, was der Erde bevorsteht, wenn der Mensch seine eigenen Lebensgrundlagen zerstört«, in: *Die Zeit* 23, 28. Mai 2009.

Kommission der Europäischen Gemeinschaft, *Weißbuch Sport*, KOM (2007) 391 final, Brüssel, 11. Juli 2007.

Kronsbein, Joachim: »Schön durch Schmutz«, Dirigent Nikolaus Harnoncourt im Interview, in: *Der Spiegel* 45/2007.

Kroy, Walter, »Können erneuerbare Energieformen unseren Energiebedarf in der Zukunft sichern?«, Ludwig-Bölkow-Stiftung, München, September 2008, Präsentation auf dem ersten Symposium des Denkwerks Zukunft am 10. und 11. Oktober 2008 (http://www.denkwerkzukunft.de/index.php/aktivitaeten/index/symposium1).

Lamp, Jochen, »Atemlose Küstenmeere – Ein globales Problem der Weltmeere im 21. Jahrhundert«, in: *WWF-Bericht zu Sauerstoffmangel, Eutrophierung und Toten Zonen der Meere*, Frankfurt a. M. 2008.

Lange, Elmar, *Jugendkonsum im 21. Jahrhundert – eine Untersuchung der Einkommens-, Konsum- und Verschuldungsmuster der Jugendlichen in Deutschland*, Wiesbaden 2004.

Lange, Elmar/Fries, Karin R., *Jugend und Geld 2005 – eine empirische Untersuchung zum Umgang von 10- bis 17-jährigen Kindern und Jugendlichen mit Geld*, im Auftrag der Schufa-Holding AG, Münster/München 2006.

Layard, Richard, *Die glückliche Gesellschaft. Kurswechsel für Politik und Wirtschaft*, Frankfurt a. M./New York 2005.

Leithäuser, Johannes, »Die Kindersoldaten von London«, in: *Frankfurter Allgemeine Zeitung*, 10. Januar 2009.

Lessing, Gotthold Ephraim, *Werke*, München 1970 ff.

Lovelock, James, *Gaias Rache: Warum die Erde sich wehrt*, Berlin 2007.

Lovelock, James, *The Vanishing Face of Gaia: A Final Warning*, London 2009.

Lüdecke, Horst-Joachim, CO_2 *und Klimaschutz – Fakten, Irrtümer, Politik*, Bonn 2007.

Luxembourg Income Study (LIS), »LIS Database – Key Figures« (http://www.lisproject.org/key-figures/key-figures.htm).

Maddison, Angus, *Contours of the World Economy*, 1–2030 AD, Oxford 2007.

Malthus, Thomas Robert, *Das Bevölkerungsgesetz*, München 1977.

Manager-Magazin.de, »Michael Glos: ›Gutes Geld für gute Arbeit‹«, 27. Dezember 2005 (http://www.manager-magazin.de/unternehmen/artikel/0,2828,392446,00.html).

– »Tschüss Deutschland«, 28. Mai 2008 (http://www.manager-magazin.de/koepfe/karriere/0,2828,556245,00.html).

Marx, Karl, »Kritik des Gothaer Programms«, in: Marx-Engels-Werke (MEW), Berlin 1956 ff.

McKinsey & Company, *Deutschland 2020 – Zukunftsperspektiven für die deutsche Wirtschaft*, Frankfurt a. M. 2008.

- *Pathways to a low-carbon economy – Version 2 of the Global Greenhouse Gas Abatement Cost Curve*, Düsseldorf 2009.

Merkel, Wilma/Wahl, Stefanie, *Das geplünderte Deutschland – Die wirtschaftliche Entwicklung im östlichen Teil Deutschlands von 1949 bis 1989*, hrsg. vom Institut für Wirtschaft und Gesellschaft Bonn e. V. (IWG BONN), Bonn 1991.

Micklin, Philip/Aladin, Nikolay V., »Rettung für den Aral-See?«, in: *Spektrum der Wissenschaft*, Oktober 2008, S. 64–71.

Miegel, Meinhard/Petersen, Thomas, *Der programmierte Stillstand. Das widersprüchliche Verhältnis der Deutschen zu Wirtschaftswachstum und materieller Wohlstandsmehrung*, München 2008.

Miegel, Meinhard/Wahl, Stefanie, *Das Ende des Individualismus – Die Kultur des Westens zerstört sich selbst*, 3. Auflage, München/Landsberg am Lech 1996.

- *Solidarische Grundsicherung, Private Vorsorge – Der Weg aus der Rentenkrise*, München 1999.

Miegel, Meinhard/Wahl, Stefanie/Schulte, Martin, *Von Verlierern und Gewinnern – Die Einkommensentwicklung ausgewählter Bevölkerungsgruppen in Deutschland*, herausgegeben vom Institut für Wirtschaft und Gesellschaft e. V. (IWG BONN), Bonn Juni 2008.

- *Muss sich die Gesellschaft auf stagnierenden bzw. sinkenden materiellen Wohlstand einstellen?*, Präsentation des Denkwerks Zukunft – Stiftung kulturelle Erneuerung, Bonn, 26. Februar 2009.

Mock, Gergory, »Domesticating the World: Conversion of Natural Ecosystems«, in: World Resources Institute, *Earth Trends*, September 2000.

Moog, Stefan/Raffelhüschen, Bernd, »Ehrbarer Staat? Die Generationenbilanz, Update 2009: Wirtschaftskrise trifft Tragfähigkeit«, *Diskussionsbeiträge der Albert-Ludwigs-Universität Freiburg* Nr. 38, September 2009 (http://www.vwl.uni-freiburg.de/fakultaet/fiwiI/publikationen/240.pdf).

Morgan Stanley, »The Infrastructure Opportunity: Repair, Build and Stimulate«, in: *Investment Management*, Februar 2009.

Müller, Astrid u. a., »A Randomize Controlled Trial of Group Cognitive-Behavioral Therapy for Compulsive Buying Disorder: Posttreatment and 6-month Follow-Up Results«, in: *The Journal of clinical psychiatry* (http://www.psychiatrist.com/abstracts/abstracts.asp?abstract=200807/070813.htm).

Müller, Hans C., »Klimawandel: Die vergessene Katastrophe«, in: *Handelsblatt*, 28. Mai 2009.

Münchau, Wolfgang, »Schulden müssen sich lohnen – weil die Deutschen nicht an Wachstum glauben, haben sie Angst vor Defiziten. Ein schwerer Fehler«, in: *Financial Times Deutschland*, 1. Juli 2009.

Münchner Rück Stiftung, *Zukunft satt – Kann uns die Erde noch ernähren*, Dialogforum »Ressourcen«, 17. Februar 2009 (http://www.munichrefoundation.org/StiftungsWebsite/Projects/Dialogue Forums/2008_2009DialogueForums/de/Dialogue_Forums 2009_Feb09.htm).

Nepstad, Daniel C., *Der Teufelskreis am Amazonas*, Bericht für den World Wide Fund for Nature (WWF), Gland/Schweiz 2007.

Nitsch, Joachim, *Ein globales Nachhaltigkeitsszenario*, Stuttgart Mai 2004 (http://www.eurosolar.de/de/images/stories/pdf/Nitsch_Globales_Nachhaltigkeitsszenario_mai 04.pdf).

Noé, Claus, »Der Kasino-Kapitalismus«, in: *Die Zeit* 46/1997.

Noelle-Neumann, Elisabeth/Köcher, Renate (Hrsg.), *Allensbacher Jahrbuch der Demoskopie 1998 bis 2002*, Allensbach am Bodensee 2002.

Obertreis, Rolf, »Weiter Boni für schnelle Erfolge«, in: *General-Anzeiger*, 4. September 2009.

OECD, *Ageing and Employment Policies – Statistics on average effective age of retirement*, Paris 2006.

– *Growing Unequal? Income Distribution and Poverty in OECD-Countries*, Paris 2008.

– *Labour Force Statistics 1987–2007*, Paris 2008.

Oekom Verlag (Hrsg.), *Ressourcen – Kampf um knappe Schätze*, Politische Ökologie, Heft 115–116, München 2009.

Ohliger, Rainer, *Das alte Europa und seine (fehlenden) Kinder: Zuwanderung als Lösung?*, Herbert-Quandt-Stiftung (http://www.h-quandt-stiftung.de/root/index.php?page_id=819).

Opitz, Josef, »Im Meer treibt ein riesiger Müllteppich – Umweltschützer schlagen Alarm, weil die Ozeane gefährdet sind und zu viele Fische gefangen werden«, in: *General-Anzeiger*, 4./5. Juli 2009.

Otte, Max, *Der Crash kommt. Die neue Weltwirtschaftskrise und wie Sie sich darauf vorbereiten*, Berlin 2008.

Otte, Jeannette, »Frühförderung: Meines kann schon mehr!«, in: *Die Zeit*, 6. September 2007 (http://www.zeit.de/2007/37/C-Fruehfoerderung).

Owen, James, »Farming Claims Almost Half Earth's Land, New Maps Show«, in: *National Geographic News*, 9. Dezember 2005.

Paeger, Jürgen, *Das Zeitalter der Landwirtschaft: Eine Botschaft von der Osterinsel*, 2007 (http://www.oekosystem-erde.de/html/osterinsel.html).

Papendick, Ralf, »Wenn Du die Gegenwart verstehen willst, studiere die Vergangenheit«, in: *Tiefbau* 12/2008, S. 722–730.

Pew Environment Group/European Marine Programme, *Overcapacity, what overcapacity?*, Brüssel Juli 2009 (http://www.pewenvironment.eu/resources/Pew-Overcapacity-Briefing.pdf).

Platt, Kevin Holden, »Chinese Air Pollution Deadliest in World, Report Says«, in: *National Geographic*, 9. Juli 2007.

Plewnia, Ulrike, »Familie: Das Trauma der Trennung«, in: *Focus*, 3. Dezember 2001

Projektgruppe Gemeinschaftsdiagnose, *Zögerliche Belebung – steigende Staatsschulden*, Gemeinschaftsdiagnose Herbst 2009, Essen 2009.

Psychosomatische und Psychotherapeutische Abteilung/Universitätsklinikum Erlangen, »Erstmals wirksames Therapie-Modell gegen Kaufsucht nachgewiesen«, Pressemeldung vom 22. Juli 2008 (http://www.psychosomatik.uk-erlangen.de/e1844/e198/e491/index_ger.html).

Rahmstorf, Stefan, »Fact Sheet zum Klimawandel«, Potsdam Institut für Klimafolgenforschung, September 2006 (http://www.pik-potsdam.de/~stefan/Publications/Other/klimawandel_fact_sheet.pdf).

Randstad, »Studie: Deutschlands Arbeitnehmer stehen im Stau«, Pressemitteilung, 22. Juli 2008 (http://www.randstad.de/content/aboutrandstad/presse-aktuelles/aktuelles/unternehmer/2008/20080722–001.xml).

Rasch, Adolf, *Mehr Freiheit. Eine Einführung in den klassischen Liberalismus*. 3. Ausgabe, Dezember 2007 (http://www.mehr-freiheit.de).

Reuscher, Günter/Ploetz, Christiane/Grimm, Vera/Zweck, Axel,

»Innovationen gegen Rohstoffknappheit«, in: Zukünftige Technologien Consulting der VDI-Technologiezentrum GmbH (Hrsg.), *Zukünftige Technologien 74*, Düsseldorf Januar 2008.

Reuters, »CRB-Future-Index (CCI) – All Commodities« (http://www.markt-daten.de/charts/rohstoffe/rohstoffindices/crb.htm).

Rolff, Marten, »Konsumieren, bis es weh tut«, in: *Süddeutsche Zeitung*, 22. Juli 2008.

Roloff, Juliane, »Pflege ist weiblich – Geschlechterdifferenzierte Betrachtung des Pflegebedarfs und Pflegepotenzials«, in: *Bevölkerungsforschung aktuell* 03/2009, S. 6–10.

RWE, *Energiereport 2005 – Bestimmungsgrößen der Energiepreise*, Essen 2006.

Schäfer, Claus, »Anhaltende Verteilungsdramatik – WSI-Verteilungsbericht 2008«, in: *WSI Mitteilungen* 11+12/2008, S. 587–596

Scheerer, Ann-Kathrin, »Krippenbetreuung sollte nicht schön geredet werden«, in: *Frankfurter Allgemeine Zeitung*, 10. Juli 2008.

Scherr, Sara J., »Soil degradation: A Threat to Developing-Country Food Security by 2020?«, in: International Food Policy Research Institute (Hrsg.), *Food Agriculture and the Environment*, Discussion Paper 27, Februar 1999.

Schinninger, Ingeborg, *Globale Landnutzung*, Externe Expertise für das WBGU-Hauptgutachten »Welt im Wandel: Zukunftsfähige Bioenergie und nachhaltige Landnutzung«, WBGU-Materialien, Berlin 2008.

Schmidt-Denter, Ulrich/Beelmann, Wolfgang, *Kölner Langzeitstudie zu Trennung und Scheidung – die Veränderung familiärer Beziehungen nach einer Trennung/Scheidung*, Forschungsbericht, Universität zu Köln, Köln 1995.

Schuh, Hans, »Hie Waldsterben, da Waldwuchern«, in: *Die Zeit* 47/1989.

Schulte, Martin, »Langfristig steigende Lebensmittelpreise: Drohen soziale Spannungen?«, Thesenpapier des Denkkreises »Lebens-Mittel«, in: Denkwerk Zukunft (Hrsg.), *Denkanstoss*, Bonn Juli 2009.

Sedlmaier, Hans, »Rare Rohstoffe«, in: *Focus Money*, 30. September 2009, S. 48–50.

Senatsverwaltung für Integration, Arbeit und Soziales Berlin, *Be-*

triebspanel Berlin – Ergebnisse der dreizehnten Welle 2008, Berlin Mai 2009.

Smolka, Klaus Max, »Headhunter geißeln Gehaltsexzesse«, *Financial Times Deutschland*, 1. Juli 2009.

SPD-Parteivorstand, *Unsere Handschrift, Schwerpunkte sozialdemokratischer Politik in der Bundesregierung*, Berlin 2006.

Spiegel Online, »Umweltbewusstsein: Merbold will Politiker ins All schießen«, 27. November 2003. http://www.spiegel.de/wissenschaft/weltall/0,1518,275820,00.html).

– »Jeder dritte Deutsche will die D-Mark zurück«, 2. Mai 2008 (http://www.spiegel.de/wirtschaft/0,1518,druck-550989,00.html).

Statistisches Bundesamt, *11. koordinierte Bevölkerungsvorausberechnung – Annahmen und Ergebnisse*, Wiesbaden 2006.

– »7,9 Millionen Bundesbürger fahren mehr als 20 Kilometer zur Arbeit«, Pressemitteilung, 7. September 2007 (http://www.destatis.de/jetspeed/portal/cms/Sites/destatis/Internet/DE/Presse/pm/2007/09/PD07__363__731,templateId=renderPrint.psml).

– »Pflegequoten 2005 nach Alter und Geschlecht«, Wiesbaden 2008 (http://www.destatis.de/jetspeed/portal/cms/Sites/destatis/Internet/DE/Grafiken/Publikationen/STATmagazin/Sozialleistungen/Pflegequote,templateId = renderLarge.psml).

– *Bevölkerung mit Migrationshintergrund – Ergebnisse des Mikrozensus 2007*, Fachserie 1, Reihe 2.2, Bevölkerung und Erwerbstätigkeit, Wiesbaden 2008.

– *Volkswirtschaftliche Gesamtrechnungen 2008, Bruttoinlandsprodukt, Bruttonationaleinkommen, Volkseinkommen – Lange Reihen ab 1950*, Wiesbaden 2009.

– *Bevölkerung und Erwerbstätigkeit 2008, Mikrozensus – Stand und Entwicklung der Erwerbstätigkeit*, Band 2: Deutschland, Fachserie 1, Reihe 4.1.1, Wiesbaden 2009.

– *Volkswirtschaftliche Gesamtrechnungen 2008: Inlandsproduktberechnung – Lange Reihen ab 1970*, Fachserie 18, Reihe 1.5., Wiesbaden 2009.

– »14 % mehr Inobhutnahmen durch Jugendämter im Jahr 2008«, Pressemitteilung vom 25. Juni 2009, Wiesbaden (http://www.des-

tatis.de/jetspeed/portal/cms/Sites/destatis/Internet/DE/
Presse/pm/2009/06/PD09__234__225,templateId=renderPrint.
psml).

- »Bald sieben Milliarden Menschen auf der Erde«, Pressemitteilung vom 10. Juli 2009 (http://www.destatis.de/jetspeed/portal/
cms/Sites/destatis/Internet/DE/Presse/pm/2009/07/PD09__
261__124,templateId = renderPrint.psml).

- »Mikrozensus 2008 – Neue Daten zur Kinderlosigkeit in Deutschland«, Statement von Präsident Roderich Egeler am 29. Juli 2009
in Berlin.

Statistisches Bundesamt/Gesellschaft Sozialwissenschaftlicher Infrastruktureinrichtungen (GESIS-ZUMA)/Wissenschaftszentrum
Berlin für Sozialforschung (WZB), *Datenreport 2008, Ein Sozialbericht für die Bundesrepublik Deutschland*, Bonn 2008.

Steltzner, Holger, »Rettung vor den Rettern«, in: *Frankfurter Allgemeine Zeitung*, 12. Januar 2009.

Stiftung Lesen, *Lesen in Deutschland 2008*, Mainz 2008.

Storchmann, Karl, »The rise and fall of German hard coal subsidies«,
in: *Energy Policy* 33/2005, S. 1469–1492.

Straubhaar, Thomas, »Kein Wohlstand ohne Wachstum«, in: *Finanz
und Wirtschaft* 80, 9. Oktober 2004.

Techniker Krankenkasse, *Gesundheitsreport – Arbeitsunfähigkeiten und
Arzneiverordnungen. Schwerpunkt: Psychische Störungen*, Auswertung 2008, Hamburg 2008.

- *Kundenkompass Stress – Aktuelle Bevölkerungsbefragung: Ausmaß,
Ursachen und Auswirkungen von Stress in Deutschland*, Mai 2009
(http://www.tk-online.de/centaurus/servlet/contentblob/1647
66/Datei/19706/TK_Pressemappe.pdf).

The Boston Consulting Group (BCG), *Global Wealth Report 2008,
Ausgewählte Grafiken zu weltweiten und deutschen Trends*, München
2008.

- *Standortfaktor Bildungsintegration. Bildungschancen von Schülern mit
Migrationshintergrund entscheidend für Standort Deutschland*, 2009
(http://209.83.147.85/publications/files/BCG_Report_Standortfaktor_Bildungsintegration.pdf).

Thelen, Peter, »Mangelware Kinder«, *Handelsblatt*, 19. Dezember
2007.

Trinh, Tamara/Voss, Silja/Dyck, Steffen, »Chinas Rohstoffhunger –
Auswirkungen auf Afrika und Lateinamerika«, DB-Research,
China Spezial, *Aktuelle Themen* 359, 30. Juni 2006.

UK Government, *The London Summit: Global plan for recovery and re-
form: the Communiqué from the London Summit*, London 2. April
2009 (http://www.londonsummit.gov.uk/en/summit-aims/summit-
communique/).

Umweltbundesamt (UBA), »Klimaschutz: Treibhausgasemissionen
2008 auf tiefstem Stand seit 1990 – Deutschland erreicht sein
Kyoto-Ziel«, Presse-Information 016/2009 (http://www.umwelt
bundesamt.de/uba-info-presse/2009/pdf/pd09–016_klima schutz_
treibhausgasemissionen_2008_auf_tiefstem_stand_seit_1990.
pdf).

UNEP/Division of Early Warning and Assessment, *Groundwater and
its susceptibility to degradation: A global assessment of the problem and
options for management*, Nairobi 2003.

UNESCO, *Water in a Changing World*, The United Nations World
Water Development Report 3, Paris 2009.

Unicef Deutschland, *Wassermangel trifft Kinder am härtesten*, 16. August 2009 (http://www.unicef.de/6770.html).

Unicef Österreich, *Wasser ist Leben – jeder Tropfen zählt*, Wien (http://
www.unicef.at/infomaterial_wasser.html).

United Nations/Department of Economic and Social Affairs/Popu-
lation Division, *World Population to 2300*, New York, 2004 (http://
www.un.org/esa/population/publications/longrange2/World
Pop2300final.pdf).

– *World Population Prospects: The 2008 Revision*, New York (http://
esa.un.org/unpp/).

– *International Migrant Stock: The 2008 Revision*, New York (http://
esa.un.org/migratiON/index.asp?panel=1).

– *The Millennium Development Goals Report 2009*, New York 2009.

United Nations Environment Programm (UNEP), *GEO-4 Fact Sheet
6, Water* (http://www.unep.org/geo/geo4/media/fact_sheets/
fact_sheet_6_water.pdf).

UN Water, *Sanitation is vital for health*, Fact-Sheet 1, International
Year of Sanitation, New York, 2008.

Verbeek, David, »Feeding the world – Agricultural production needs to become fare more efficient to meet the world's growing demand for food«, in: DWS (Hrsg.), *Euro-Fund* 3, 2007, S. 11–16.

ver.di, »Bsirske fordert ›gutes Geld für gute Arbeit‹ – Demo in Hannover«, Pressemitteilung, 3. Februar 2009 (http://presse.verdi.de/service_neu/dpa2009/02/3_3).

Vereinte Nationen, *Millenniums-Erklärung*, Generalversammlungsresolution 55/2 vom 8. September 2000, S. 12 f. (http://www.un-ric.org/html/german/mdg/millenniumerklaerung.pdf).

Wahl, Stefanie, »Geburtenraten in Deutschland und anderen ausgewählten Ländern«, in: IWG BONN (Hrsg.), *IWG-Impulse*, Bonn 2003.

Waste & Resources Action Programme (WRAP), *The food we waste, Food waste report v2*, Banbury, UK July 2008.

Waterfootprint Network, »Product Gallery« (http://www.waterfootprint.org/?page=files/productgallery).

Weber Wolfgang/Kabst, Rüdiger, *Einführung in die Betriebswirtschaftslehre*, 2007.

Weinreich, Jens, »Die Olympischen Sommerspiele in Peking«, in: Bundeszentrale für politische Bildung (Hrsg.), *China-Dossier*, 5. August 2008.

Welt am Sonntag (WamS), »Ist Einwanderung nützlich? Ein Streitgespräch zwischen Bundesinnenminister Wolfgang Schäuble und dem holländischen Soziologen und Migrationsforscher Paul Scheffer über Integration und die Konflikte, die Einwanderung nach sich zieht«, 27. September 2009.

Weltbank, »Key Development Data & Statistics« (http://web.world bank.org/WBSITE/EXTERNAL/DATASTATISTICS/0,,con tentMDK:20535285~menuPK:1192694~pagePK:64133150~piPK: 64133175~theSitePK:239419,00.html).

Weltgesundheitsorganisation Europa (WHO), »Untersuchung der umweltbedingten Krankheitsbelastung der Kinder. Die wichtigsten Fakten«, Faktenblatt Euro/05/04, Kopenhagen/Budapest 17. Juni 2004 (http://www.euro.who.int/document/mediacentre/fs0504 g.pdf).

– »Jeder dritte Kindstod in Europa ist umweltbedingt. Neue WHO-Studie beschreibt zerstörerische Wirkung im Einzelnen«, Pressemitteilung Euro/08/04, Kopenhagen/Budapest, 18. Juni 2004.

Weltgesundheitsorganisation (WHO), *10 facts about water scarcity*, fact file, März 2009 (http://www.who.int/features/factfiles/water/en/index.html).

Welthungerhilfe, *Steigender Wasserverbrauch in der Nahrungsproduktion* (http://www.welthungerhilfe.de/Wasserverbrauch-steigt.html).

– *Weltweit geht immer mehr Ackerland verloren*, Januar/Februar 2006 (http://www.welthungerhilfe.de/992.html).

Welt Online, Studie: *Wohlhabende Jugendliche nehmen häufiger Drogen*, 14. Juni 2007 (http://www.welt.de/welt_print/article944708/Wohlhabende_Jugendliche_nehmen_haeufiger_Drogen.html).

Wenkel, Rolf, »Die Abwrackprämie – eine doppelte Mogelpackung«, in: *Deutsche Welle*, 26. März 2009. (http://www.dw-world.de/popups/popup_printcontent/0,,4127985,00.html).

Werner, Götz W., *Einkommen für alle*, Köln 2007.

WHO, *Environmental Burden of Disease*, Country Profiles 2004, New York/Geneva 2009 (http://www.who.int/quantifying_ ehimpacts/national/countryprofile/intro/en/index.html).

– *The health aspects of water supply and sanitation* (http://www.wssinfo.org/en/141_wshIntro.html).

Winterhoff, Michael, *Warum unsere Kinder Tyrannen werden*, Gütersloh 2008.

Wirtschaftswoche, »Galerie ›Konjunkturprogramme‹, diverse Länder«, 2009 (http://www.wiwo.de/finanzen/galerien/konjunktur programme-416/1/usa.html).

Witzke, Harald von/Noleppa, Steffen/Schwarz, Gerald, »Global agricultural market trends revisited: The roles of energy prices and biofuel production«, in: Humboldt-Universität zu Berlin/Landwirtschaftlich-Gärtnerische Fakultät (Hrsg.), *Working Paper* 89, Berlin 2009.

Wolz, Lea, »Zwei Millionen greifen zu Medikamenten«, in: *Der Stern*, 12. Februar 2009 (http://www.stern.de/wissen/mensch/doping-am-arbeitsplatz-zwei-millionen-greifen-zu-medikamenten-654570.html).

World Resources Institute (WRI), *A Guide to world resources 2000–2001, People and ecosystems – The fraying web of life*, Washington, D. C. 2000.

World Vision Deutschland e. V., *Kinderstudie: Kinder in Deutschland*

2007, Friedrichsdorf 2007 (http://www.worldvisionkinder studie.de/die-studie-2007.html).

Worldwatch, *World Population, Agriculture and Malnutrition, Energy Bulletin*, 1. Januar 2005 (http://www.energybulletin.net/print/3834html).

World Wide Fund for Nature (WWF), *Drought in the Mediterranean – Recent developments*, Frankfurt a. M. 2008.

WWF Deutschland, *Der Wasserfußabdruck Deutschlands*, Frankfurt a. M. 2009 (http://www.wwf.de/file admin/fm-wwf/pdf_neu/wwf_ studie_wasserfussabdruck.pdf).

Zentralverband des Deutschen Handwerks e. V. (ZDH), »Handwerk fordert Bildungsgipfel mit Beteiligung der Länder«, Pressemitteilung, 12. Juni 2008 (http://www.zdh.de/presse/beitraege/archivbeitraege/handwerk-fordert-bildungsgipfel-mit-beteiligung-der-laender.html).

Meinhard Miegel
Epochenwende

Gewinnt der Westen die Zukunft?
www.list-taschenbuch.de

ISBN 978-3-548-60705-4

Meinhard Miegel bringt auf den Punkt, was alle spüren: Die Epoche der Vorherrschaft des Westens geht
zu Ende. Die westlichen Gesellschaften stagnieren
in weiten Bereichen – junge, dynamische Länder aus
anderen Weltregionen fordern sie heraus. Der Westen
wird nur dann die Zukunft gewinnen, wenn er sich auf
die Tugenden der Beschränkung und des Haushaltens
besinnt und einen intelligenteren Umgang mit seinen
Ressourcen pflegt.

»Miegel liebt es, Wahrheiten auszusprechen, die die
Beschönigungen und Irreführungen unserer öffentlichen Sprache durchbrechen.« *Süddeutsche Zeitung*

»Eine Gardinenpredigt an den satten Westen.«
Der Spiegel

List Taschenbuch

Kurt Biedenkopf
Wir haben die Wahl

FREIHEIT ODER VATER STAAT

256 Seiten
Gebunden mit Schutzumschlag
ISBN 978-3-549-07375-9

Der Sozialismus ist tot, es lebe die Planwirtschaft! Nach diesem Motto wird in Deutschland und Europa Politik gemacht. »Vater Staat« wird's schon richten – oder die Brüsseler Bürokratie. Statt bürgerliche Eigenverantwortung zu stärken, die Grundlage jeder freiheitlichen Ordnung, nähren wir eine lebensferne, kostenfressende Staats- und Sozialbürokratie, die nicht zukunftsfähig ist. Mit seinem leidenschaftlichen Plädoyer für eine Umkehr zu Vernunft und Selbstbestimmung trifft Biedenkopf den Nerv der Zeit.

»Einer der profiliertesten Vordenker unseres Landes.«
FRANKFURTER ALLGEMEINE ZEITUNG

PROPYLÄEN VERLAG
www.propylaeen-verlag.de